KB245394

프로바둑강좌 · 완전초급 4

초보자를 위한 알기쉬운 정석

9단 高川秀格 지음
프로바둑연구회 편

太乙出版社

머 리 말

정석의 가운데에는 기리(棋理)가 있다. 정석에 힘씀에서 강한 바둑으로 가까워지는 길이 될 것이다. 정석을 안다면 초반이나 중반에서 상대의 꼬임수에 넘어가지 않을 것이다.

또한 기본적인 모양에서의 변화는 당사자의 기력을 높이는 초석이 될 것이다.

이 책에서는 바둑을 처음 배우는 사람들이 무수한 정석 가운데에서 나타나는 기초적인 화점 바둑을 중심으로 하여 나타내었다.

이것을 먼저 알아야만 나아가서 난해한 정석을 알 수 있을 것이다.

또한 이러한 깨달음이 기력향상의 제일조건이 될 것이다.

저자 씀

차 례*

*차 례

제1장

정석이란

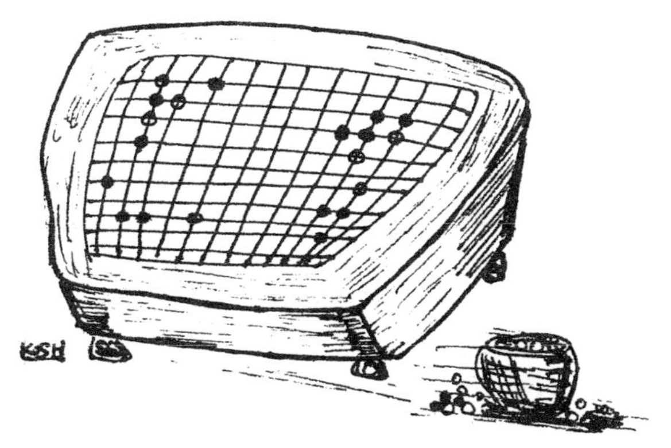

〔1〕 정석이란 무엇인가

정석의 의미

정석이라는 일반용어를 사용하고 보면, 바둑을 모르는 사람도 어느 정도 알 수 있으리라 본다.

그러나 정석이라는 용어는 그리 간단치가 않다.

바둑에서의 정석은 간단히 설명하자면 '귀에서 나타나는 흑백 사이의 합리적인 응접'이다.

그러니까 어느 한쪽이 일방적으로 우세한 바둑은 생각할 수가 없다. '호각의 갈림'이 정석이라고 할 수가 있다. 물론 정석은 주위의 조건에 따라 달라지기 마련이지만 일련의 정석 수순은 상대적이라고 할 수가 있을 것이다.

상대방이 실리쪽에 치중을 두면 그 반대인쪽은 외세를 취하는 것처럼 호각의 갈림이 정석의 본질이라고 할 수 있을 것이다.

조금 더 알기 쉽게 말하자면, 바둑에 있어서 정석이라 함은 흑쪽도 백쪽도 상호 무리가 없는 갈림의 수순을 말한다. 같은 수수(手數)의 진행이라면 그 결과의 나타남은 흑쪽이나 백쪽이나 비슷해지게 된다. 그러므로 정석은 흑이 일방적으로 우세하다든지, 아니면 백이 일방적으로 우세한 결과를 가져오지 아니한다. 서로가 비슷한 결과를 가져오는 호각의 갈림인 것이다.

바둑은 귀에서부터

정석과 포석은 불가분이다.

포석이 귀에서 시작이 되듯 삶의 변화에서 정석이 생긴다. 정석은 유동적으로 시대에 따라 다르다.

1도 정석의 기본

흑 1은 우상귀, 백 2는 좌상귀, 흑 3은 우하귀, 백 4는 좌하귀 다음의 굳힘이다. 귀에서 둔 다음에 변으로 나아가서 중앙으로 향하는 것이 보통인데 귀의 단계에서의 응접이 성석이다.

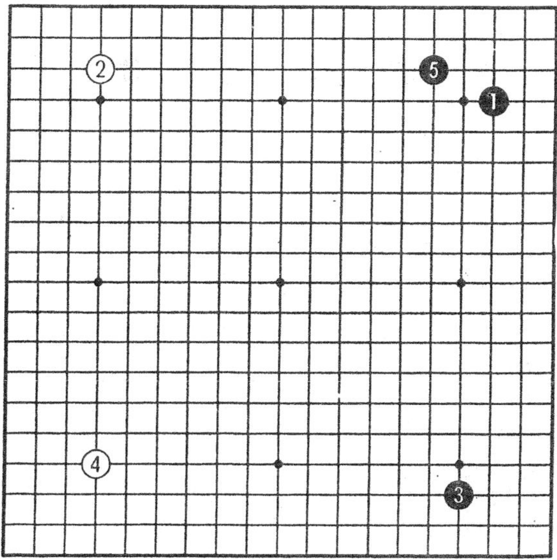

1도

2도 포석과 정석

이것은 실전보이다. 흑 1에서 19까지이다. 이 포진 가운데 기리에 어긋난다면 그건 정석이 아니다.

앞에서 잠깐 말하였듯이 귀에서 시작을 하여 변의 큰 곳에 전개를 한다.

백10의 걸침, 흑11의 한칸 뜀, 백12의 날일자, 흑13의 마늘모, 백14의 2칸 벌림 등도 포석 상에서 선택의 여지가 있는 곳이다.

정석은 귀에서 국부적으로 나타내는데 이 포석 가운데 선택의 여지가 있는 것이다.

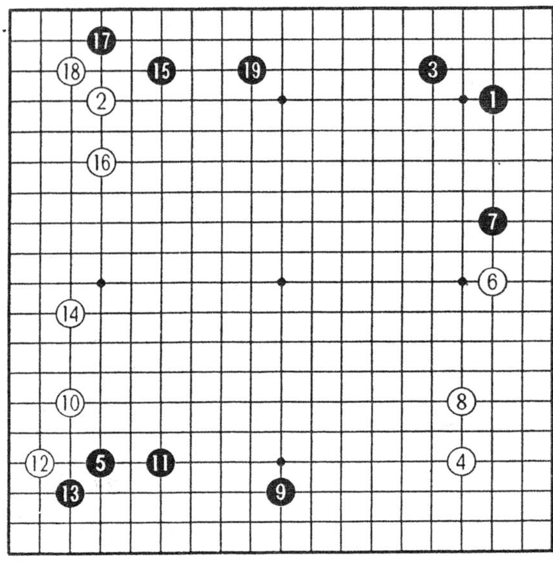

2도

3도 복잡한 정석

우하귀의 복잡한 정석은 이른바 '눈사태형'이다.

난해하고 긴 대형정석이다. 여기에서도 볼 수 있듯이 귀에서 변으로, 변에서 중앙으로 변화하고 있다.

물론 간단한 모양도 있지만 정석이 전국적인 관점에서 전개가 되고 있다는 사실이다.

백 6의 한칸 높은 걸침에서 생겨난 것으로 많은 연구와 경험에 의해서 정착이 되었다.

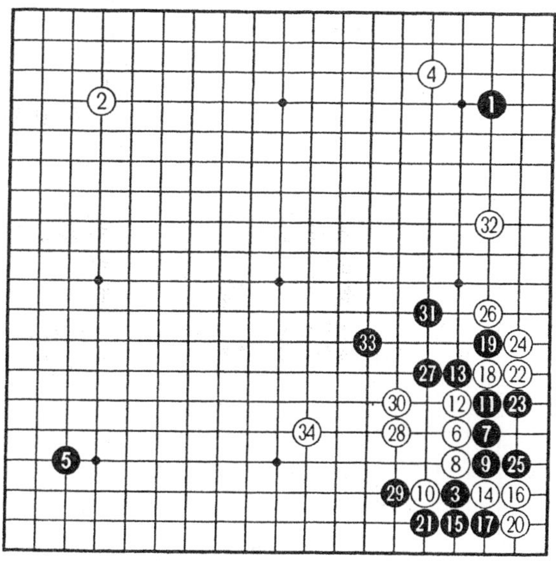

3도

귀가 크다

바둑에서 귀가 크다는 것은 입문서를 보면 알 수가 있다.

4도 돌 수의 차이

같은 9집인데도 귀는 7점, 변의 11점, 중앙은 16점의 돌이 사용되었다.

바꿔말해 능률적으로 집을 짓기 위해서는 귀가 단연 으뜸이라는 사실이다.

당연히 정석은 이 귀에서 나타나는 응접을 나타내고 있다.

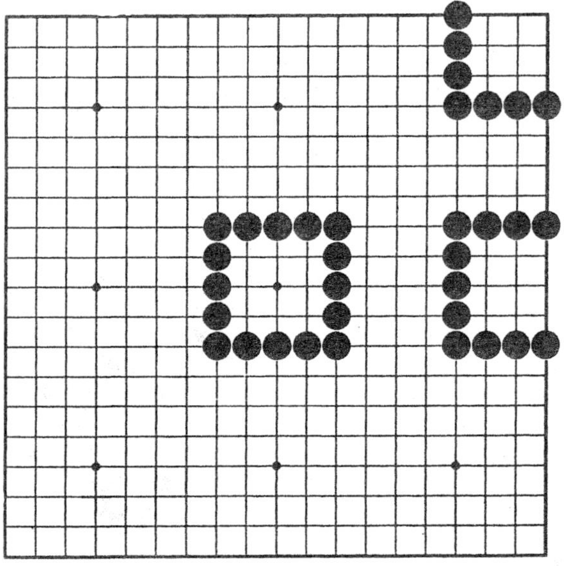

4도

5도 귀와 중앙

아래 그림을 살펴보자. 엄밀한 의미의 비교이다.

중앙을 싸고 있는 흑집은 121집이다. 변에서 귀로 전개를 한 백집은 136집이다.

실리와 두터움은 약간 다르다. 실전에서는 정석의 변화에 두터움이 당연히 나타난다.

이와같이 바둑을 둘 때에는 항상 실리와 두터움을 고려하여야 한다. 이 관계를 잘 알지 못하면 엉뚱한 결과를 가져오는 바둑을 두고 만다.

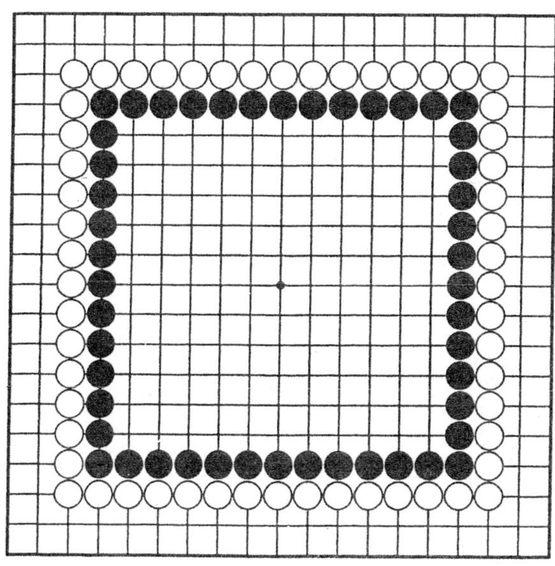

5도

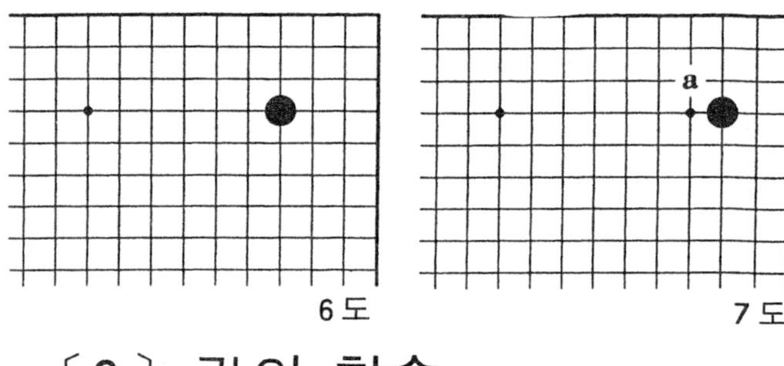

6도　　7도

〔2〕귀의 착수

여기에서 귀를 둔다면 어디가 효과적일까. 착점은 5곳이다. 화점, 소목, 고목, 외목, 3·3이다.

6도 화점

변에서 4선의 위치의 조화이다. 접바둑에서는 화점에 놓고 두는데 이를 접바둑 정석이라고 한다.

7도 소목

소목은 3선과 4선의 위치에 있다.

a와 같은 점으로 실전에서 많이 두는 수이다.

8도 고목 4선과 5선의 위치이다. 높은 위치여서 고목이라고 부른다. a의 점도 같은 곳이다. 귀에 2곳이 있다.

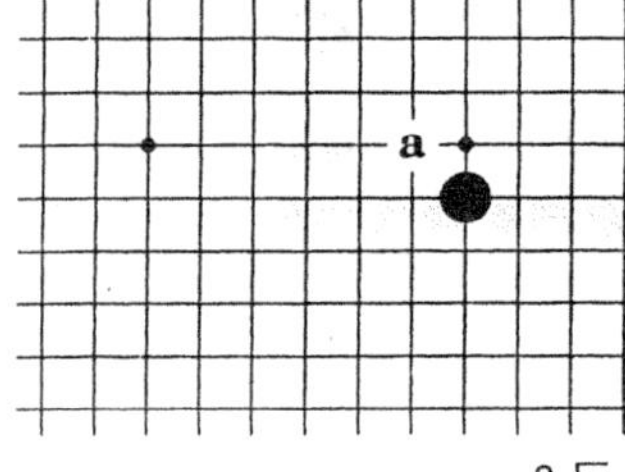

8도

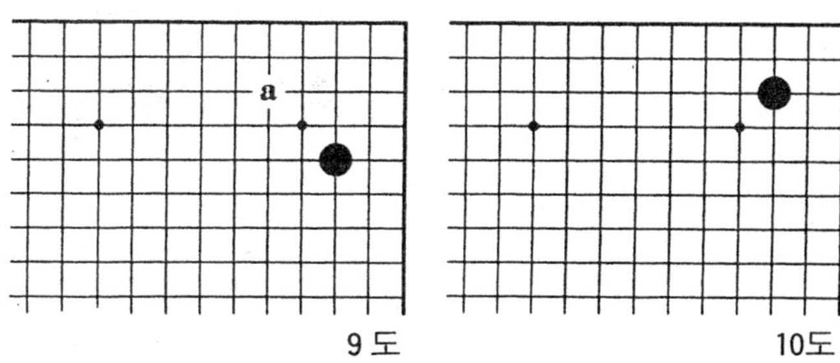

9 도 10도

9 도 외목

외목에는 3선과 5선의 위치이다. 이것은 a의 점도 같다. 2개 곳이 있다.

10도 3 · 3

3에3의 위치가 3 · 3이다. 이점 이외에는 취향으로 둘 수가 있는 점이다.

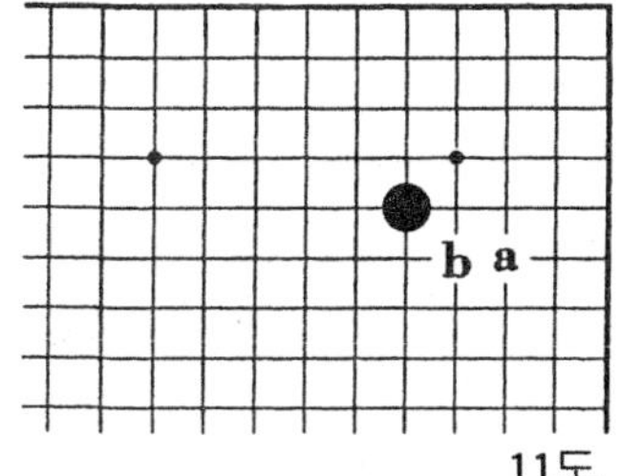

11도

11도 5 · 5

a와 b는 대고목이다. 이 점은 부적당한 정석이 아닐 수 없다.

5에5의 위치이다. 실전에서는 두지 않는 수이다.

그러나 이러한 수의 변화도 이해하고 기억해 두지 않으면 안된다. 상대방의 수에 대응하는 수단이 강구되지 않으면 안되기 때문이다.

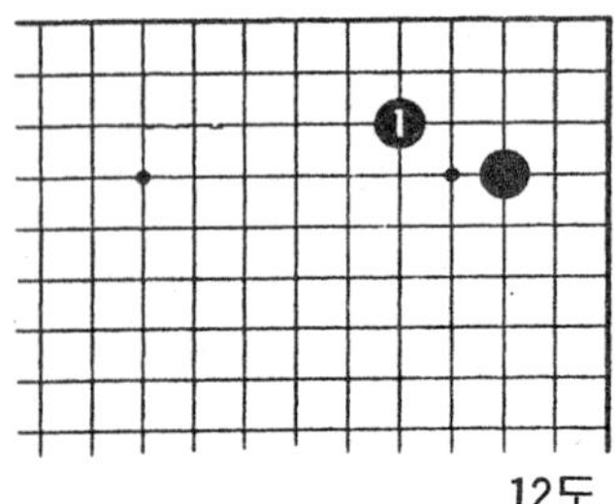
12도

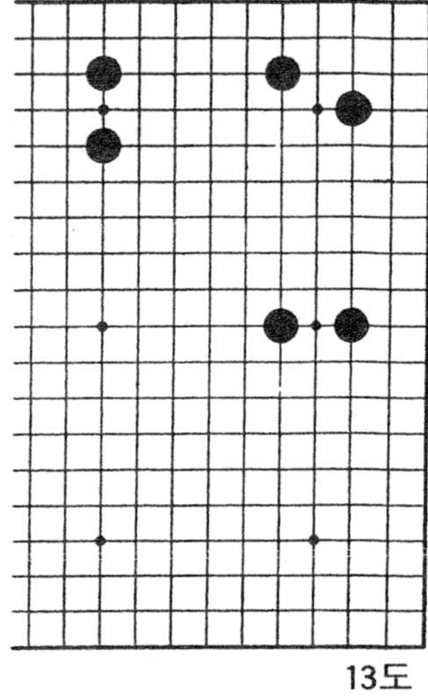
13도

이상형(理想型)

5 의 착점은 특성에 다름이 있다. 다음에 이상적인 모양을 갖추어 움직이는 것이 목적이다.

12도 굳힘

소목에서 예를 들자면 흑 1 로 두어서 귀를 확보하는 점이다. 다음에 변에 전개한다.

13도 상자 모양

능률적으로 위력을 나타내는 것이 상자 모양이다.

이러한 이상형을 방지하는 것이 당연함이라고 할 수 있을 것이다.

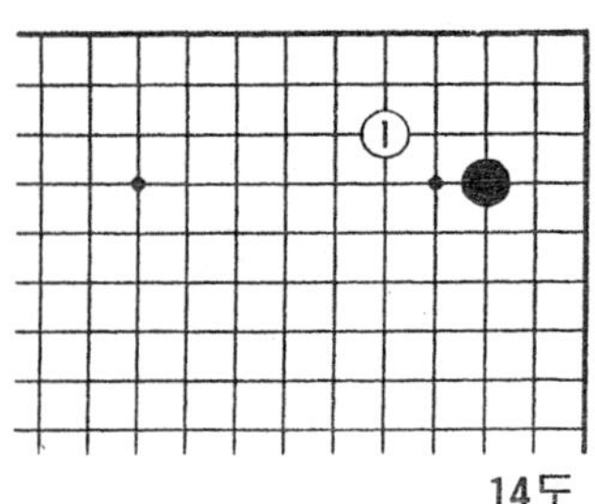
14도

14도 걸침

백 1 을 걸침이라고 한다. 상대의 굳힘을 파괴하는 수단이다.

제2장

화점 정석

〔1〕 화점의 특징

집과 세력

바둑을 처음 배우는 사람이 세력을 이용하기란 그리 쉬운 일이 아니다.

바둑을 처음 배우게 되면 화점에서부터 시작을 한다. 화점은 집을 지음에 있어서는 소목이나 3·3보다는 떨어지지만 세력의 발전성에 있어서는 크다고 할 수 있다. 화점 정석의 연구가 필요하다.

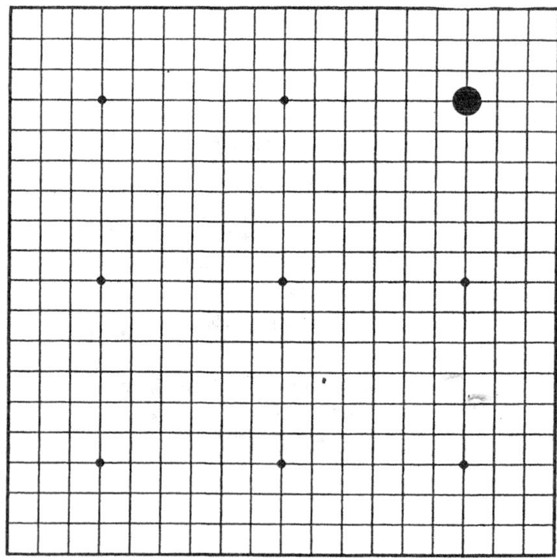

1도

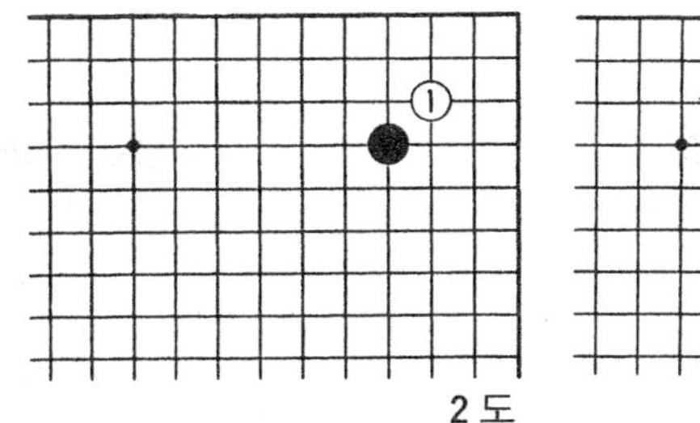
2 도

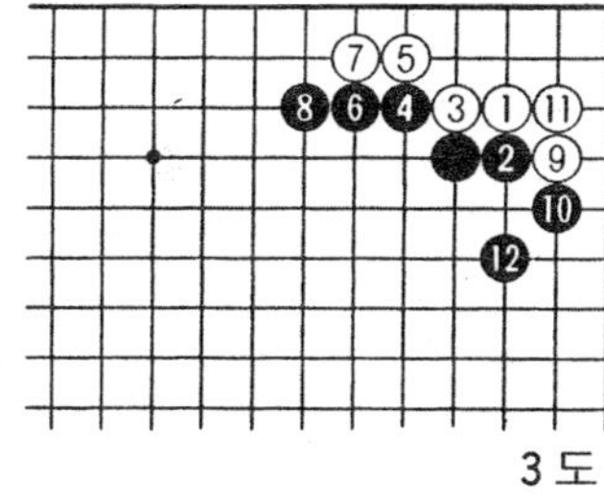
3 도

2 도 3·3

화점이 소목이나 3·3 보다는 세력에 치우친 점이 크다. 그러나 백 1 로 3·3의 침입을 허락한다.

3 도 흑 두텁다

흑 2 이하 12까지도 하나의 예이다. 백은 귀에서 살 수가 있지만 흑에게 두터움을 허락한다.

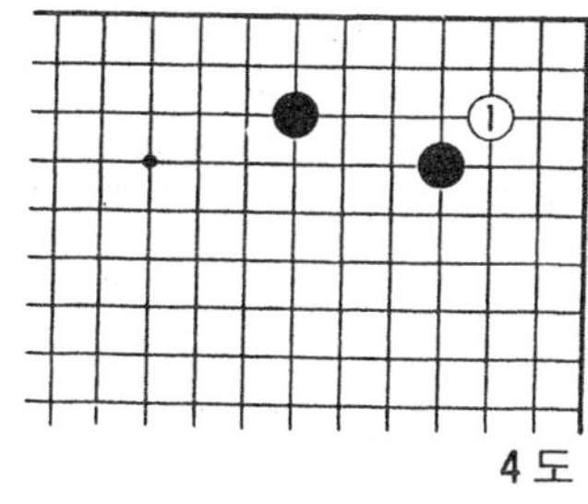
4 도

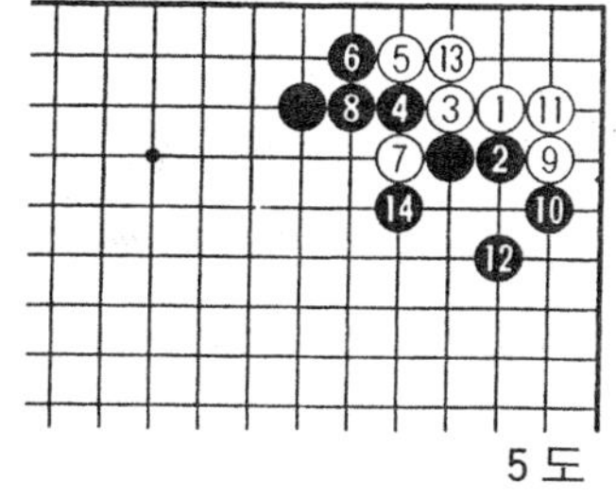
5 도

4 도 눈목자

화점에서 2수를 둔 모양이다. 그러나 백 1 로 3·3에 두는 수가 남는다.

5 도 백 생 여기서 흑14까지 결과는 백에게 귀의 집을 허락한다. 흑의 두터움이 있어 유리하다.

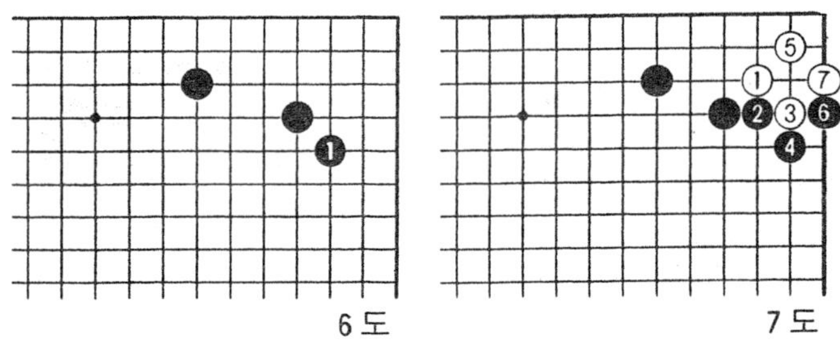

6 도　　　　　7 도

6 도　3 수의 소비

화점에서 눈목자 굳힘 다음에 흑 1 의 마늘모로 지키는 수이다. 이점이 소목에서는 2 수이지만 3 수가 소비된다.

7 도　날일자

화점에서 날일자 굳힘이다. 백 1 의 침입으로 나타낸 궁굴(窮屈)한 모양이다. 5 까지 패의 모양이다.

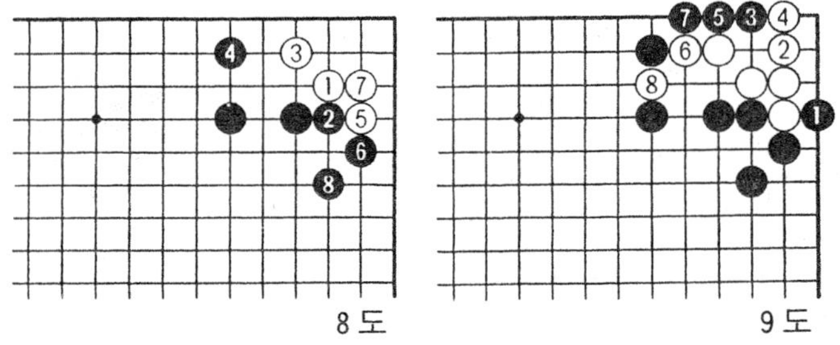

8 도　　　　　9 도

8 도　한 칸 굳힘

화점에서 한칸을 굳히면 백 1 의 침입은 당연하다. 3·3 에 두면 불리하지 않다. 귀를 내어주고 세력을 얻는다.

9 도　여기에서 흑 1 의 치중에는 백 8 까지 되어 흑의 불만이다.

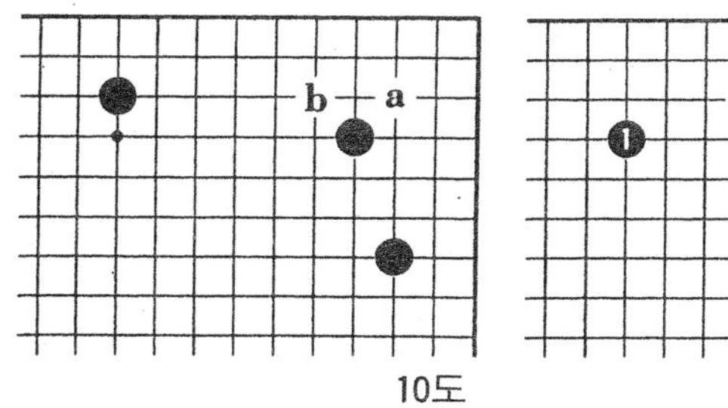

10도

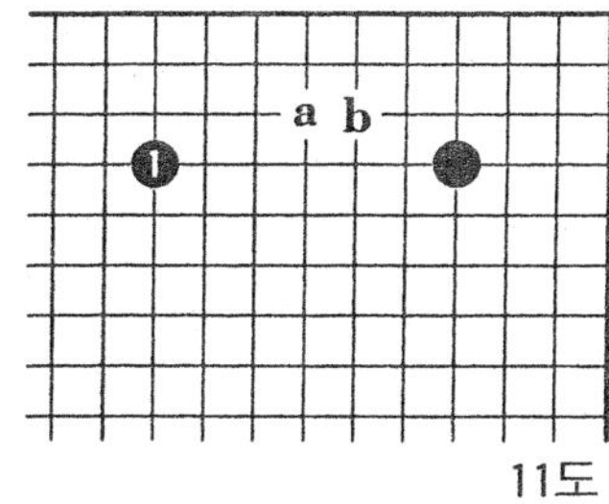

11도

화점에서 벌림

10도 여기에서 백 a로 둘 가능성이 있는 곳이다. 결과는 흑이 십분 두터워 좋다. 이 모양에서 흑이 둔다면 b의 곳을 두어 대모양을 형성한다.

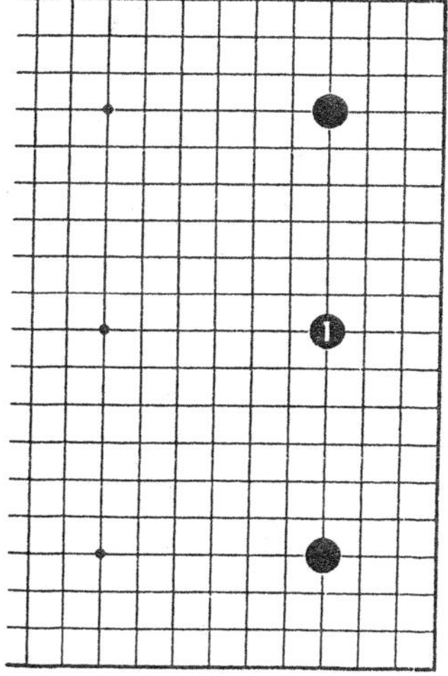

12 도

11도 발전

화점에서 a나 b에 걸침이 있는 곳이다. 흑 1로 상변에 전개하여 나갈 수 있다. 이것이 화점의 특징이다.

12도 3연성

흑 1로 두면 3연성이다. 우변 일대가 흑의 세력전이다. 큰 모양이다.

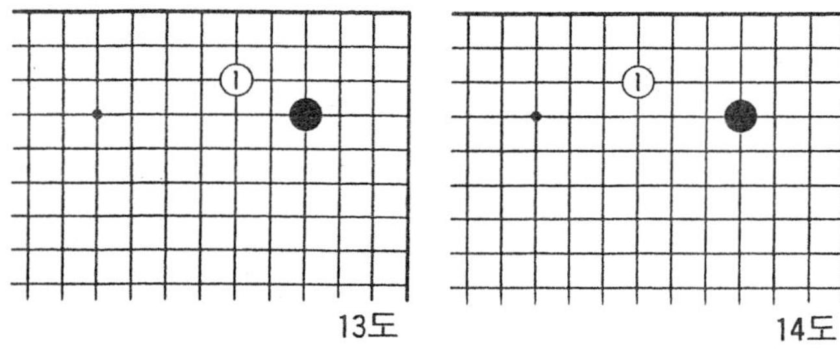
13도 14도

화점에 대한 걸침

13도 날일자 걸침

화점에 대하여 백이 두는 방법이다. 직접 3·3에 침입을 하는 수에서 이렇듯 백 1로 걸치는 수가 있다.

14도 눈목자 걸침

백 1의 눈목자의 걸침이다. 이 수도 상변과 관련이 있는 수이다.

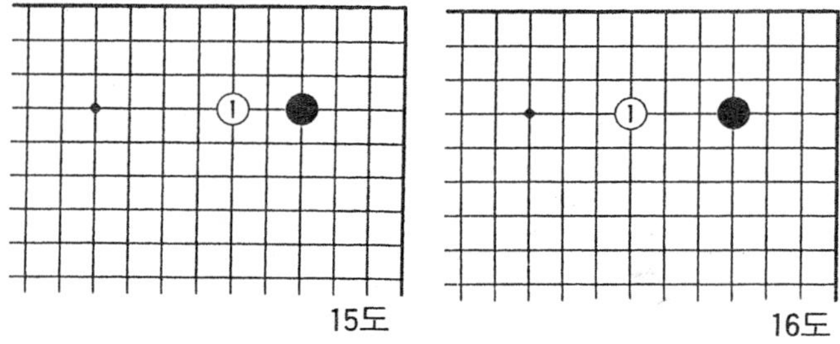
15도 16도

15도 한칸 높은 걸침

이 백 1은 흑이 두어도 좋은 곳이다.

16도 2칸 높은 걸침

2칸은 한칸 높은 걸침보다 적극성은 떨어진다.

세력과 변의 전개에 중점을 둔다.

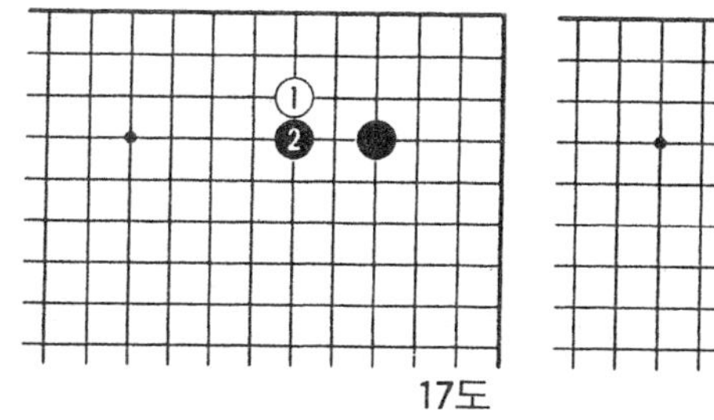
17도

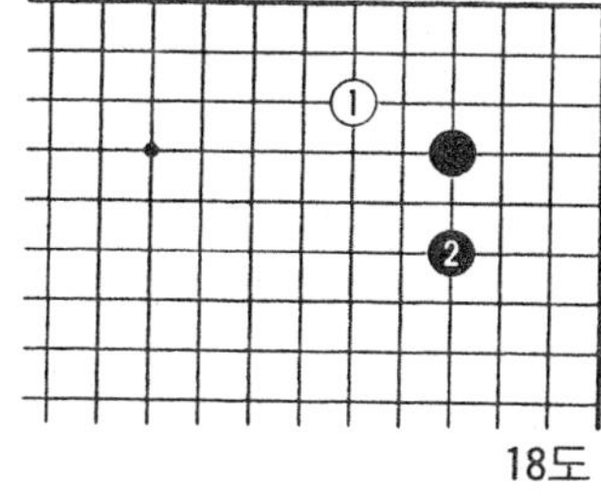
18도

17도 건너 붙임

백 1 의 날일자에 대하여 흑 2 로 응수하는 수이다. 아래쪽에 흑무양이 있는 경우 선택을 한다.

18도 한칸 뜀

흑 2 의 한칸 뜀이다. 화점의 특징을 살려 변에 전개를 하는 게 목적이다.

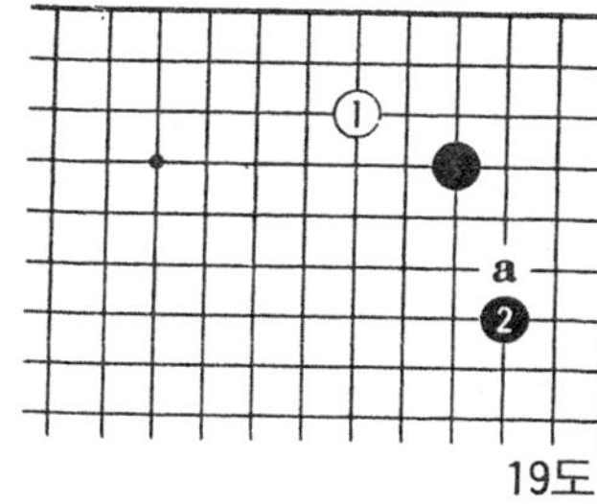

19도

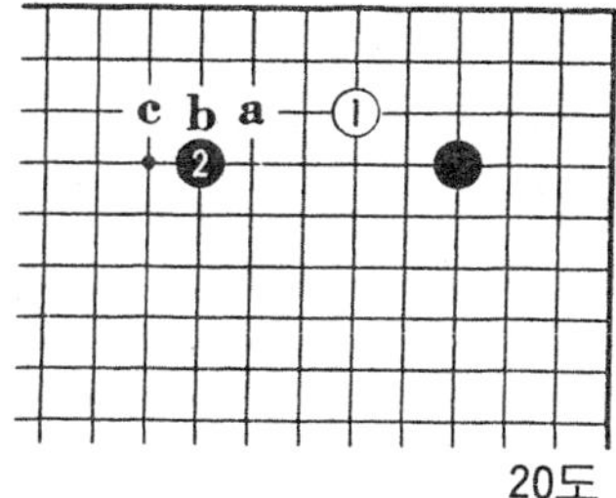

20도

19도 눈목자

흑 2 의 눈목자이다. a의 날일자도 제 3 선에서 견실하다. 제 4 선의 한칸 뜀은 적극성이 결여됐다.

20도 협공

흑 2 의 협공으로는 a, b, c의 곳이 있다. 백을 측면에서 압박을 하는 적극적인 수이다.

〔2〕 붙여 뻗음의 정석

붙여 뻗음

21도 모양을 키움

백 1의 걸침에 흑 2의 붙임에서 4의 뻗음까지의 정석이다. 접바둑의 제 1 과이다. 흑 4의 뻗음까지이다.

22도 정석

여기에서 백 1이 보통이다. 흑 4까지 큰 모양을 갖추어 가치가 크다.

4의 뜀으로 a의 한 칸 벌림은 위축하는 수이다. 위험하지 않는 경우에는 크게 발전하는 것이 바람직하다.

비교적 간명하게 하기 위하여 화점의 기능을 충분히 고려하지 않으면 안된다. 접바둑의 경우에 많이 나타나는 수이다. 다음에 주변의 변화를 그려보자.

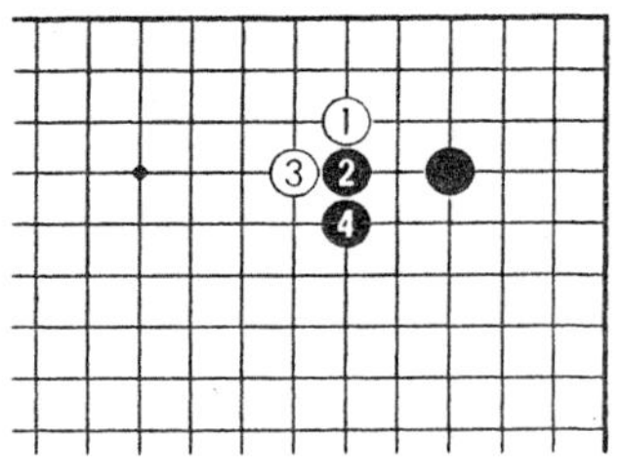

21도

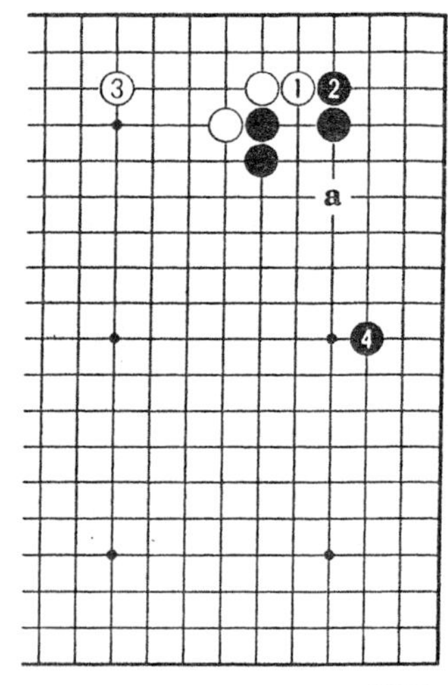

22도

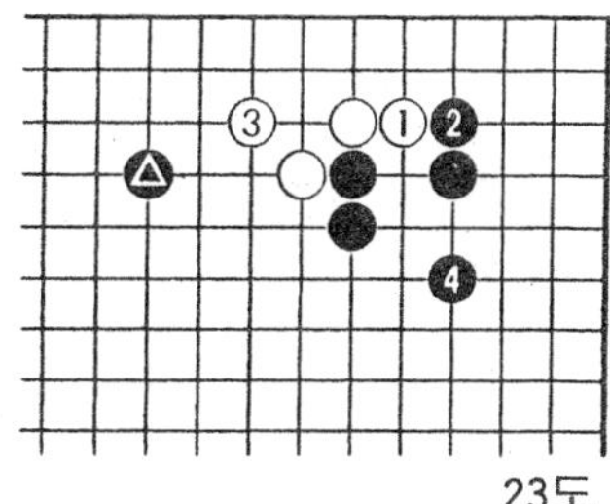
23도

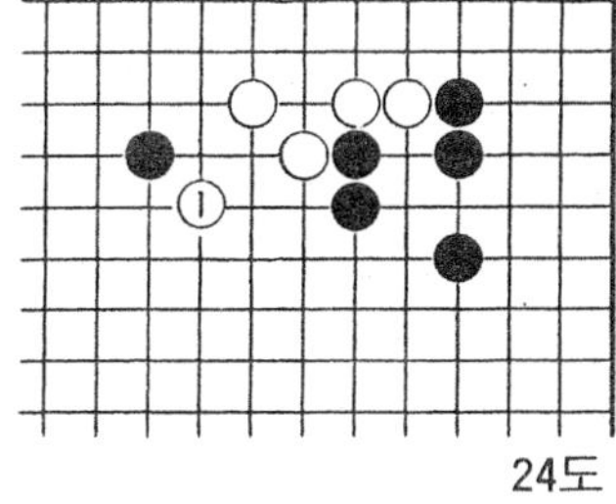
24도

23도 접바둑

변의 화점에 흑◭가 있는 모양에서는 흑 4의 보강은 불만이다. 백 3에는 흑도 4의 벌림이 견실하다.

24도 외곽

전도의 다음 백 1로 바깥을 나가는 수가 중요하다. 이 수를 태만히 하면,

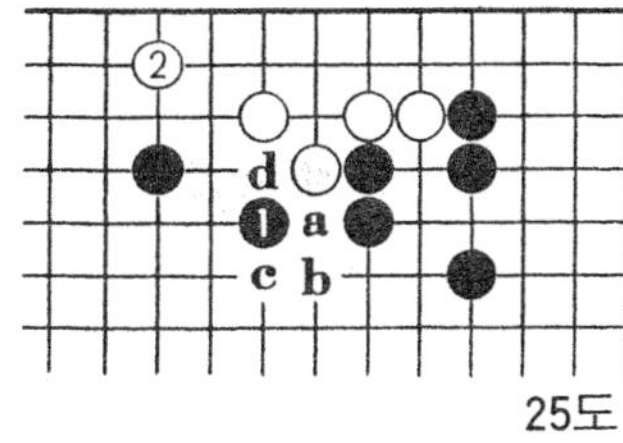

25도

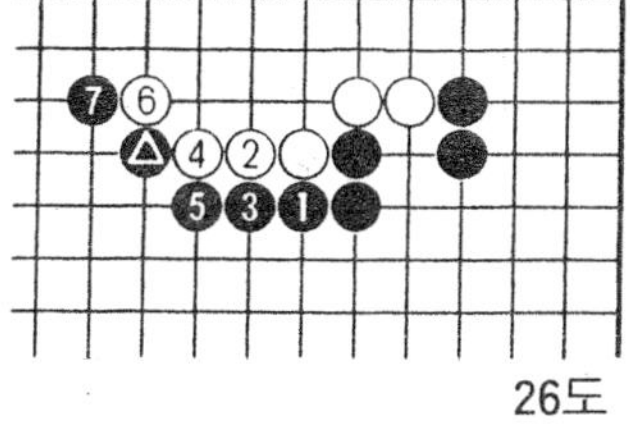
26도

25도 봉쇄

흑에서 1의 곳에 두어 봉쇄를 한다. 이때는 백 2로 살지 않을 수 없다. 백 2로 a는 흑b, 백c, 흑d로 백의 고전이다.

26도 흑이 두텁다

23도 백 3을 두지않으면 흑 1 이하 7의 젖힘까지 흑◭표 한 점이 호응하여 봉쇄한다.

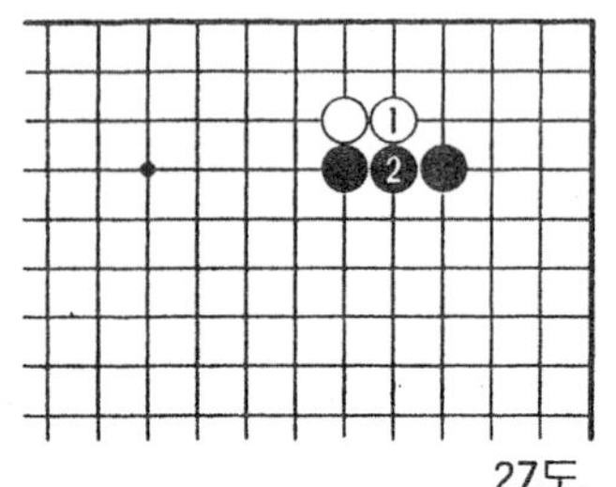

27도

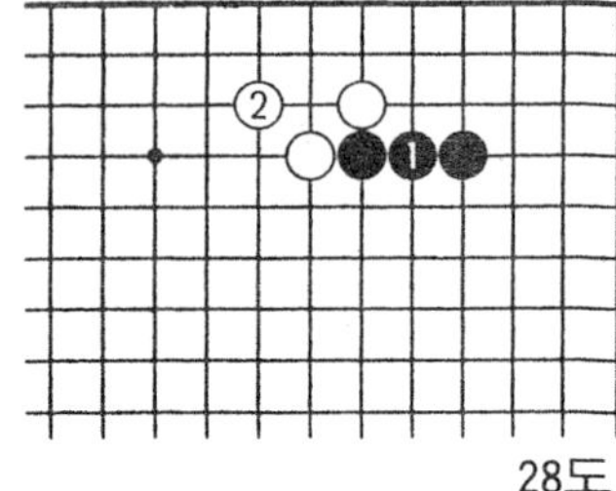

28도

27도 백의 취향

백 1 로 늘으면 흑은 2의 막대기 이음이다. 보통은 흑의 외세가 두터워 백의 불만이다.

28도 악수

흑 1 에 이음은 악수이다. 백 2 의 지킴이 좋아 흑모양의 움직임을 저지한다.

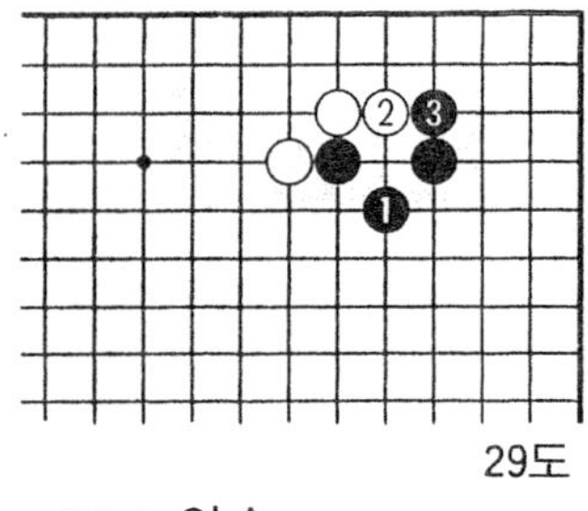

29도

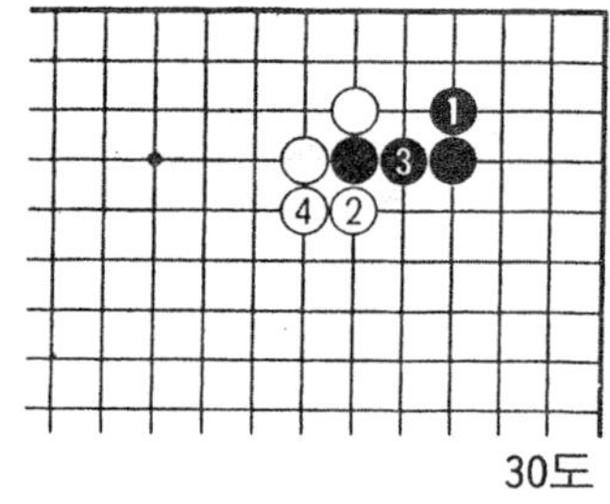

30도

29도 악수

흑 1 은 이해하기 어려운 수이다. 백 2 에는 흑 3 . 흑 1 은 중도반단의 수이다.

30도 모양이 나쁘다

흑 1 로 귀를 지키는 것도 악수이다. 백 2 에는 흑 3 으로 둘 자리이다.

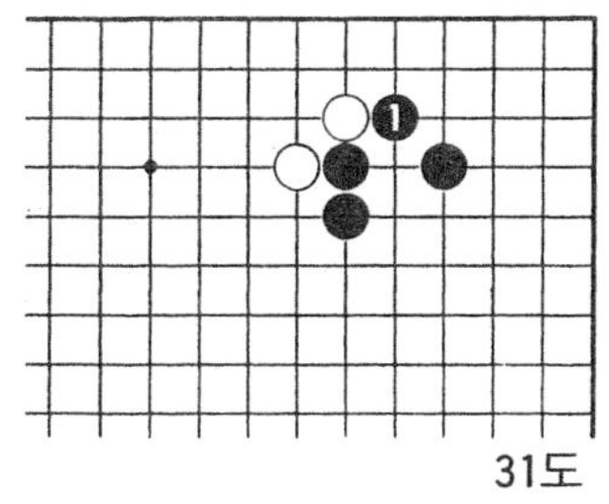

31도

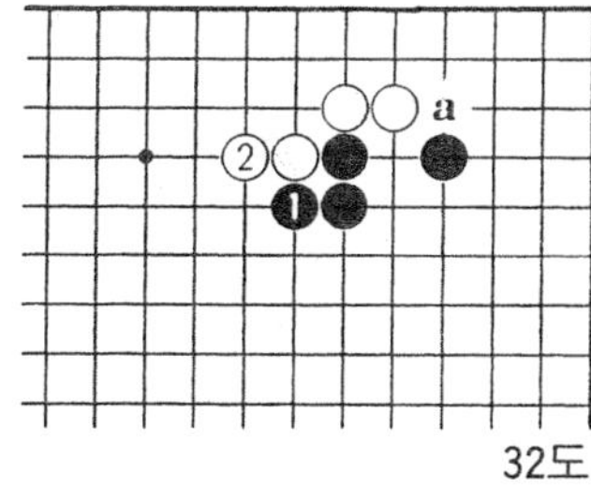

32도

31도 흑이 좋은 모양

22도 백 1은 중요하다. 흑 1의 누름으로 흑이 좋은 모양을 갖춘나.

32도 악수

흑 a의 지킴으로 1의 곳을 누르는 악수이다. 백 2로 모양을 정비한다.

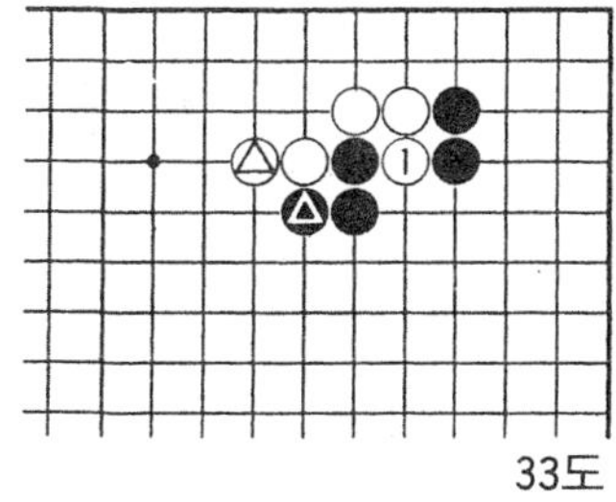

33도

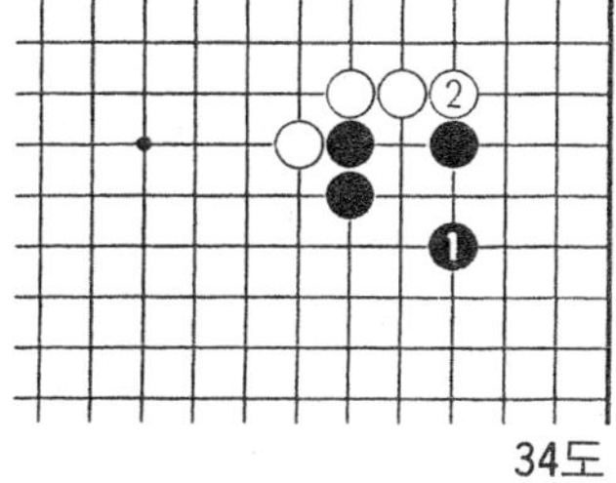

34도

33도 뚫음

흑 ▲와 백 △의 교환 다음에 백 1의 뚫음이 흑을 직접 위협하는 수이다.

34도 흑의 손해

흑 1의 지킴에는 백 2로 밀어 실리가 손해이다. 흑의 근거를 빼앗는다. 백 2가 쌍방 최선의 큰 곳이다.

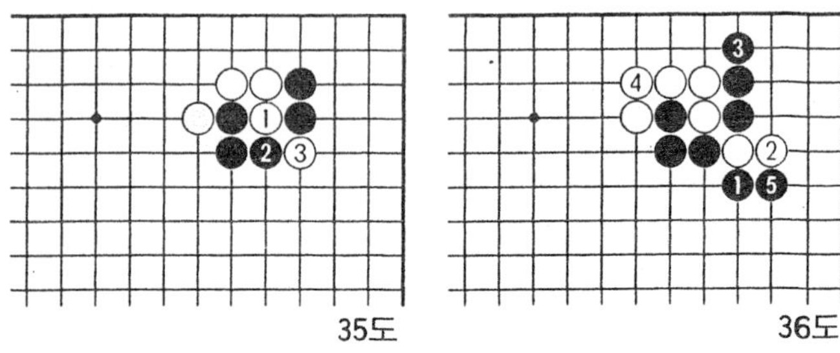
35도　　36도

35도 나와끊음

백 1, 3의 나가끊음의 대책을 알지 않으면 안된다. 이 정석은 22도의 정석 다음의 변화이다.

36도 중요한 내려섬

흑 3이 나와 끊음의 대책으로 중요하다. 백 4의 이음은 필연, 다음에 흑 5로 누른다.

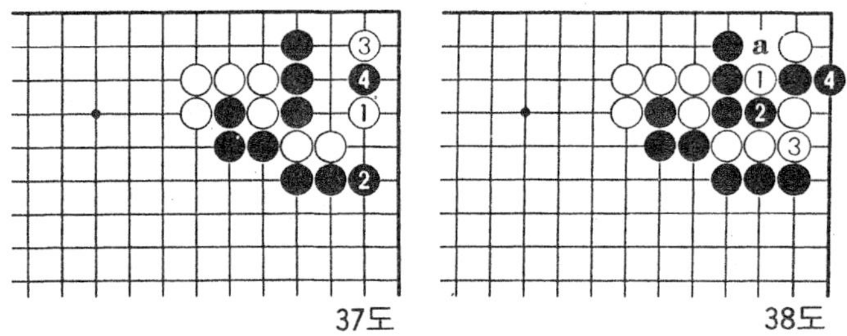
37도　　38도

37도 끼움

전도의 다음 백 1의 마늘모, 흑 2, 백 3에는 흑 4가 중요한 착점이다. 흑 4는 맥이다.

38도 백의 전멸

백 1로 1점을 단수하면 흑 2에서 4의 내려섬이 좋은 수순이다. 결과는 백의 전멸이다.

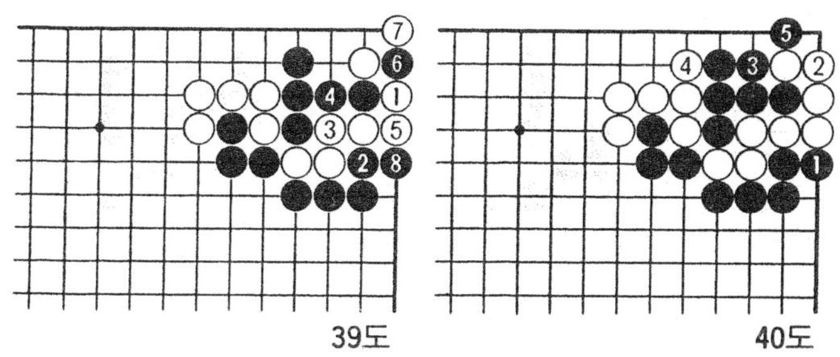

39도　40도

39도 좋은 수순

백 1 로 아래쪽에서 받으면 이것은 흑 2 에서 4 까지의 수순이다. 6 의 먹여치기를 잊어서는 안된다.

40도 흑승

흑은 1 부터 공격을 한다. 백 4 에는 흑 5 로 그만이다.

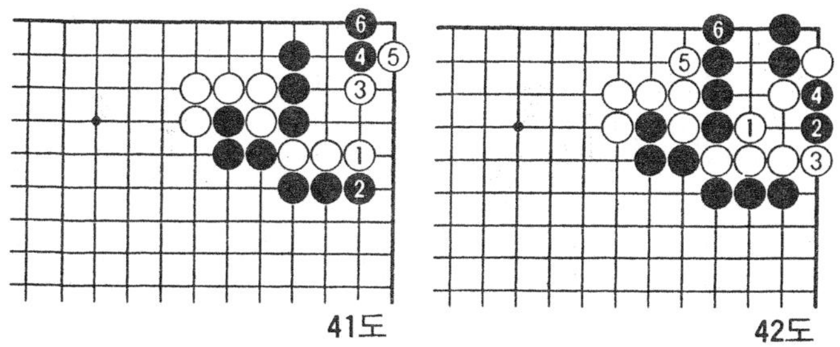

41도　42도

41도 유가 무가

37도의 변화이다. 백 1 에는 흑 2 의 누름, 백 3 에는 흑 4 , 6 으로 유가 무가의 상태이다. 흑의 승리.

42도 흑승

전도의 다음 백 1 에는 흑 2 로 집을 없앤다. 흑 6 이 중요하다. 흑은 4 의 곳을 찔러 둠이 좋다.

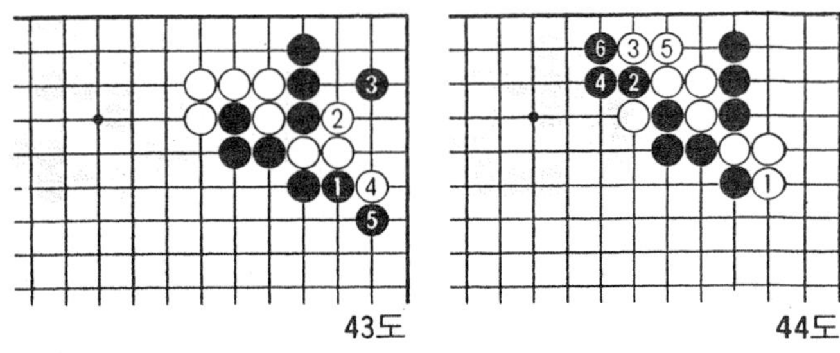

43도 변화

흑 1 에 백 2 다음에 흑이 둔다면 3 이 급소이다. 백 4 에는 흑 5 로 그만이다.

44도 내려섬과 끊음

36도 백 4 로 잇지 않으면 본도 백 1 의 끊음이다. 흑 2 의 끊음으로 백 3 점을 잡는다.

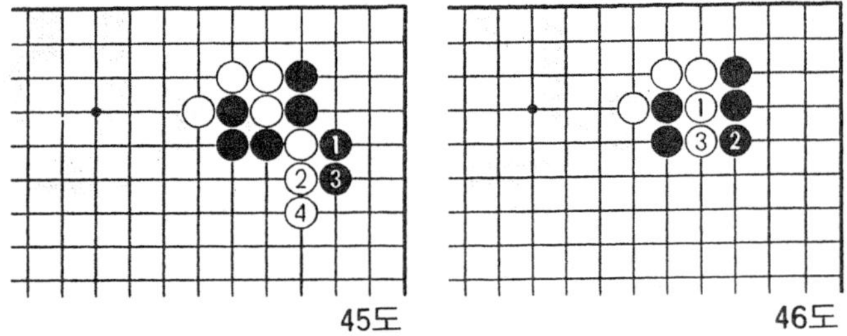

45도 흑이 나쁘다

백의 끊음에서 흑 1, 3 은 약한 방법이다. 이렇게 되면 백의 바둑이 된다.

46도 흑의 손해

백의 나감에 대하여 흑이 2 의 곳을 받는 것은 백모양을 두텁게 만들어 보통은 흑의 손해이다. 흑 2 는 강수이다.

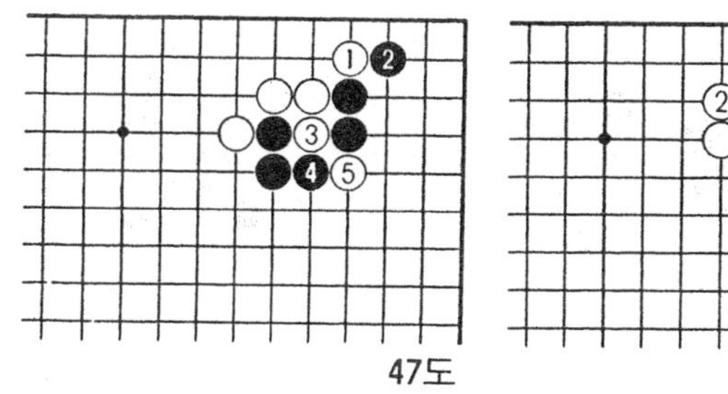

47도　　48도

47도 변화

백 1 로 젖힘을 한 다음에 3 , 5 로 나가끊는 수는 의미가 있다. 흑이 주의를 요하는 모양이다.

48도 급소의 끊음

흑 1 이 급소의 끊음이다. 백의 약점을 찌른다.

백 2 , 흑 3 은 필연이다.

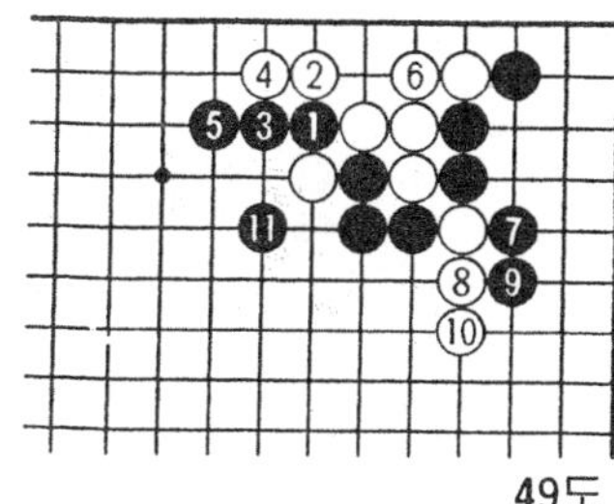

49도

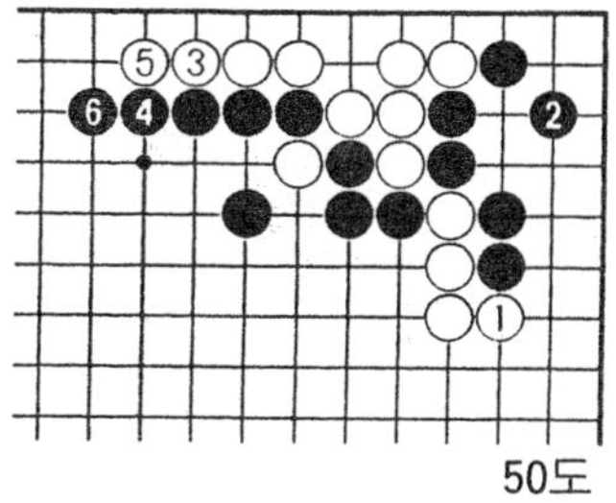

50도

49도 흑의 전투

47도에서 흑11까지 외길의 수순이다.

50도 제 2 선

백 1 의 막음에는 흑 2 의 수비가 정형이다.

백 3 , 5 에는 흑 4 , 6 으로 두어 제 2 선에 백이 있어서 좋은 모양이다.

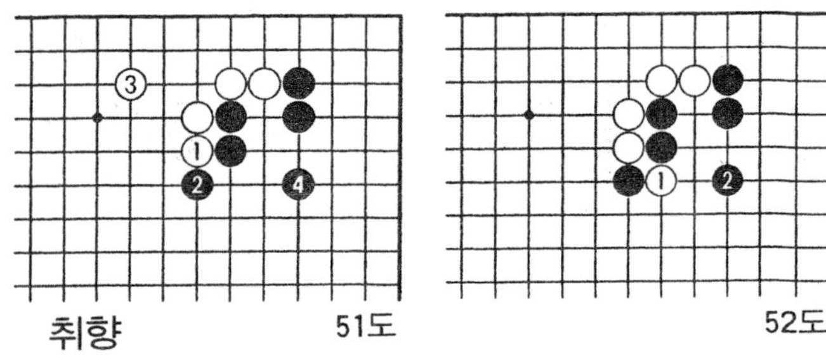

취향 51도 52도

51도 올라섬

백 1, 3 으로 두는 수는 취향이다. 흑 2, 4 의 받음이 중요하다.

52도 싸움

전도의 백 3 으로 1 의 곳을 끊으면 흑 2 로 지켜서 전투이다.

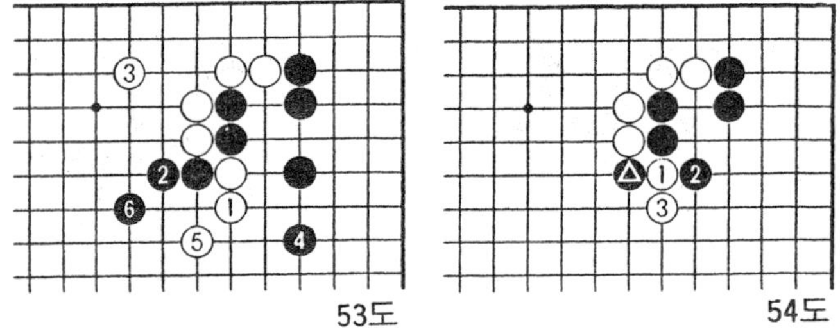

53도 54도

53도 흑이 좋다.

백 1 이하 흑 6 까지가 보통의 진행이다. 중앙의 흑 3 점과 백 3 점이 호각의 갈림이다.

54도 흑의 악수

여기에서 흑 2 를 두는 것은 백 3 으로 늘어서 흑 ▲ 표한 점이 약해진다. 또한 흑 2 이하 흑모양이 불완전하다.

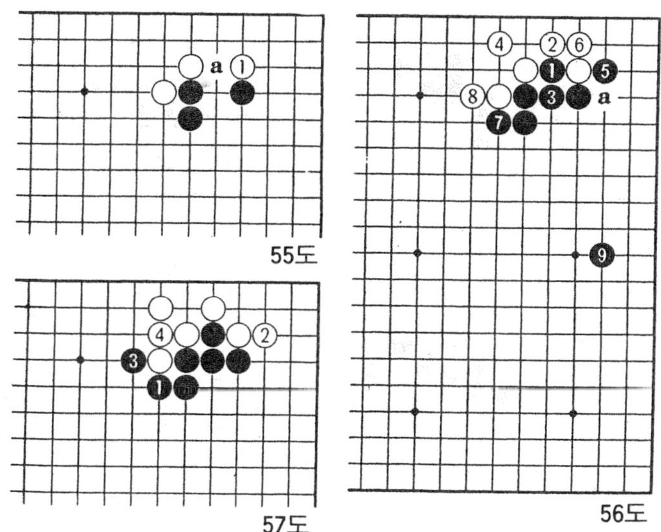
55도 57도 56도

건너 붙임

55도 백 a의 곳을 뻗지 않고 백 1로 건너 붙이는 것도 의미가 있다. 흑은 어떻게 두어야 하나

56도 정석

흑 1 다음 9까지 정석이다. 9로 우변을 벌리는 수가 크다. 백 a의 끊음은 두렵지 않다.

57도 백의 실리

흑 1로 꼬부림이다. 백 2에는 흑 3의 단수이다.

백의 실리가 상당하다. 중앙을 중시하지만 흑이 좋지 않다.

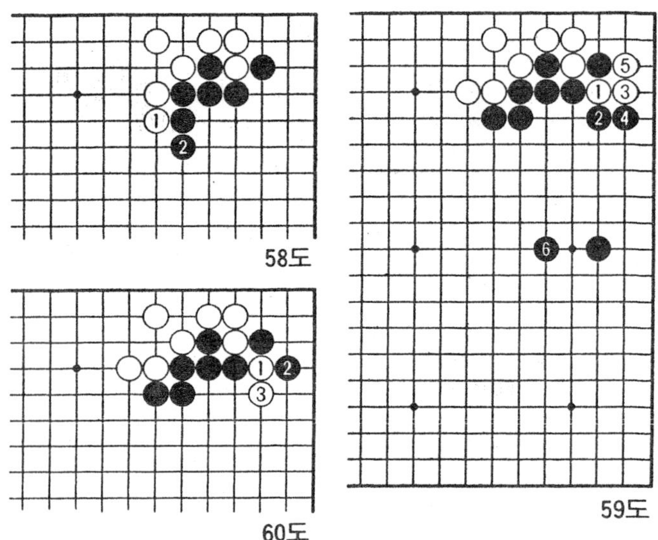

58도 요점

56도의 정석 수순중 7의 곳을 두지 않으면 백 1로 누른다. 서로간의 세력 차이가 생긴다.

59도 귀는 사석

백 1의 끊음에는 흑은 2, 4로 두어 한 점을 사석으로 이용한다. 다음 6의 한 칸 뜀까지이다.

60도 흑의 무리

백 1의 끊음에 흑 2는 무리이다. 백 3으로 늘어둔다. 주의를 요하는 곳이다.

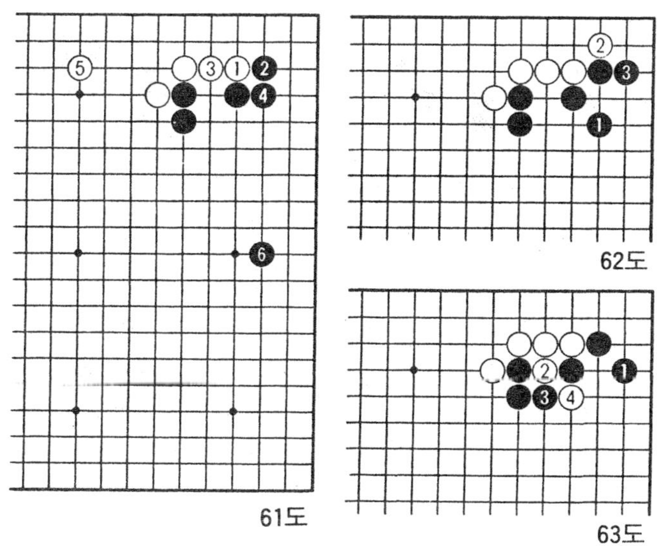

61도 정석

백 1 에 대하여 흑 2 의 누름에서 4 의 이음까지는 견실하다. 백 5, 흑 6 의 벌림까지이다. 흑은 **56도**의 세력과 실리의 절충이다.

62도 속수

전도 흑 4 는 견실하지만 초급자의 바둑에서 볼 수 있는 곳이다. 흑 1 에는 백 2, 흑 3 으로 내려선다.

63도 악수

흑 1 의 벌림은 역시 같은 악수이다. 백 2, 4 로 나가 끊으면 흑모양이 우그러진다.

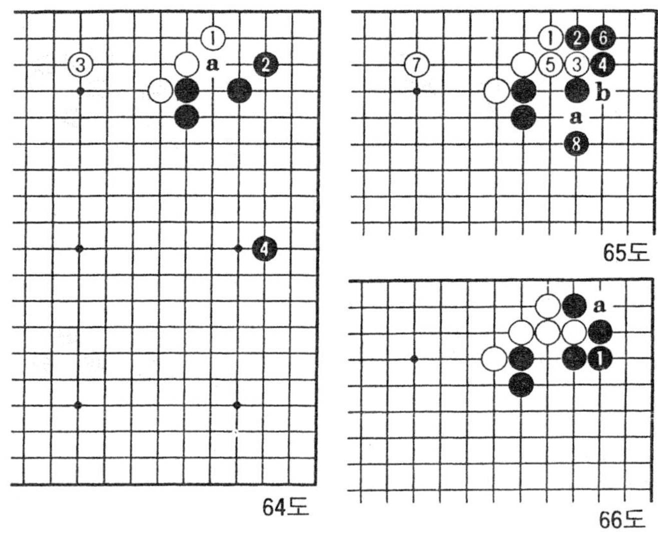
64도

65도

66도

마늘모

64도 내려섬

백 1이 모양이다. 흑 2에는 3으로 지킴이다. 흑 2로 a는 56도의 결과와는 다르다. 본도의 4까지이다.

65도 정석

백 1에 대하여 흑 2의 건너붙임이다. 백 3의 젖혀끼움에서 7까지이다. 흑도 8의 견실한 이음이다. a의 곳이 아니면 b의 끊음이 있다.

66도 흑의 손해

붙임으로 두는 이상 1의 이음이다. a의 끊음이 남아 있다.

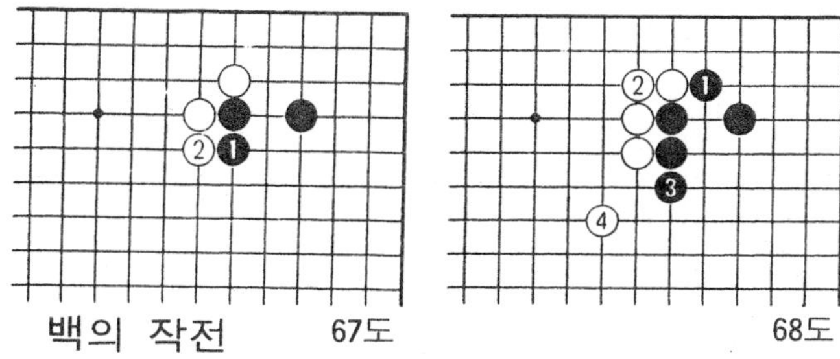

백의 작전

67도 68도

67도 늘음

흑 1 의 올라섬에 백 2 의 누름이다. 이것은 백의 하나의 작전이다.

68도 막음

흑 1 의 막음이 중요하다. 백 2 의 이음에는 흑 3 의 뻗음이다. 2 점 머리의 급소의 곳이다.

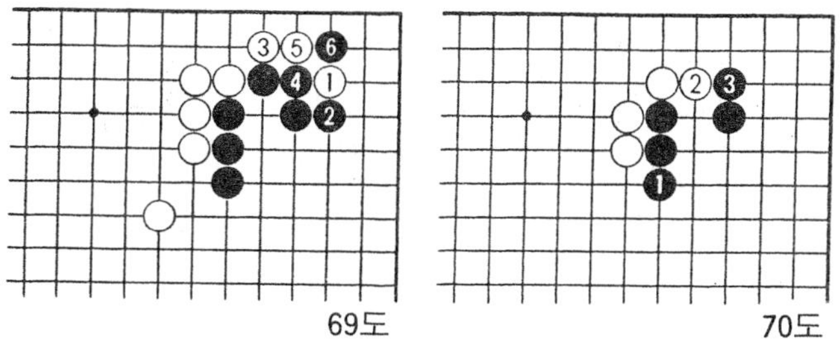

69도 70도

69도 3·3

귀는 백에서 1 의 3·3의 침입이 있다. 이곳은 흑 2 에서 6 까지 받아서 불만이 없다.

70도 백의 움직이는 모양

흑 1 로 3 점 머리의 키움이다. 백 2 에는 흑 3 으로 막는다.

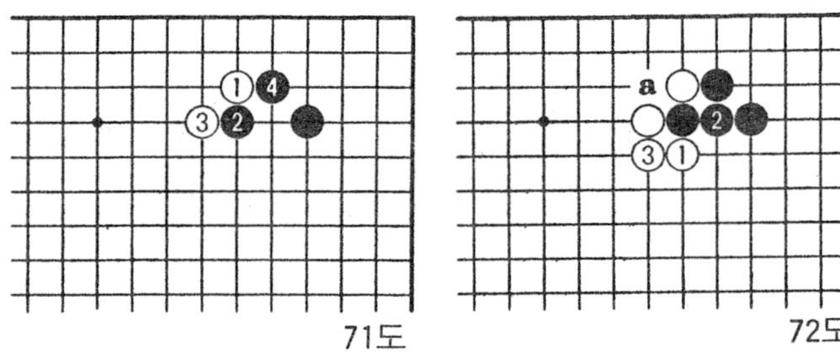
71도

72도

붙이고 막음

71도 흑 2, 4 로 두는 수이다. 집을 중시한 모양이다. 주위가 강할 때(백), 특수한 경우 둔다.

72도 위쪽 이음

백 1 로 단수를 하고, 백 3 으로 위쪽의 이음이다. a 로 아래쪽을 두는 수도 있다.

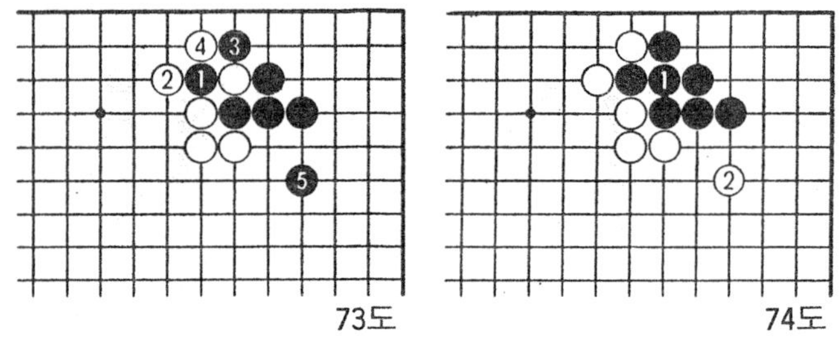
73도

74도

73도 귀를 견고하게

백이 위쪽을 이으면 흑 1, 3 다음의 5 의 곳 한 칸 뜀이 정형이다. 백 4 의 단수는 필연이다.

74도 악수

흑 1 의 이음은 악수이다. 흑모양이 나쁘다. 백이 2 로 두어서 좋다.

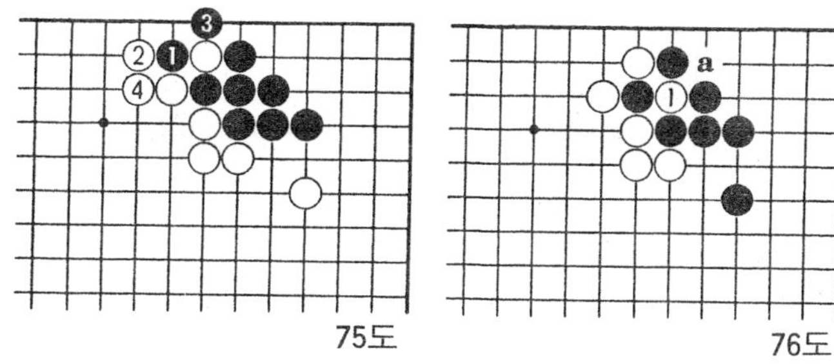

75도 76도

75도 백이 두텁다

전도의 다음 흑 1, 3으로 백 1점을 끊어 잡음이다. 이곳은 자디. 백 2, 4로 되이 백의 모양이 두텁다.

76도 패

73도의 다음 백 1 다음에 흑 a의 끊음으로 패를 다툰다.

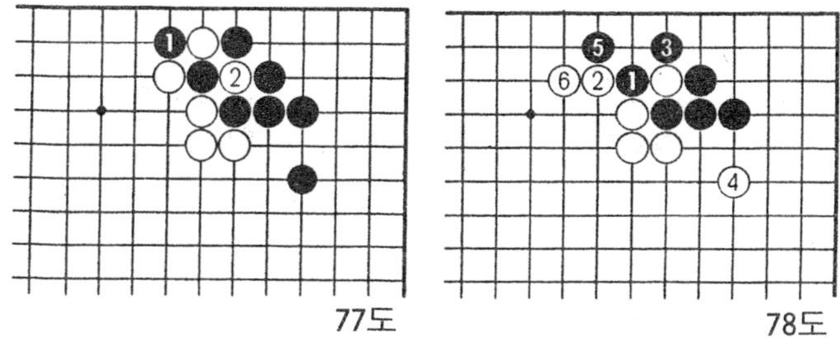
77도 78도

77도 변화

흑 1의 끊음이다. 패는 큰 손해이다.

78도 변화

백 4에서 흑 5이다. 흑의 모양이 충분하다.

백이 4로 뛰었을 때 흑이 5로 젖혀둔 것은 상당히 잘한 것이다. 이로써 흑의 호형(好形)이 되었다.

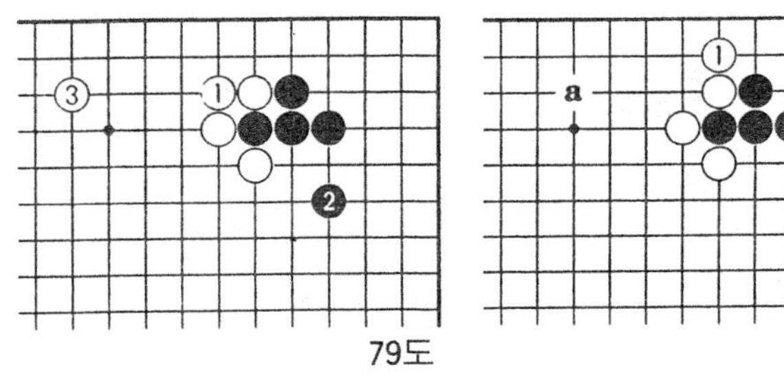

79도 80도

79도 아래 이음

백 1 로 아래쪽 이음이다. 흑 2 가 좋은 점이지만 백도 3 의 곳을 벌려 불만이 없다.

80도 내려섬

백 1 은 귀를 염두에 둔 점이다. a방면에 있지 않을 때도 좋은 수이다.

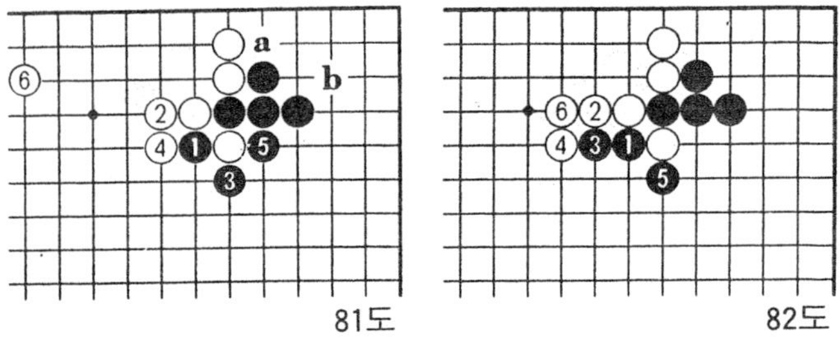

81도 82도

81도 정석

흑 1 의 끊음에서 3, 5 의 때림까지이다. 백은 6 의 벌림까지이다. 백 a 에서 흑 b의 수비가 견실하다.

82도 흑의 움직임

흑 3 의 뻗음 다음에 백 4 에서 흑은 5 까지 모양이다.

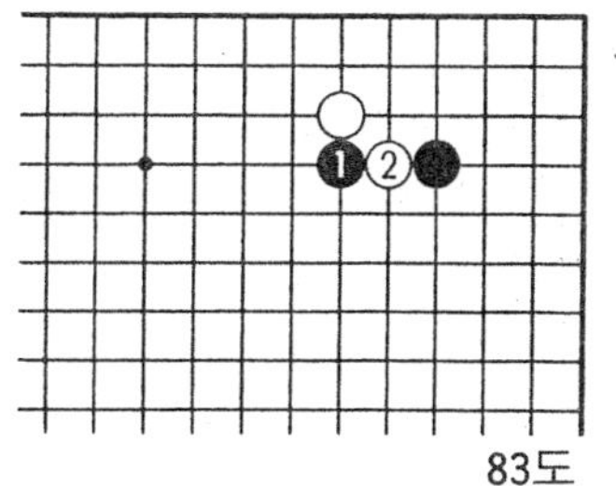

83도

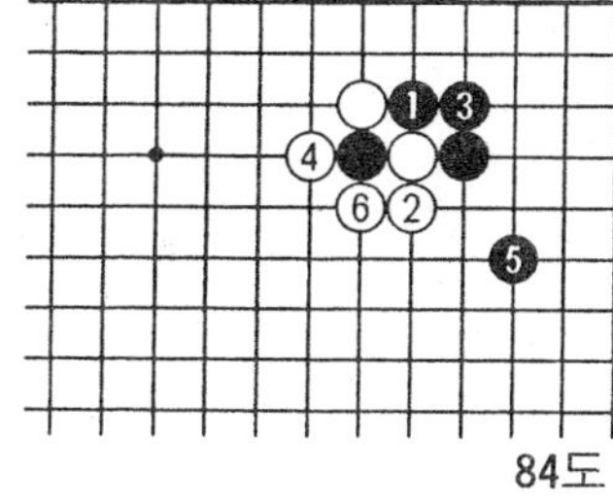

84도

젖혀 끼움

83도 흑 1에 대하여 백 2의 끼움은 특수한 수이다. 흑에게 대책이 필요하다.

84도 축

흑 1의 끊음에 백 2 다음 3의 곳을 이으면 백 4로 축이 성립한다. 백 6으로 때려내어 백이 유리하다.

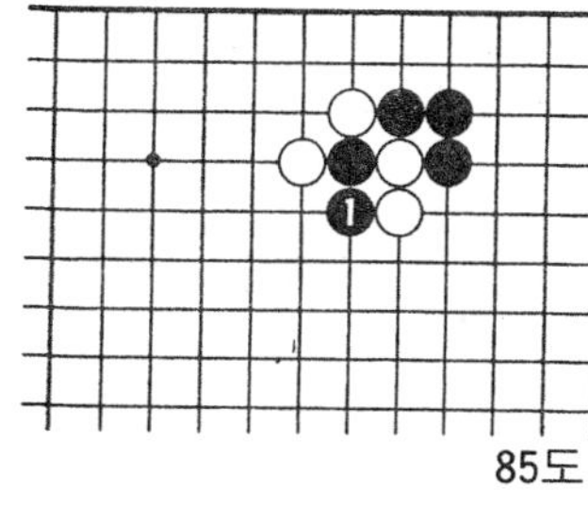

85도

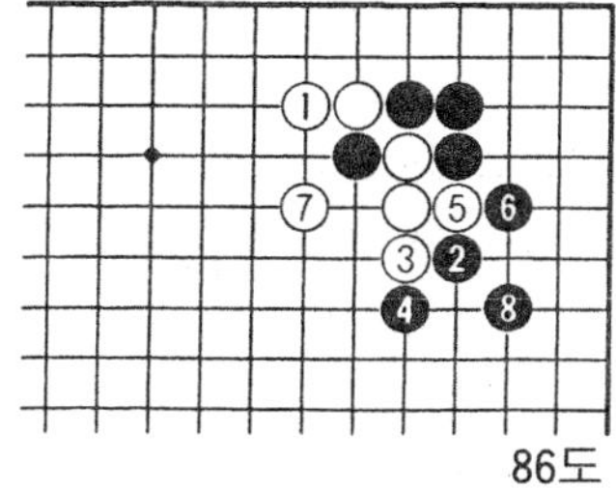

86도

85도 백의 무리

흑 1의 도망하여 나가는 수이다. 이것은 축이 유리할 때 두는 수이다.

86도 흑이 충분

축이 나쁘다면 백은 1에서 7까지 둔다.

이것은 흑의 실리가 커서 십분 좋다.

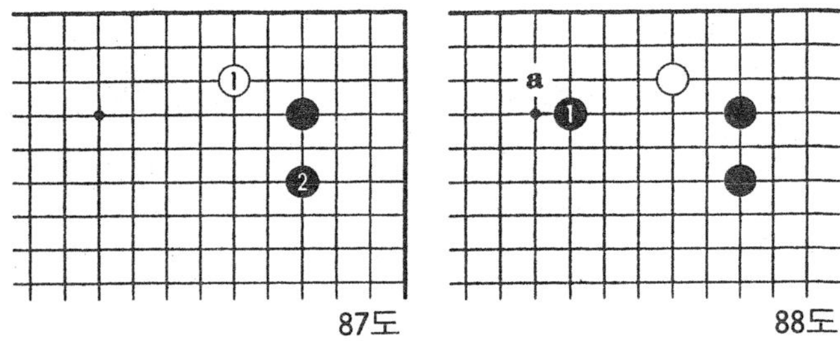
87도 88도

〔3〕한 칸 뜀

한 칸 뜀의 목적

87도 모양

백 1 의 걸침에 대하여 흑 2 의 한 칸 뜀은 귀를 지키는 수이다. 공격에 중점을 두며 전국적인 조화를 갖추는 수로 최근 많이 둔다.

88도 공격

흑이 한칸 받은 다음에 흑 1 로 협력을 하는 수가 있다. 이 협력의 모양에서 흑 1 로는 a도 있다.

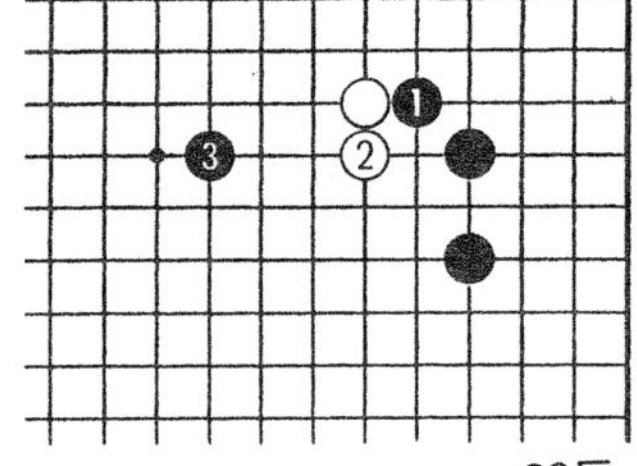
89도

89도 무겁다

흑 1 의 마늘모에 백 2, 그러면 흑 3 의 공격이 유력하다.

백이 3 의 곳에 전개하는 것을 막는 의미가 있다.

90도 정석

백 1 에 2 의 곳을 두면 한 칸 뜀의 정형이다.이 다음에 기회를 보아 흑이 a로 귀를 지키게 되면 다음에 b의 곳 침입이 있다.

선택은 흑의 자유이다

91도 백이 좋은 모양

전도의 다음 백이 둔다면 1 의 날일자이다. 귀를 흑 2 로 지키면 백 3 이 좋은 모양이다. 백 3 으로 a의 곳에 두는 수도 있다.

흑 2 를 두지 않으면 3·3 에 침입하는 수가 있다.

쌍방 근거와 관계되는 요점이다. 백 1 , 3 이 좋다.

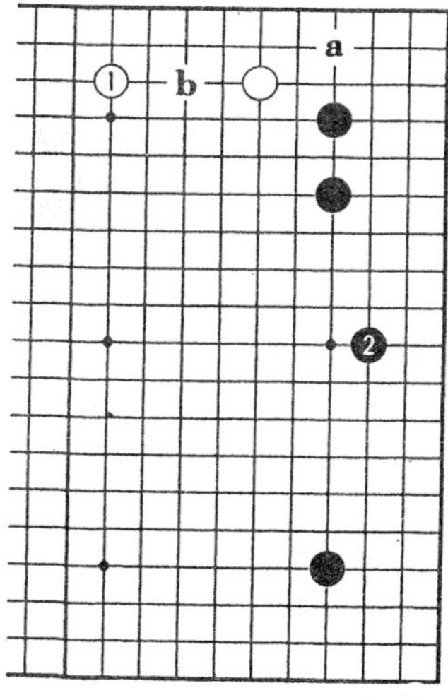

90도

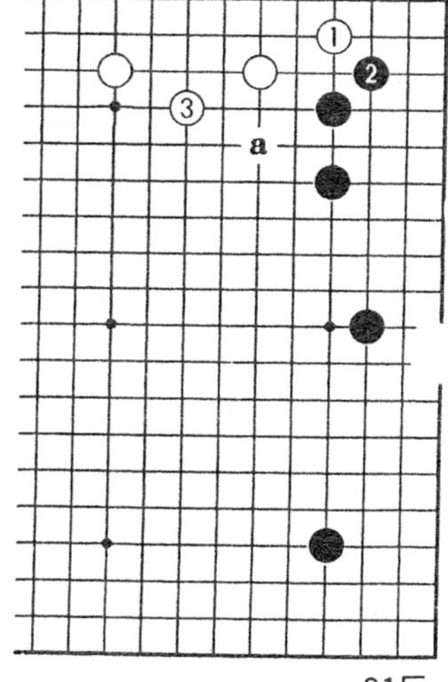

91도

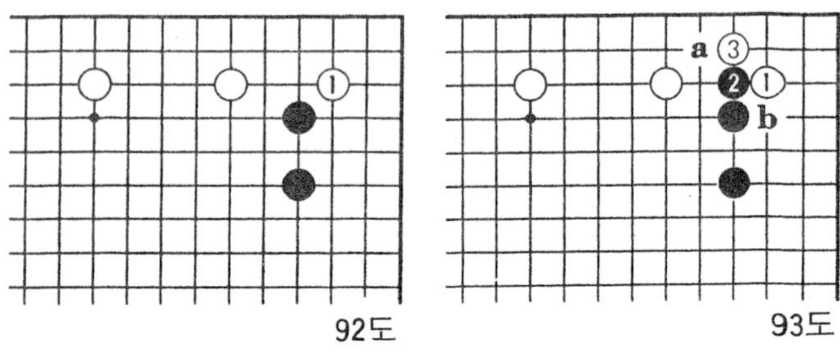

92도　　　　　　　　93도

92도　3·3

백 1의 3·3에 침입을 하는 수이다. 이렇게 되면 필연적으로 귀가 황폐하여진다.

93도　선택

흑 2의 막음이다. 이 다음 a로 바깥쪽 막음과 b의 막음은 선택이다.

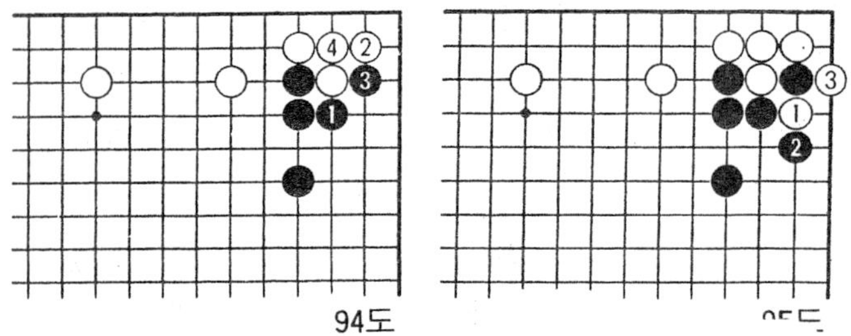

94도　　　　　　　　95도

94도　흑의 선수

흑의 1, 3은 손해이다. 이 수는 90도에서처럼 우변에 벌려있는 모양에서의 전제이다.

95도　끝내기

장래의 끝내기 문제는 백 1, 3이다. 흑 1의 이음은 큰 수이다.

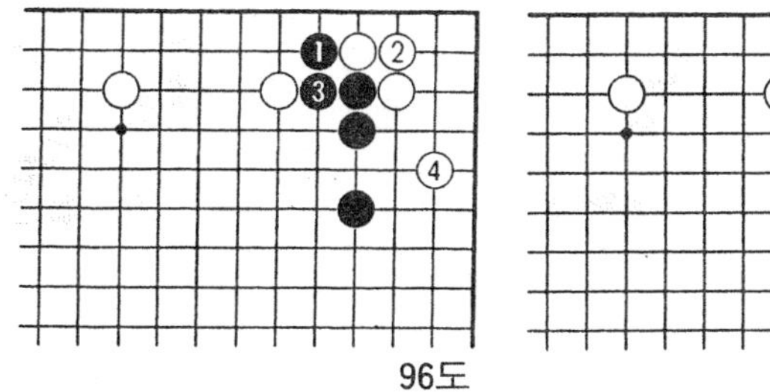

96도 97도

96도 적극적

흑 1, 3의 바깥쪽 막음이다. 백이 귀에 관해서 적극적으로 두는 방법이다.

97도 봉쇄

전도의 다음 흑 1로 붙이는 수이다. 백을 봉쇄하는 수이다. 다음에 흑 7의 이음이 중요하다.

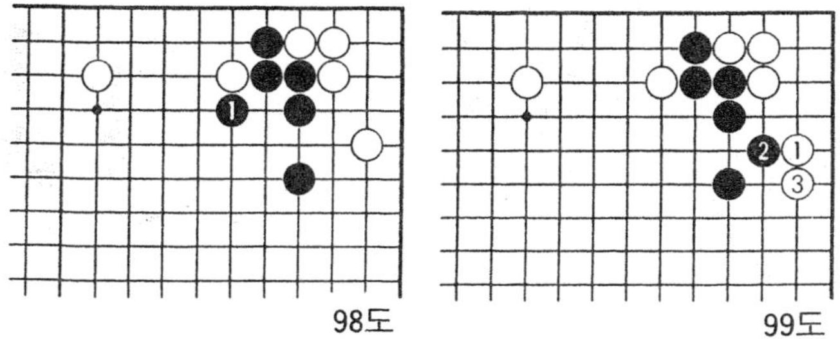

98도 99도

98도 요점

96도의 다음 흑 1의 젖힘이 요점이다. 이 수가 상변 백 2점을 위협한다. 반대로 백이 이곳을 두면 흑이 엷어진다.

99도 악수

흑 2는 악수이다. 백 3의 곳 뻗음으로 손해이다.

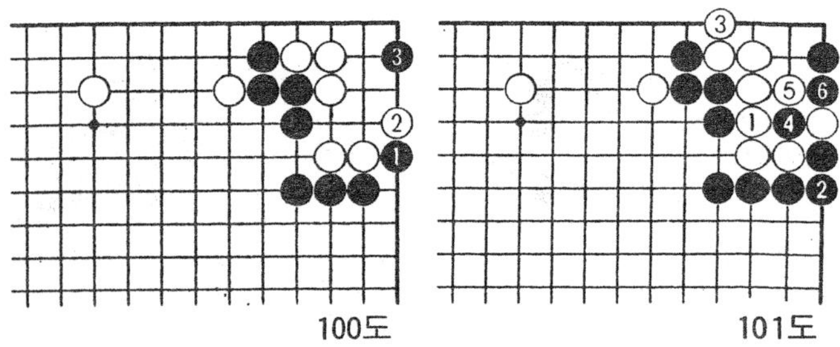
100도 101도

100도 수가 있다

96도의 4, 6이 없는 곳의 변화이다. 이런 모양에서는 흑1, 3이 수단의 여지가 있다.

101도 패

백1의 이음이 좋은 방법이다. 흑2에서 6까지 패이다.

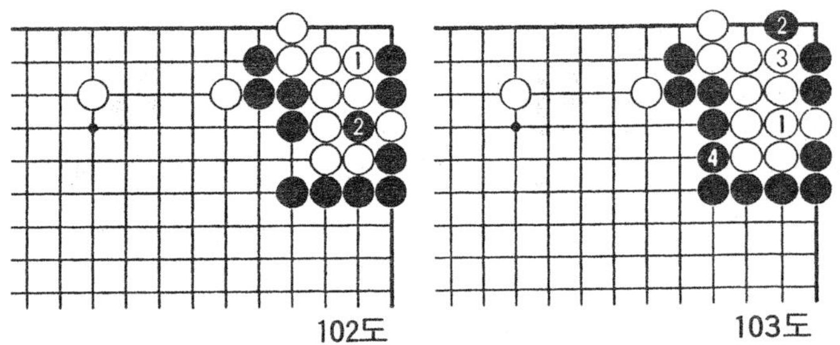
102도 103도

102도 계속

전도의 다음 백1에는 흑2로 두어 패를 따낸다.

103도 백사

101도의 다음에 1의 곳 이음은 둘 수 없는 곳이다. 흑2에 백3은 흑4로 무조건 죽는다.

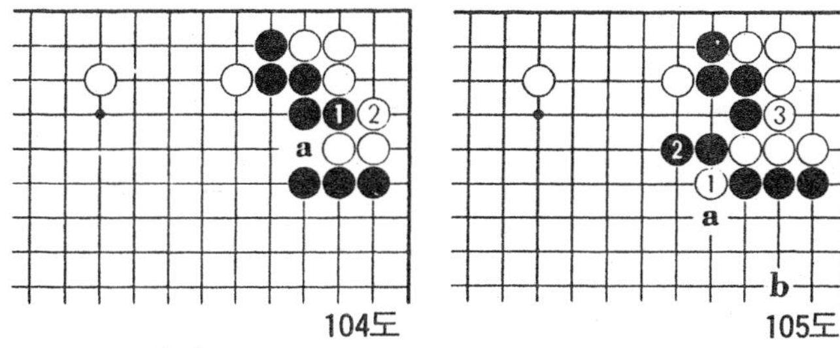

104도 105도

104도 속수

흑 1로 나가는 수는 속수이다. 백 2에는 오히려 a 의 곳의 나가 끊음이 있다.

105도 변화

백 1의 끊음에는 흑 2의 뻗음이다. 다음에 백은 3의 곳을 잇는다. 백 3으로 a 이면 흑은 b 의 곳을 둔다.

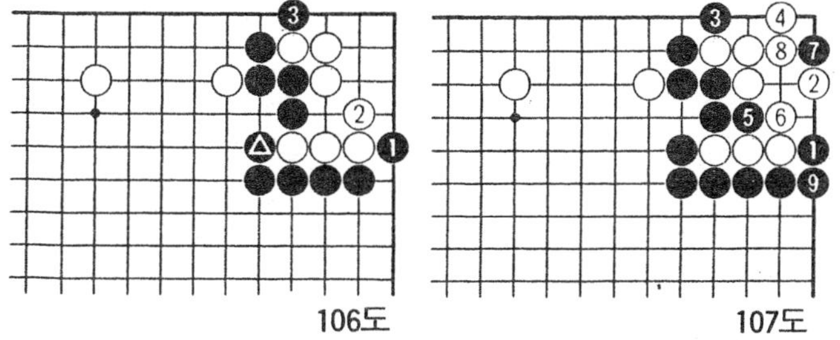
106도 107도

106도 백사

흑 ◬의 공배가 있다면 1, 3의 젖힘으로 백이 죽는다. 백에게는 사는 수단이 없다.

107도 맥

백 2의 곳을 받으면 복잡하다. 흑 5, 7 다음에 9의 이음이 중요하다.

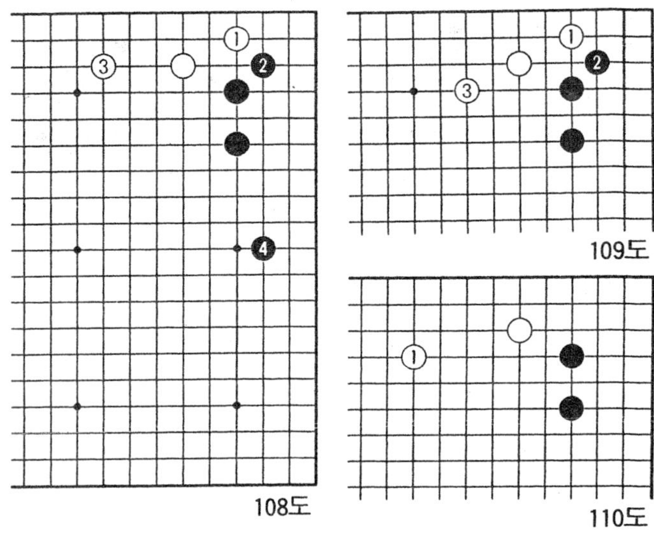
108도
109도
110도

108도 정석

흑의 한칸 뜀에 대하여 1의 곳의 날일자 달림에서 3의 곳 2칸 벌림이 요즘 자주 쓰는 정석의 하나이다.

109도 상변의 관계

백 3의 날일자로 달림도 있다.

이 수도 의미가 있다. 상변의 좌측에 흑의 세력이 있을 때 적절하다.

110도 높은 비마

단순히 높게 벌리는 모양이다. 상변의 좌측에 백이 있을 때 많이 사용한다.

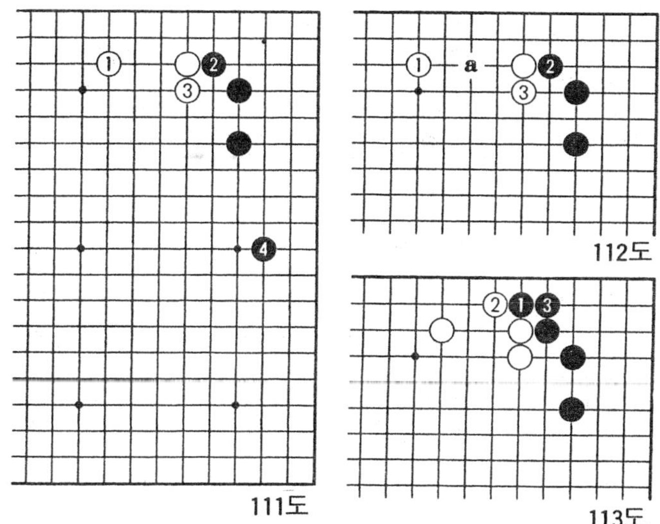

111도
112도
113도

111도 2칸 벌림

108도의 백의 날일자 달리는 수 외에 1의 곳의 한칸 벌림에는 흑은 2의 마늘모로 백 3을 강요하고 흑 4의 큰곳에 전개한다.

112도 3칸 벌림

백이 3칸 벌려 있는 모양이라면 흑 2의 마늘모는 손해이다. 백 3으로 되어서 흑이 a의 곳에 침입을 하는 수를 놓친다.

113도 집과 공격

111도의 다음 흑 1, 3으로 귀의 집을 지키며 백을 공격하는 모양이다.

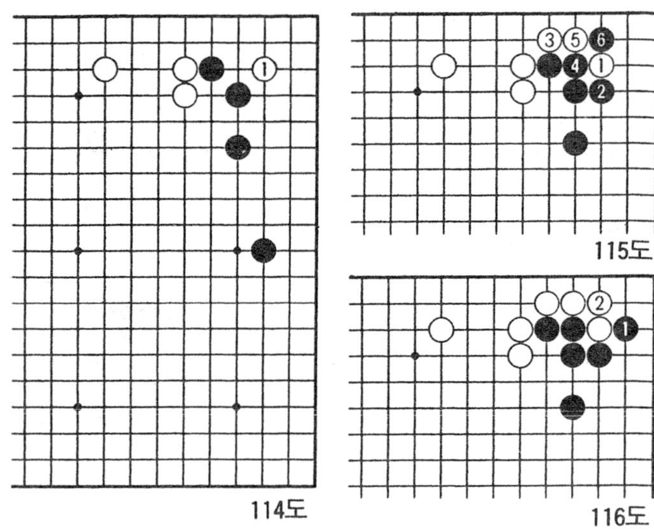

114도 귀의 변화

백에서 1의 곳을 침입하는 수단이 있다. 전도의 흑 1, 3이 없다면 백 1의 침입은 금할 곳이다.

포석상의 문제가 있는 곳이다.

1의 수로 귀는 황폐하여진다.

115도 정형

흑 2의 막음에는 이하 6까지이다.

백 3에는 흑 4로 둔다.

116도 약하다.

115도에서 흑 6의 끊음 대신으로 1의 곳을 두는 것은 약하다.

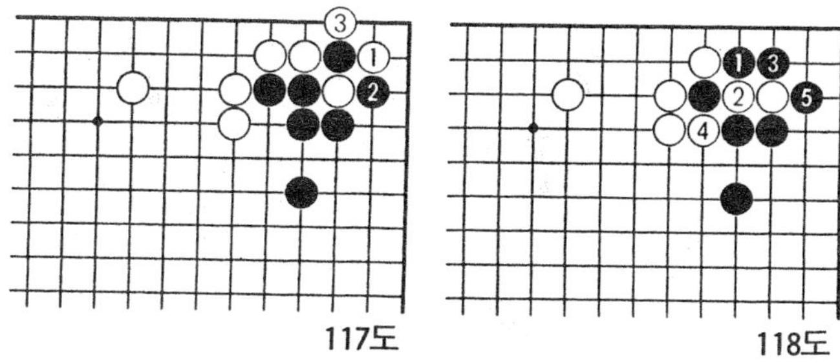
117도　　118도

117도 건넘

115도의 다음에 백은 기회를 보아서 백 1, 3으로 둔다. 패의 모양이다.

118도 하나의 모양

115도 흑 4의 수로 본도의 1, 3으로 두는 수도 있다. 백이 두텁고 흑의 2집 모양이 급할 때 일책이다.

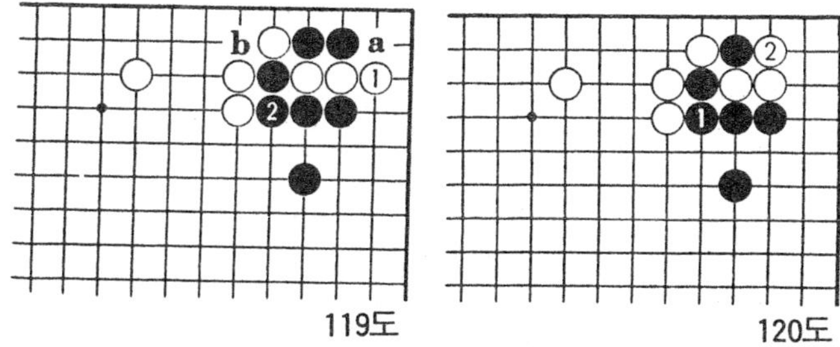

119도　　120도

119도 백의 무리

전도의 백 4로 1의 곳을 뻗으면 흑 2의 이음이 있다. a의 뻗음과 b의 끊음이 맛보기이다.

120도 흑이 나쁘다

흑 1로 곧바로 잇는 것은 백 2로 단수하여 흑이 나쁘다.

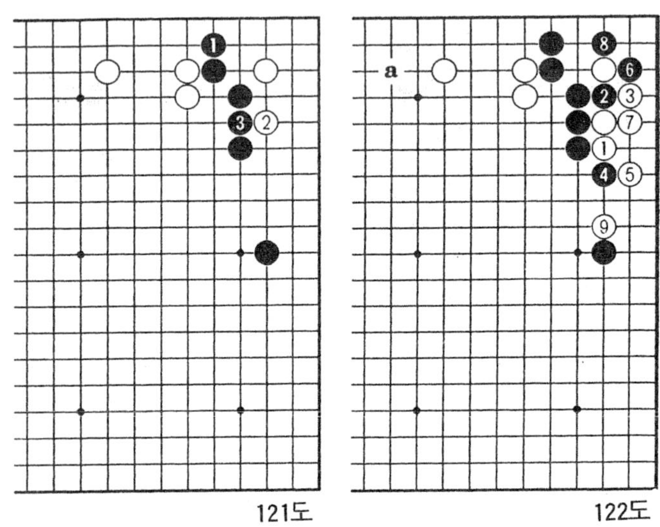

121도 122도

121도 적극적

흑 1의 내려섬은 적극적인 방법이다. 백 2의 뜀으로 어느정도 공격의 태세이다.

그러나 백은 115도의 선택이 옳다. 흑 3으로 잇지 않을 수 없다.

122도 정형

전도에서 백 1이하 8까지 변화의 여지가 있는 곳이다. 백 9는 맥이다.

이 다음에 흑은 상변의 백 3 점을 공격한다.

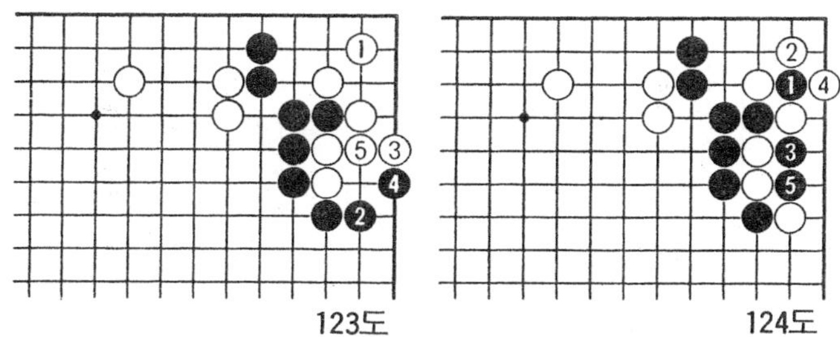
123도 124도

123도 귀를 달림

전도의 5의 젖힘에서 백 1로 귀쪽에서 사는 것은 흑이 2, 4로 외세가 두텁다.

124도 백이 나쁘다

122도 백 7로 본도의 1점을 잡으면 3, 5의 끊음이 있어서 백이 나쁘다. 흑 5까지 2점이 잡힌다.

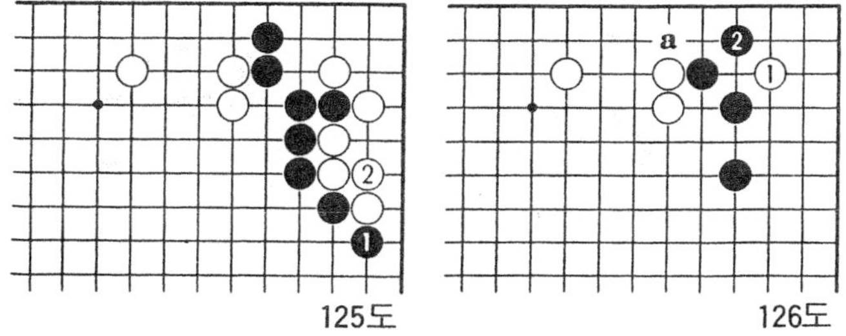
125도 126도

125도 2단 젖힘

흑 1의 2단 젖힘에는 백 2의 이음이다. 다음에 결국 흑이 단점을 지킬 수 밖에 없어 백이 산다.

126도 특수한 수

흑 2의 마늘모는 a의 곳에 두는 수도 있다. 이것도 특수한 수이다. 초급자는 121도의 내려섬으로 둔다.

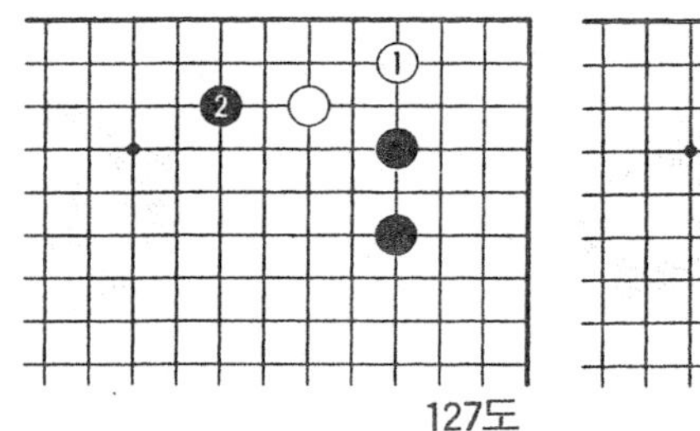

127도

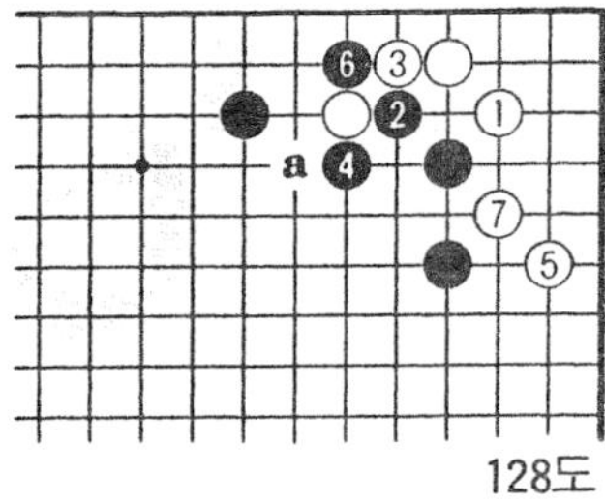

128도

127도 협공

흑 2 의 협공은 귀를 백에게 내어주고 대신 백을 봉쇄하여 외세를 쌓으려는 의미가 있다.

128도 정석

백 1 의 3·3에 두면 흑 2 이하로 건너간다. 백 7 은 견실하다. 이것도 정석의 하나이다.

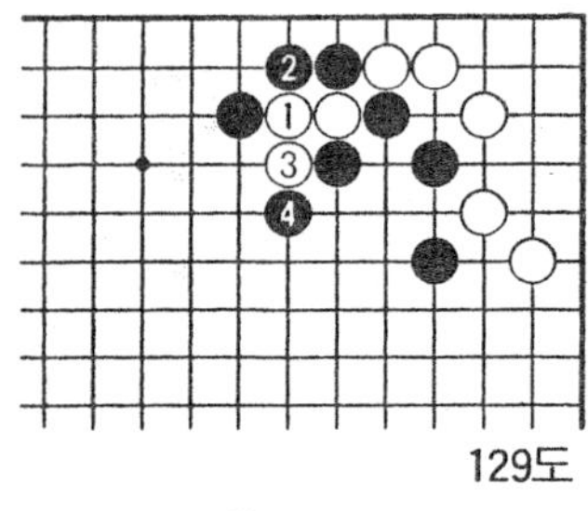

129도

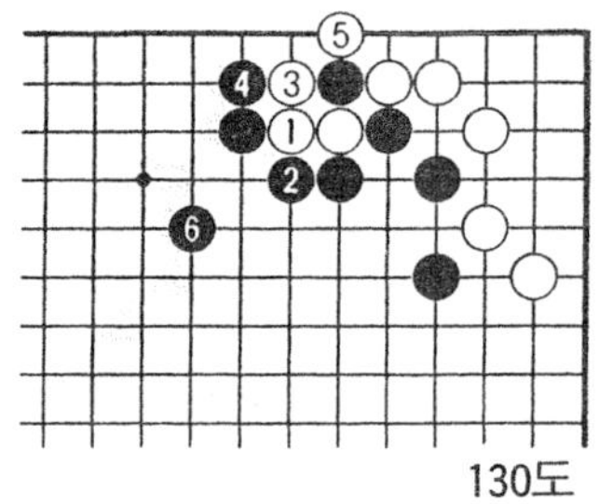

130도

129도 축

백 1 로 나가면 흑이 축이 유리하면 2, 4 로 둔다.

130도 흑이 좋다

흑이 축이 좋지 않으면 백 1 에 대하여 흑 2, 4 로 1 점을 사석으로 하여 둔다.

흑 6 의 지킴까지 정형이다.

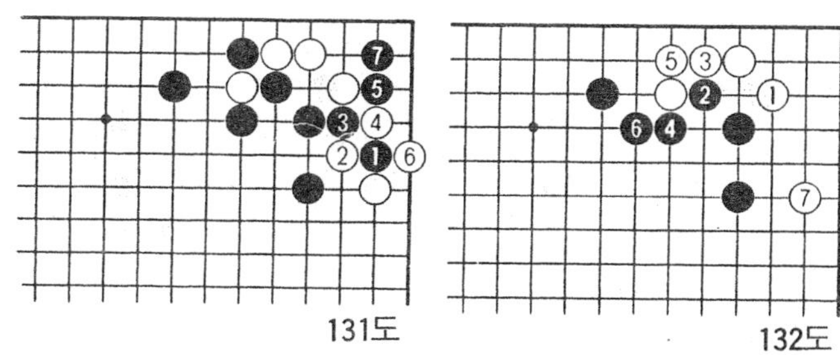
131도

132도

131도 끊음

128도 백 7이 없다면 흑에서는 1의 곳을 붙이는 수가 있다. 7까지 귀의 백을 잡는다.

132도 하나의 형

5의 이음까지이다. 흑 6으로 끄는 수는 선수로 흑의 외세를 얻으려는 점이 아닐 수 없다.

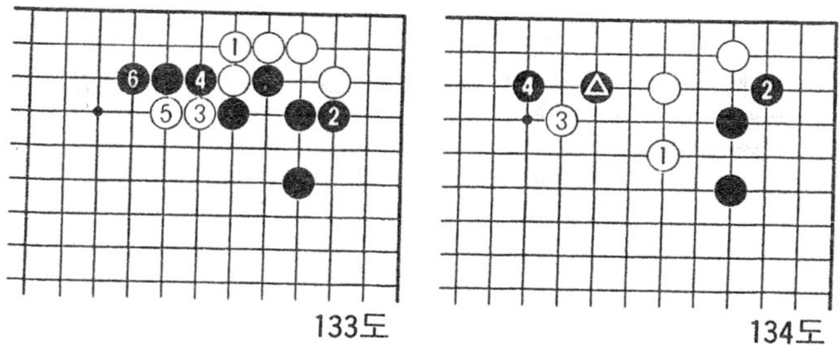
133도

134도

133도 전투

전도의 흑 6으로 2의 곳을 누르면 백은 3의 곳을 젖힘에서 흑 6 이하의 전투이다.

134도 흑의 움직임

백 1에는 흑 2로 지킨다. 백의 2칸을 방해하는 결과이다. 흑 ▲를 움직인다.

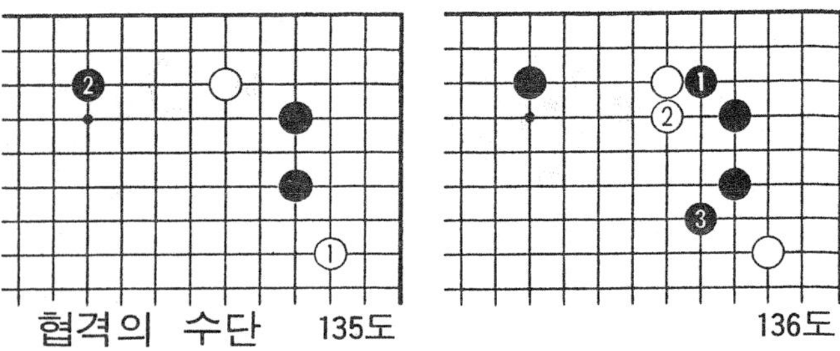

협격의 수단 135도 136도

135도 한 칸 뜀의 방향

백 1에 협격하는 것도 상용수단이다. 이에 대하여 흑 2의 협격은 위력적이다.

136도 공격

흑의 협공에 백이 손을 다른 곳에 돌리면 흑 1 다음 3의 마늘모까지이다. 양쪽의 백을 공격하는 수단이다.

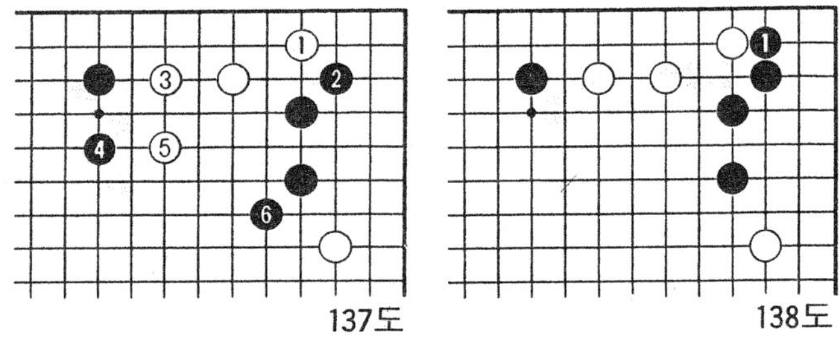

137도 138도

137도 정형

백 1, 3은 알기 쉽다. 흑은 4에서 6까지 중앙을 둔다.

대세의 주도권을 잡는다.

138도 실리와 근거

흑 1은 실리가 크다. 백의 근거를 빼앗는 수이다.

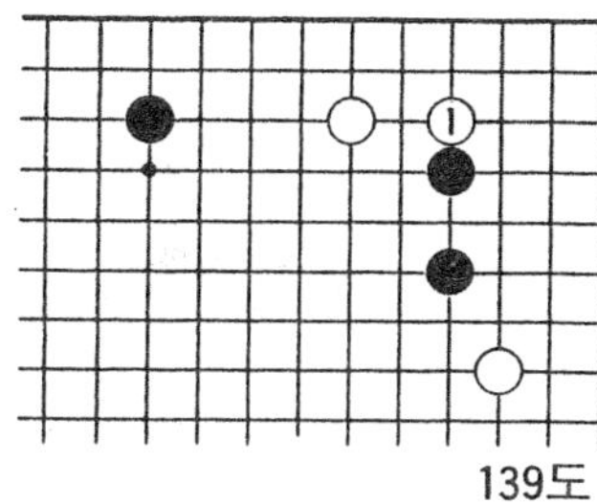
139도

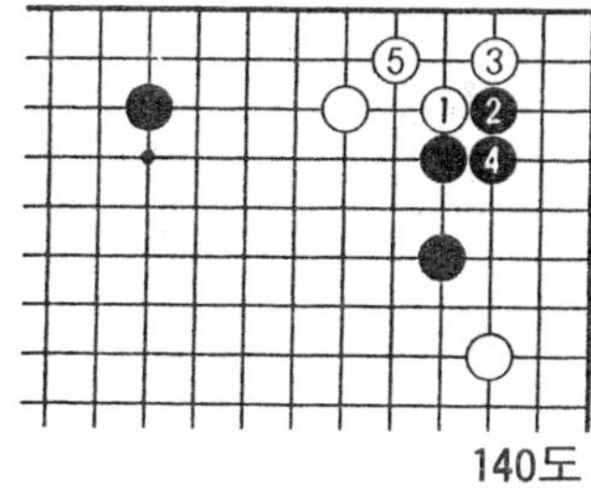
140도

건너붙임

139도 백 1의 건너 붙임도 백이 잘 두는 수이다.

140도 모양

흑 2 에 백 3 의 젖힘은 백 1 과 관련이 있는 맥이다. 흑 4 는 견실하고, 백 5 는 모양의 정비이다.

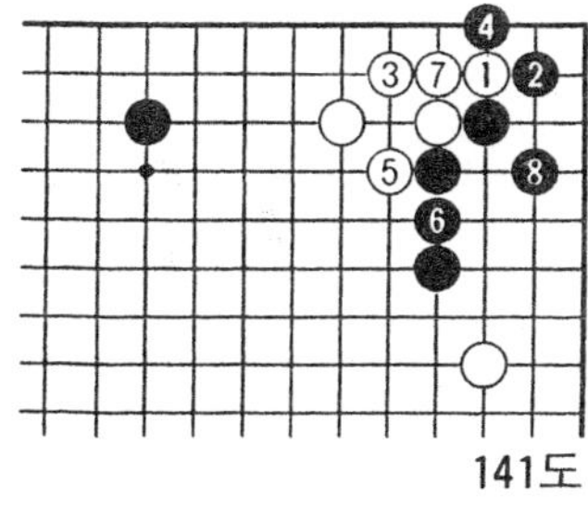
141도

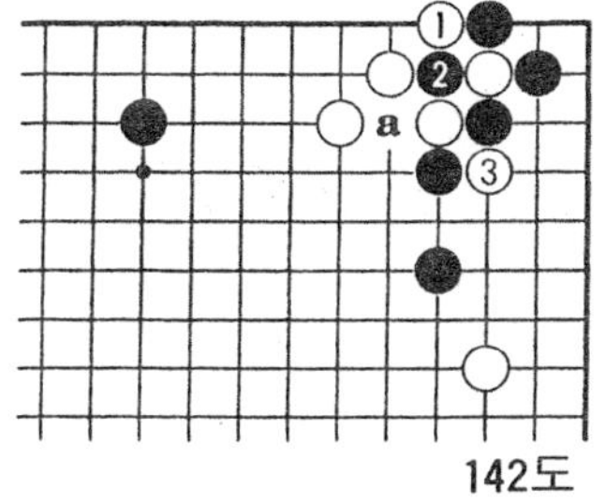

142도

141도 2 단 젖힘

흑 2 의 2 단 젖힘의 수이다. 백 3 에 흑 4 다음 백 5 에는 흑 6 의 이음이 견실하다. 다음 흑 8 로 모양을 갖춘다.

142도 큰패

백 1 로 받는 것은 큰패이다. 흑은 2 에서 a의 곳을 때린다. 이것은 팻감이 문제이다.

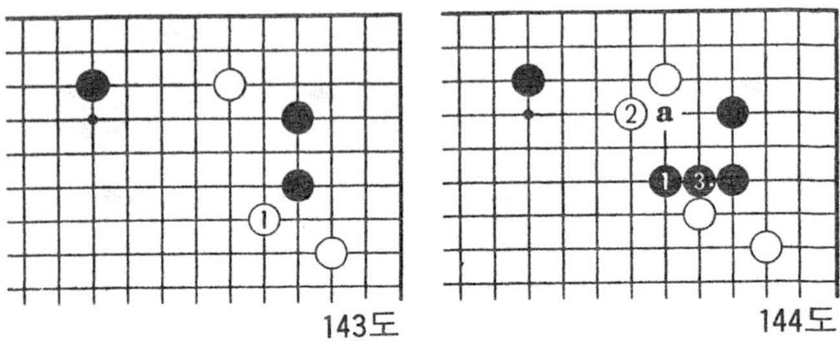

143도　144도

143도 씌움

백 1로 씌우는 수가 있다. 흑이 둔다면 어느 곳일까?

144도 모양

흑 1이 모양이다. 다음에 a로 모양을 갖춤이다. 백의 압박하는 수단을 피하여 백 2의 마늘모이다. 흑 3의 이음은 견실하다.

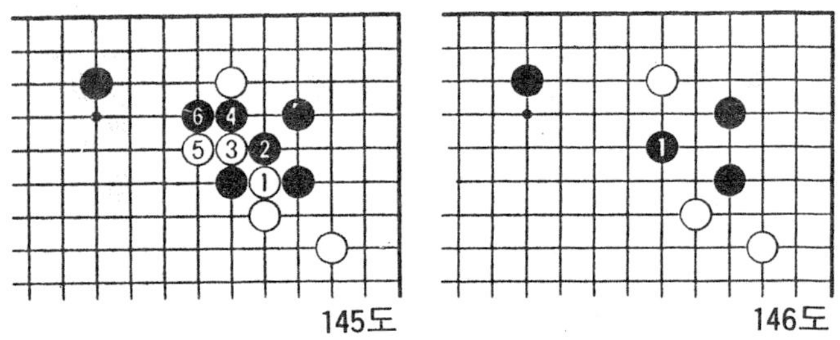
145도　146도

145도 백이 나쁘다

백이 1, 3으로 두는 수를 흑은 4, 6으로 둔다.

146도 갈라침

흑 1은 속된 말로 갈라치는 수이지만 어정쩡한 수이다.

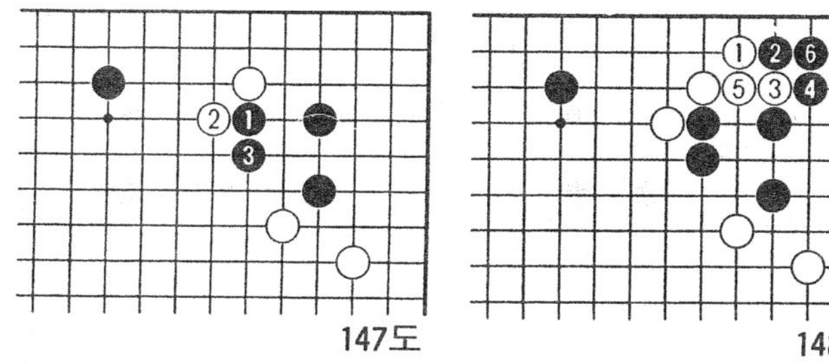
147도 148도

147도 반대쪽

흑 1, 3으로 백을 양분시키는 수이다. 동시에 흑의 모양이 단단하다.

148도 정석

백 1의 마늘모에는 흑 2 이하 6까지 귀를 지킨다.
귀가 단단해진 모양이다.

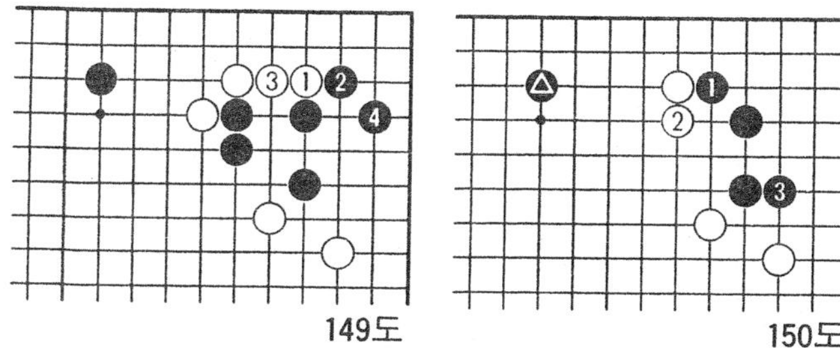
149도 150도

149도 흑의 안정

백 1의 붙임에서 흑 2로 귀를 누르면 백 3의 이음이다. 이때 흑 4로 안정하여 좌우의 백모양을 갈라치고 있다.

150도 약수

흑 1, 3은 소극적인 약수이다. 흑△의 움직임이 없다.

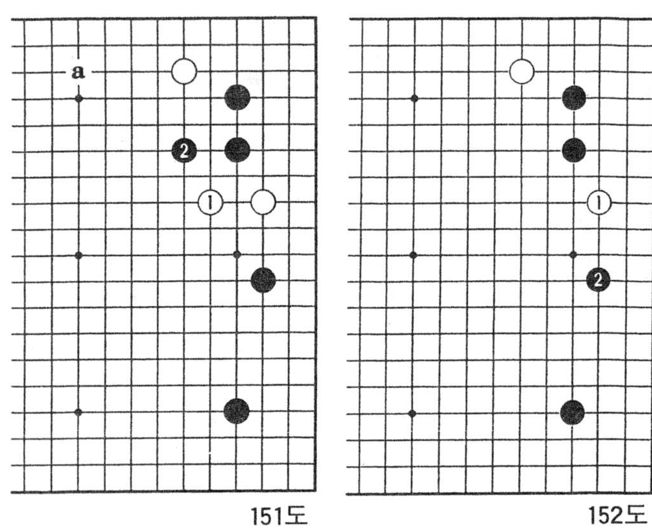

151도　　　152도

151도 우변의 협공

백 1 에는 흑 2 로 아래쪽에서 백을 공격하는 수단이다. 전국의 구도를 결정한다.

여기서 한 칸 뜀은 제 1 의적인 공격법이다.

백의 걸침에 대한 적극적인 수법이다.

152도 조화

우하의 화점에 돌이 놓여져 있다면 백 1 에는 흑 2 이다.

백을 좌우에서 공격하는 모양이다. 상변을 a로 협격하는 것도 가능한 곳이다.

여기에서 한 칸 뜀의 공격에 유감이 없다.

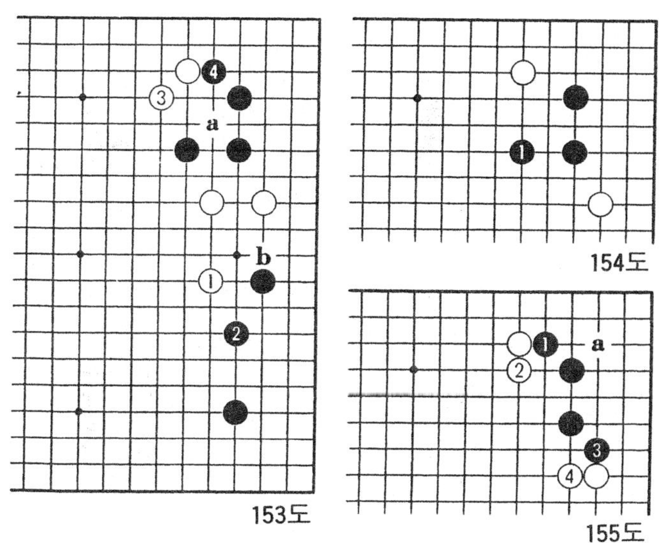

153도 154도 155도

153도 정형

전도에서 백 1로 모자를 씌우면 흑 2의 수비가 견실하다.

백 3의 마늘모 다음 흑 4는 귀를 지키는 수이다.

이 다음 백은 b의 곳에 붙이는 수단을 노린다. 흑에서는 b의 곳을 늘어두는 것이 급소이다.

154도 견실

흑 1의 뜀이다. 이곳은 비난이 있을 수 없는 곳이다.

155도 속수

흑 1, 3으로 양쪽을 두는 것은 속수이다.

다음에 a의 침입이 남아있는 곳이다.

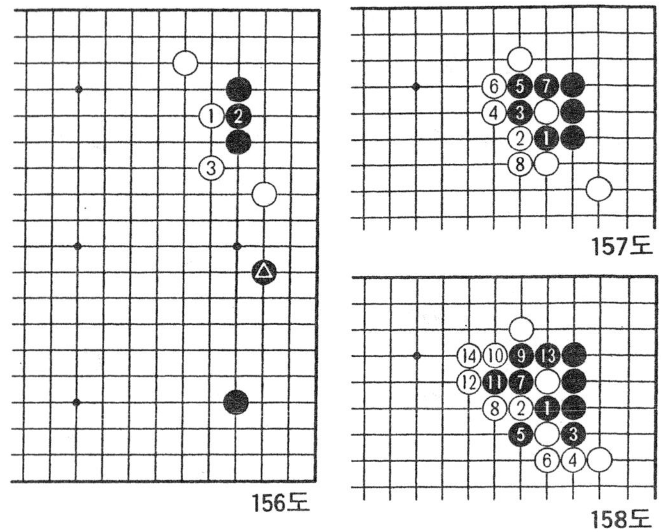

156도

157도

158도

156도 하수 취급

흑▲가 다가섬에 있어 백 1 로 흑 2 를 응수하고 3 의 봉쇄가 강인한 수단이다. 이 봉쇄를 흑이 파괴하여야 한다.

157도 포도송이

흑 1 부터 나가는 것은 다음에 흑 3 의 나가는 수가 노골적이다. 백 4 에서 8 까지이다. 이것은 백의 주문에 걸린다.

158도 같은 결과

흑 1 다음 3 의 장문을 하는 수이다. 흑 9 다음 백10 이하 봉쇄를 피할 수 없어 같은 결과이다.

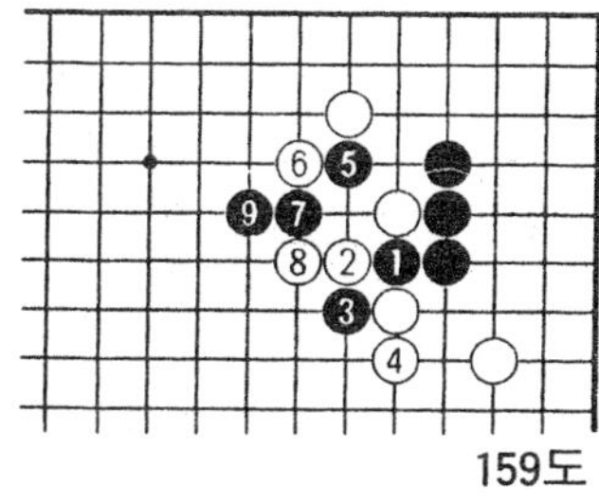
159도

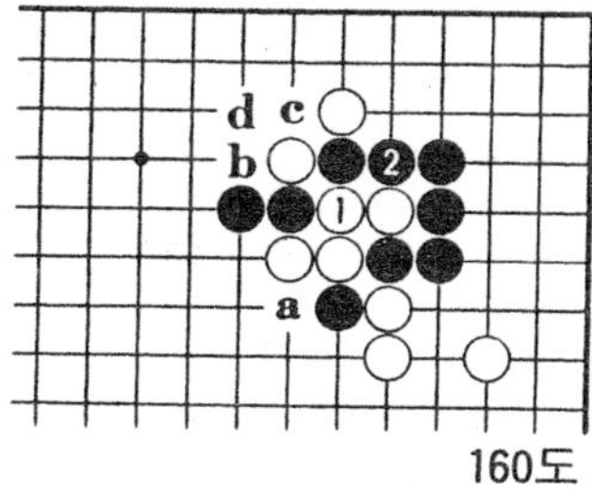

160도

159도 맥

흑 1 다음 3 의 나가끊음이다. 다음에 흑 5 에는 7 이 맥이다. 9 로 바깥으로 진출을 한다.

160도 백의 고전

백 1 의 끊음에는 흑 2 로 백을 분단한다. 이렇게 되면 백의 고전이다. 이 다음이 축이다.

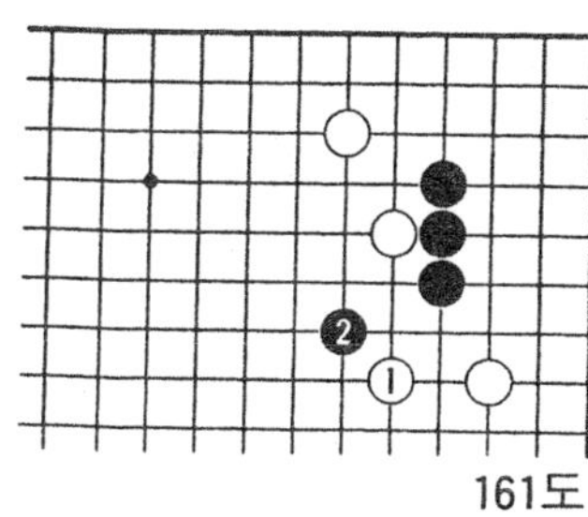
161도

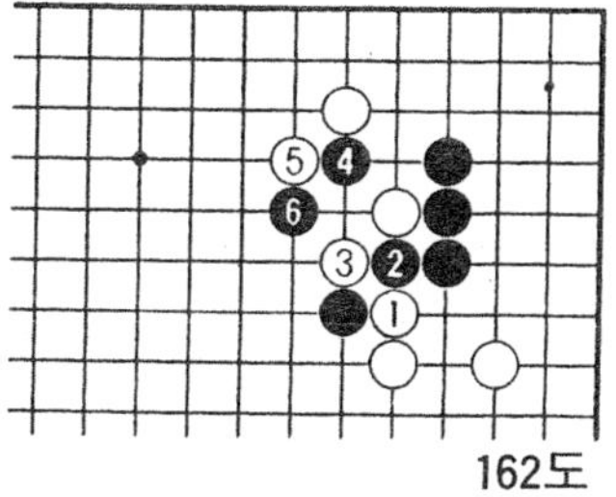
162도

161도 맥

백 1 로 봉쇄하는 수가 있다. 흑도 2 의 날일자가 맥이다.

162도 같은 결과

백 1, 3 의 끊음은 무리이다. 흑 4, 6 으로 159도와 같은 결과이다.

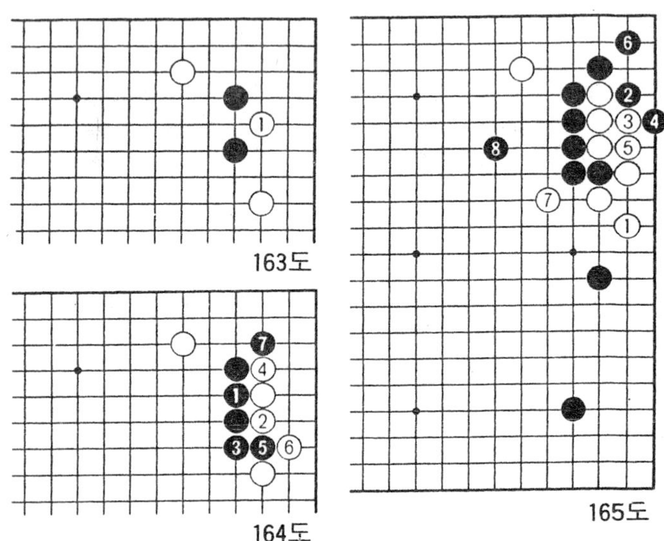

163도 엿봄

백 1 로 두는 수가 있다. 이것도 흑이 바르게 응수하면 별로 어려움이 없는 곳이다.

164도 두터운 수

흑 1 의 이음이 최선이다. 다음에 3 으로 나가는 수가 요점이다. 백 4 에서 흑 5 다음에 7 의 젖힘까지가 수순이다. 백 4 로 5 의 곳에 두면 흑은 4 의 곳을 누른다.

165도 정형

전도의 다음 백 1 로 지키면 흑 2, 4 다음 6 까지이다. 백 7 에는 흑도 8 까지 좌우의 백을 공격한다.

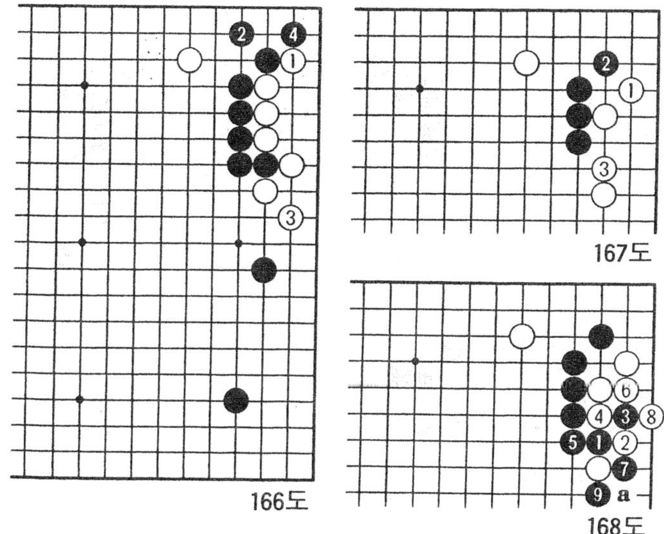

166도

167도

168도

166도 흑의 견실

백 1 로 젖히는 모양이 있다. 흑 2 의 벌림이 견실하다. 백 3 의 지킴은 절대. 그러면 4 의 곳을 막아서 충분하다. 흑이 두터운 모양이다.

167도 마늘모

백 1 의 마늘모에는 흑 2 , 다음에 백은 3 으로 움직인다.

168도 끊음

전도의 백에게 3 의 지킴이 없다면 흑 1 에 두는 수단이 있다. 백 2 에는 3 이 맥이다. 한 점을 잡고 내부에서 살 때 9 까지 축이다. 백 6 으로 a의 곳을 지키면 흑 6 으로 단수한다.

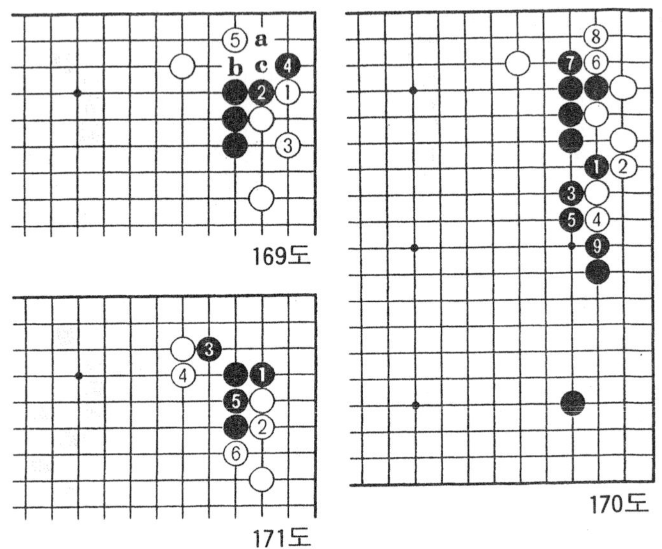

169도
171도
170도

169도 백의 노림

백 1 에는 흑 2 , 4 의 막음이 있다. 이 다음에 백 5 가 급소여서 불만이다. 흑 a에는 백 b, 흑 c이다. 4 의 막음에는 귀를 가볍게 생각할 수 없는데── .

170도 흑의 외세

흑 1 에서 3 까지 평범히 외세를 넓히는 것이 알기가 쉽다. 백 6 , 8 에는 흑 9 까지이다.

171도 소극적

흑 1 의 막음은 소극적이다. 흑 3 의 마늘모 붙임에서 5 의 이음까지이다. 백 6 은 요점으로 두터운 모양이어서 불만이다. 흑 1 은 164도의 이음보다 떨어진다.

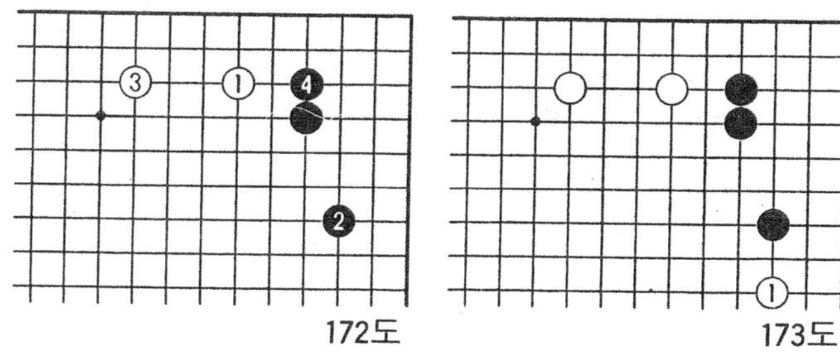

172도 173도

〔4〕 눈목자 굳힘

고래의 정석

172도 집이 크다

흑 2의 눈목자도 많이 둔다. 고래에서 애용이 되는 수이다. 운용의 문제가 있다. 백 3의 2칸 벌림에는 흑 4의 지킴이다. 잇점이 있다.

173도 다가섬

백 1의 다가섬이 눈목자 굳힘에서 많이 둔다. 필연적으로 흑의 외세가 두텁지 않다.

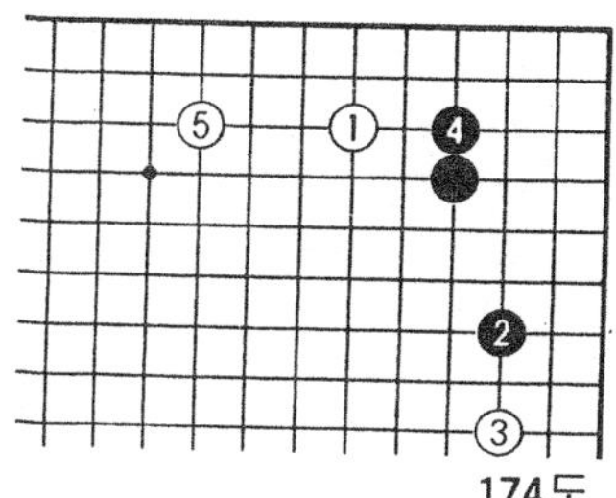

174도

174도 수순

백 3의 다가섬도 정석의 하나이다. 흑 4의 지킴에 백 5의 벌림은 수순이 다르다.

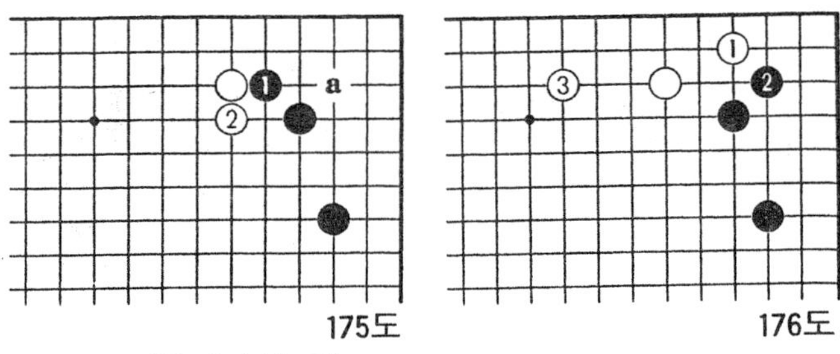

175도 맛이 남는다

흑 1은 초급자가 많이 두는 수이다. 이것은 백 a의 맛이 남는다.

176도 흑 만족

백 1에는 흑 2의 지킴이다. 이것은 집이 넓어서 흑의 만족이다.

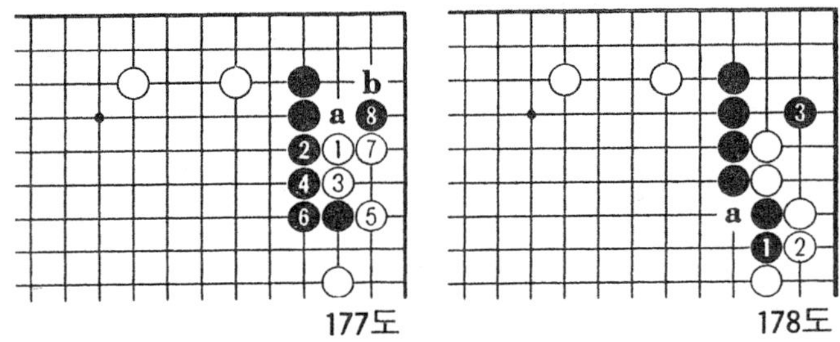

177도 정형

173도나 174도에서 흑이 손을 빼면 백 1의 치중이다. 흑 2 이하가 나쁘지 않다. 흑 6 다음 8이 좋은 수이다.

178도 속수

흑 1은 2점 머리를 맞는 모양이다. 백 a의 끊음이 남아 있다.

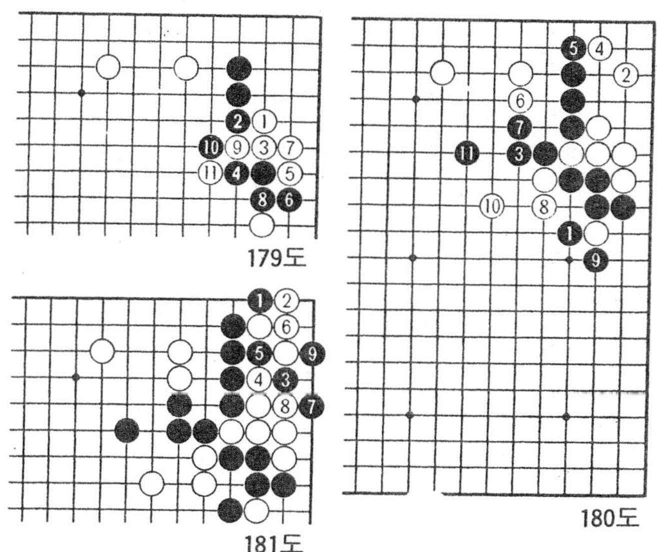

179도 강수

흑 4 의 올라섬은 강수이다. 백 5 , 7 에서 9 , 11의 나가 끊음이다.

180도 흑이 충분

흑 1 의 젖힘이 좋은 수이다. 이하 흑11까지는 하나의 상정도이다. 백10 이하로 백도 상변의 백을 갈라친다.

181도 흑의 변화

전도의 다음 귀는 흑에서 흑 1 이하 9 까지 패를 피할 수 없다. 이 패는 백이 이길 수 없다.

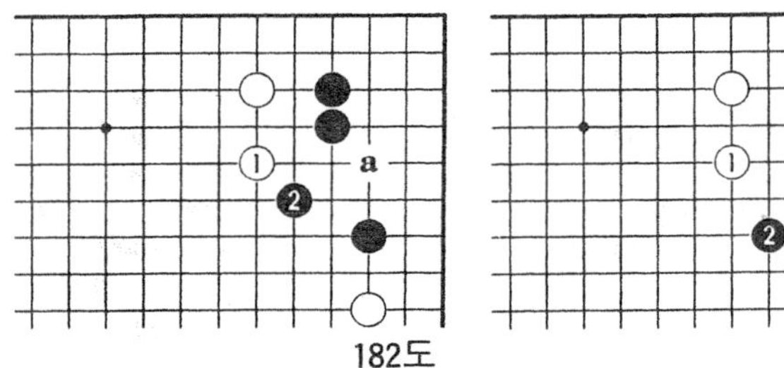

182도　183도

182도 지킴

백 1의 한 칸 뜀에는 다음 백 a의 침입이 있는 곳이다. 흑은 2의 곳을 지킨다. 견실한 수이다.

183도 모양

흑 2의 한 칸은 모양이다. 백 a에 침입을 하는 맛이 다소 남는다.

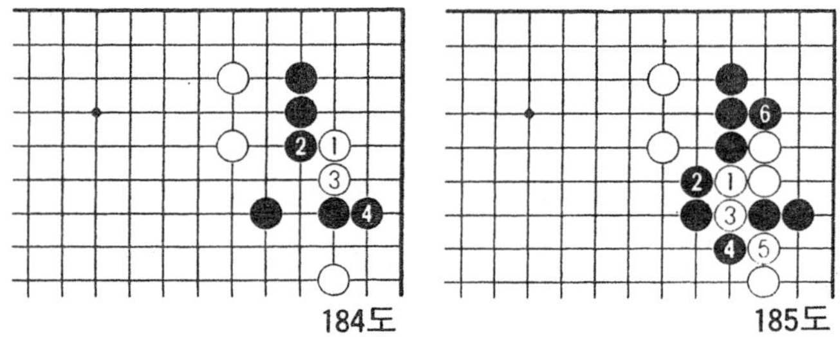

184도　185도

184도 백이 나쁘다

백 1, 3의 단순한 침입은 무리이다. 흑 2 다음 4 이 내려섬이 있다.

185도 흑승

여기에서 백 1 이하 백 5까지 끊음도 흑 6의 누름으로 공격이 흑승이다. 이것은 백이 단조롭다.

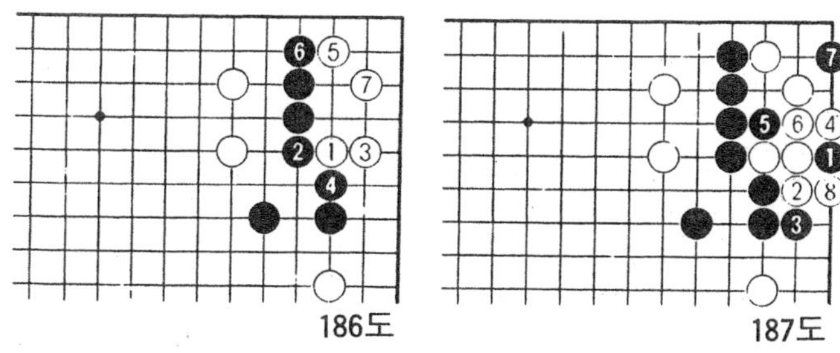
186도 187도

186도 흑의 외세

백 3 의 내려섬에서 5 의 치중으로 백이 사는 모양이다. 흑 6 의 내림에서 7 까지 본도는 백이 산다.

187도 치중

전도의 다음 귀의 백에 대하여는 흑 1 에는 7 까지의 치중이 있다.

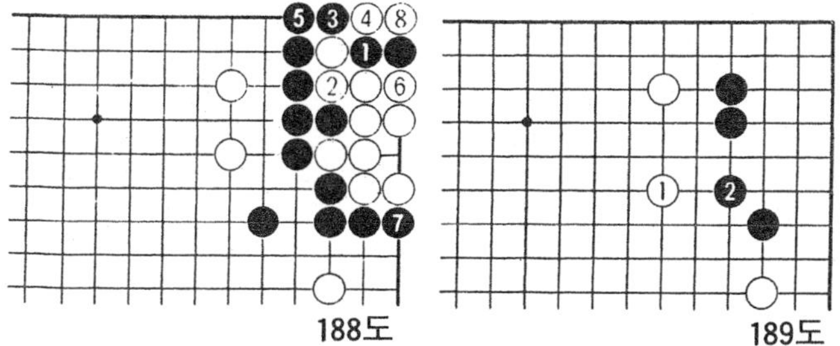
188도 189도

188도 강대한 두터움

여기에서는 흑 1 의 수순이면 이하 백 8 까지이다. 흑은 5 , 7 로 조여 외세가 두텁다.

189도 기이한 계략

백 1 의 2칸은 기이한 계략이다. 흑 2 의 받는 수가 견실하다.

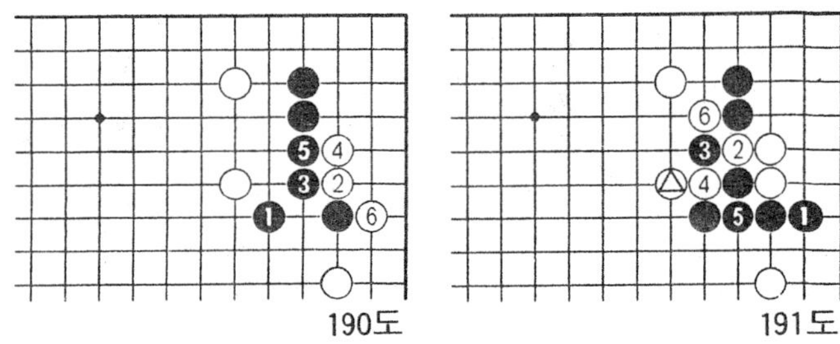
190도 191도

190도 흑의 손해

흑 1 에 백 2, 흑 3 의 누름 다음에 백에게 기이한 계략이 있다. 이것은 흑의 손해이다.

191도 내림

백의 건너감을 방지하기 위하여 흑 1 로 내려서면 백 2 이하 6 까지 백의 계략에 떨어진다.

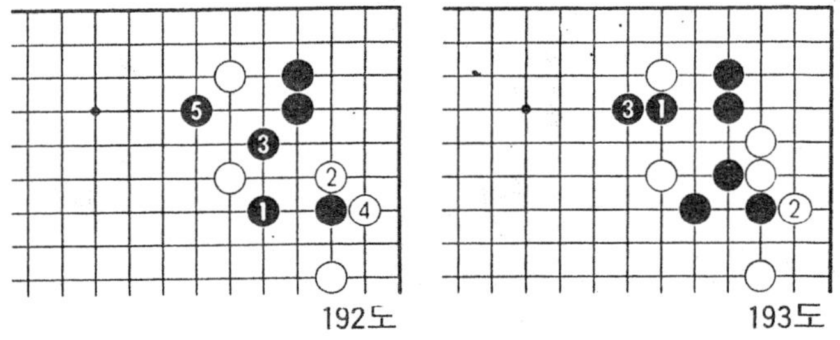
192도 193도

192도 전투

흑 1 의 뜀은 나쁜 수가 아니다. 흑 3 의 지킴에는 백 4 로 건너간다. 흑 5 로 상변의 백을 공격한다.

193도 변화

흑 1 의 붙임이 있다. 백 2 에 흑 3 의 뻗음으로 호각의 갈림이다.

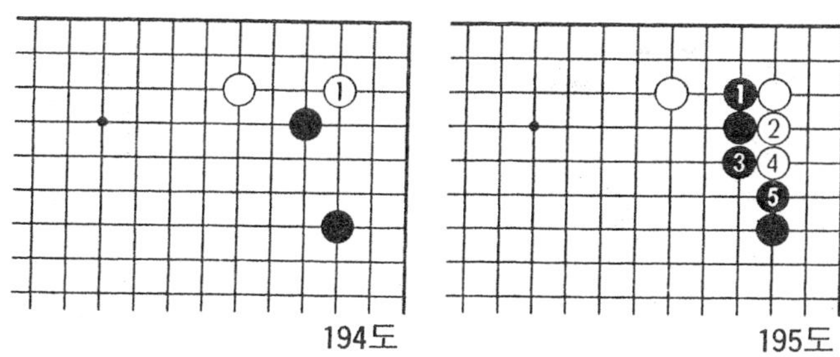

194도　　　　195도

3·3의 침입

194도 백 1로 3·3에 침입하는 수이다. 눈목자 정석의 기본형이다. 3·3에 사는 것은 필수 지식이다.

195도 정석

흑 1에서 바깥에서 막음도 귀에서 산다. 백 2에는 흑 3, 백 4에는 흑 5로 두는 모양이다.

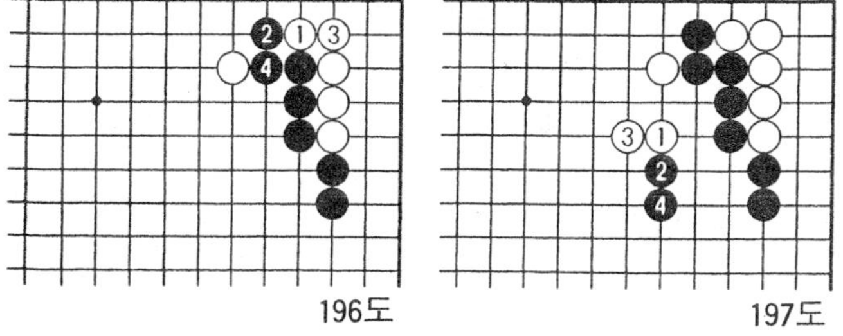

196도　　　　197도

196도 백 1의 젖힘, 흑 2의 막음 다음에 백 3으로 이으면 귀는 산다. 흑은 집을 빼앗겨 불만이다. 바깥에 두터움이 상당하여 불만이 없다.

197도 백은 이 다음 1의 곳을 두면 흑 2, 백 3 다음에 흑 4로 좋은 모양이다.

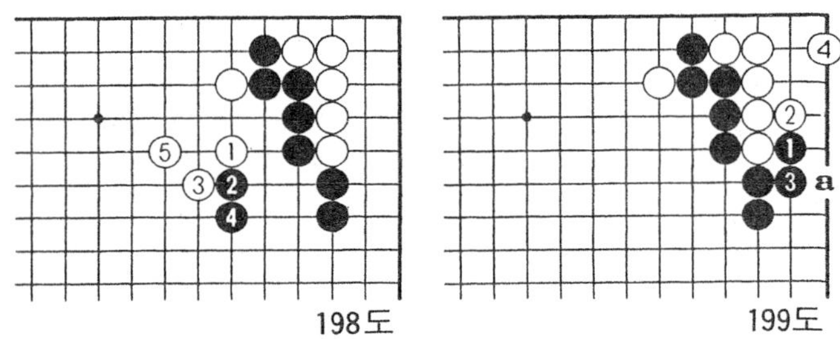

198도 199도

198도 흑이 두텁다

흑 2 의 붙임에 백 3 의 젖힘도 있다. 흑 4 가 두터운 모양이다. 백 5 의 벌림이 있다.

199도 젖혀 이음

백이 귀를 빼앗으면 흑은 바깥에서 젖혀 이음이 선수이다. 여기에서 손을 뺀다면 엄한 수단이 있다.

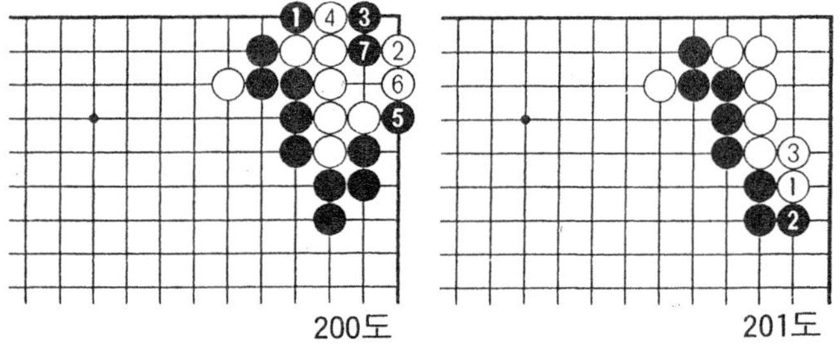
200도 201도

200도 치중

백은 우선 흑 1 을 막지 않고 2 에 두어 집모양을 만든다. 이에 대해 흑은 3 으로 두어 흑 1 과의 연결을 도모하고자 하였다. 백 4 에 흑 5, 백 6 은 당연한 수이다.

201도 역끝내기

반대로 백 1, 3 으로 두는 것이 크다.

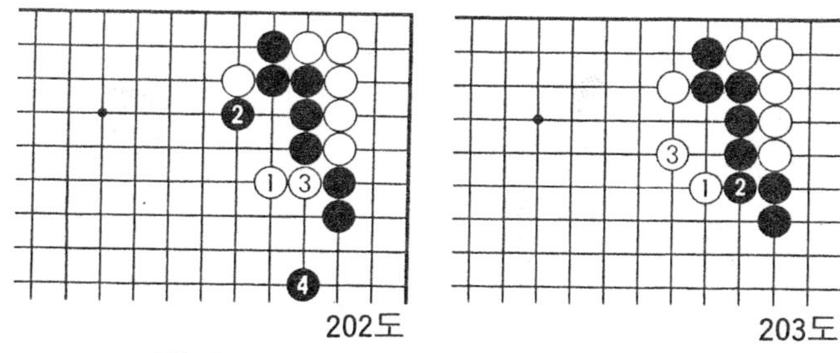

202도　　　203도

202도 백이 둔다면

백 1로 두는 수를 생각할 수 있다. 흑 2로 한 점을 움직일 수 없게 한다.

203도 흑이 나쁘다

백 1에 흑 2의 이음이다. 다음 백 3에 이 모양은 197도와는 큰 차이이다.

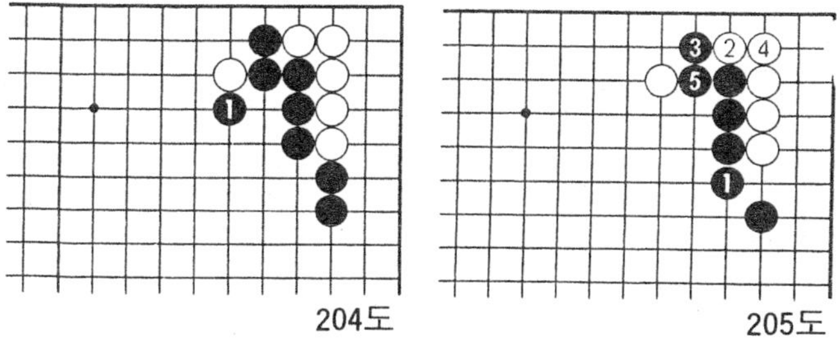

204도　　　205도

204도 제어하다

백이 움직일 수 없게 흑 1로 두는 수이다. 백 그이 막혀 흑이 두텁다.

205도 흑이 불충분

흑 1의 뻗음이다. 백 2, 4로 이음이다. 이것은 흑이 충분하지를 않다.

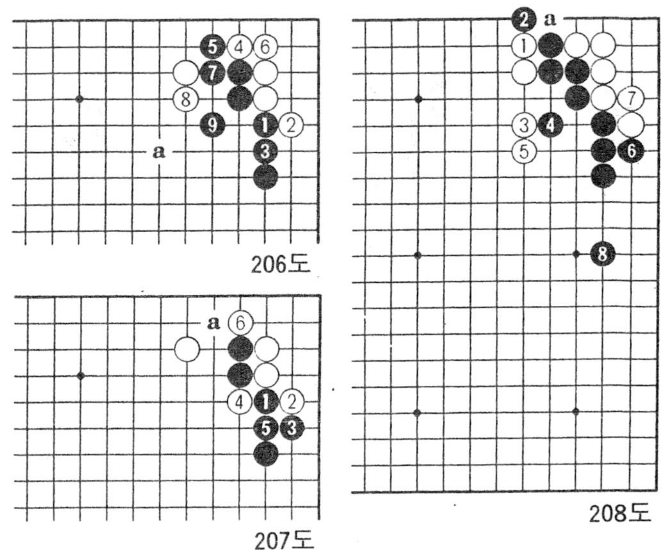

206도 백의 움직임

흑 1 로 누름의 변화이다. 백 2 의 젖힘에 흑 3 , 백 4 , 6 은 자주 나타나는 모양이다. 흑 9 다음 백 a 가 좋은 점이다

207도 변화

백 2 의 젖힘에 흑 3 의 누름. 백 4 의 끊음은 당연하다. 다음 6 으로 젖혀 어지러운 싸움이다. 흑 a 로 막을 수 없다.

208도 백이 둔다면

백은 이 다음에 1 의 곳을 두면 흑 2 의 젖힘이다. a 도 있다. 건너감을 방지하는 흑 2 의 젖힘은 정착이다. 백 3 으로 뛰어 중앙 전투다.

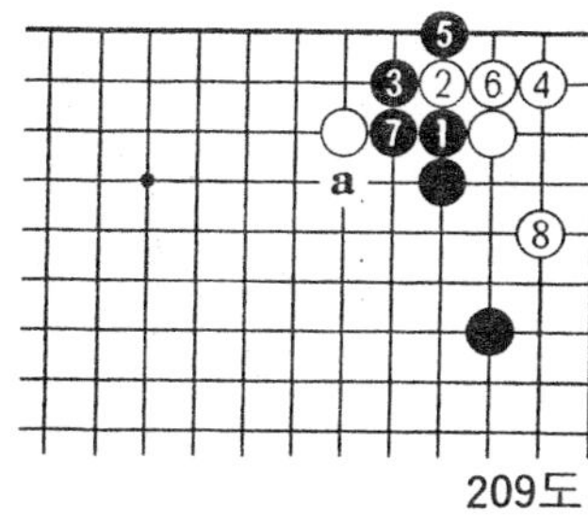

209도

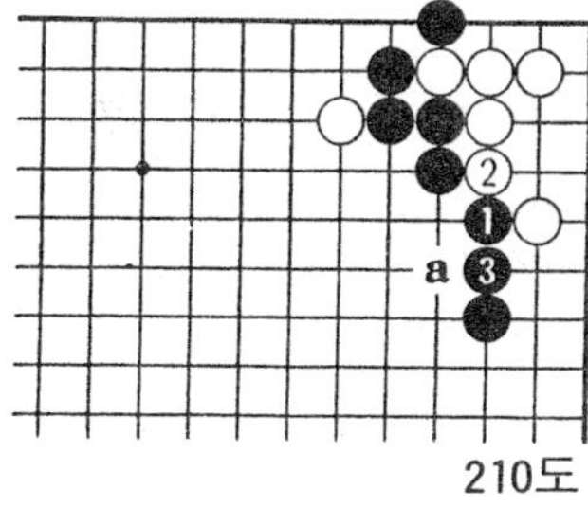

210도

209도 모양

흑 1의 내려막음에 백 2, 4의 변화이다. 주위의 정세에 따라 8까지이다. 다음 흑 a가 견실하다.

210도 봉쇄

전도의 다음 흑 1의 봉쇄를 백이 2의 곳을 받아서 흑의 손해이다. 흑은 1로 a의 곳이 평온하다

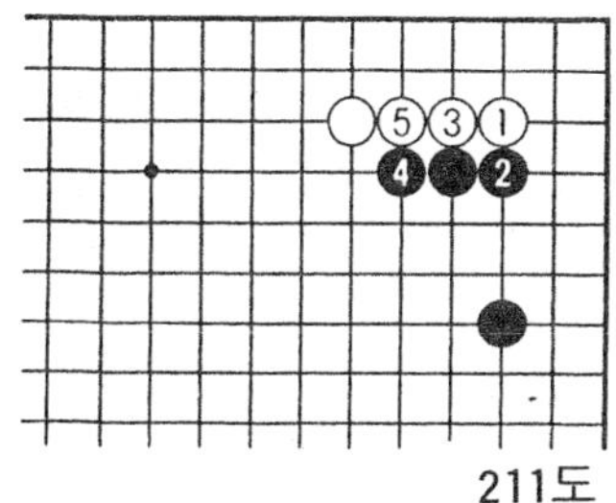
211도

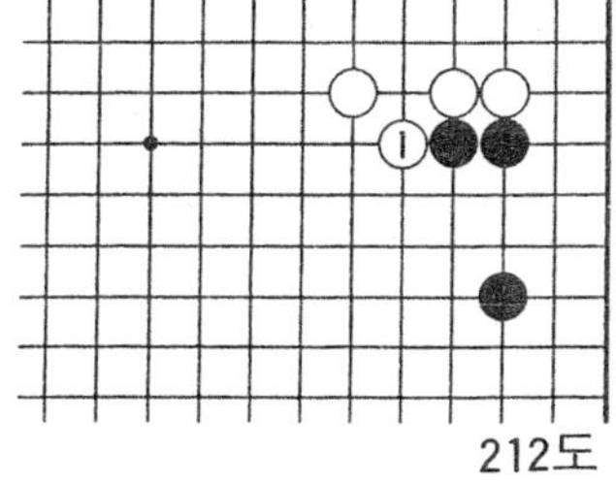
212도

211도 백의 움직임

백 1의 침입에 흑 2의 누름은 백 3 연락으로 흑이 불만이다. 흑 4에는 백 5가 크다.

212도 급소

백 1의 점을 백이 두지 않으면 안되었던 이유가 있ㄴ.. 이 한 수로 인하여 흑의 모양은 아주 나빠졌다.

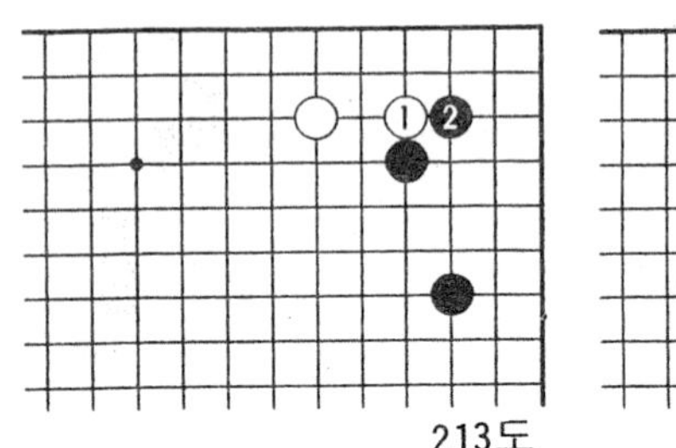
213도

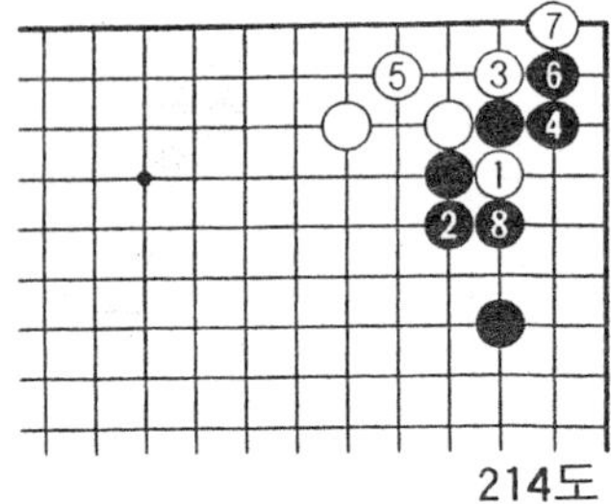
214도

붙이고 젖힘

213도 주위의 흑이 강한 모양에서 백 1의 붙임에는 흑 2의 누름이 한 수이다.

214도 정석

여기에서는 백 1의 맞끊음이 맥이다. 흑 2의 뻗음이 온건하다. 접바둑에서 자주 나타나는 모양이다.

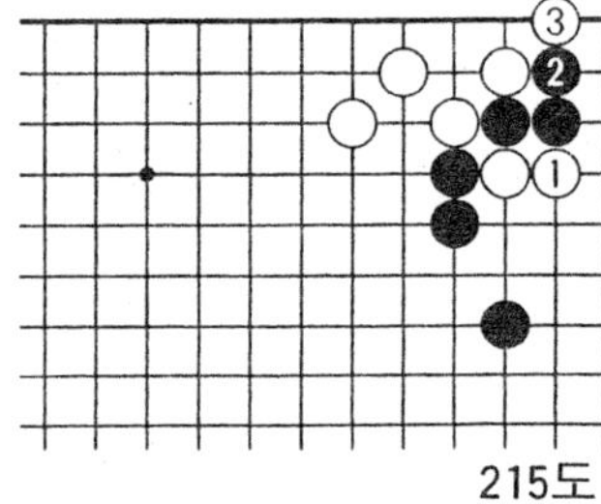
215도

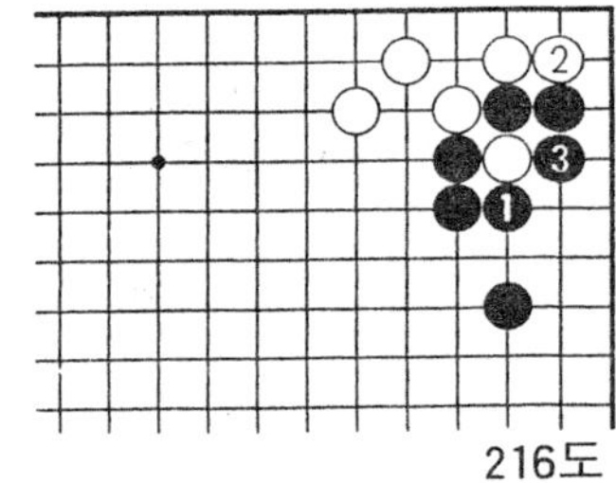
216도

215도 젖힘이 필요

전도의 백 5는 모양이다. 흑은 손을 뺄 수가 없다. 백 1, 3의 젖힘이 필요하다.

216도 알기 쉽다

흑 1에는 백 2의 내림이다. 이것은 정석으로 집이 손해이다.

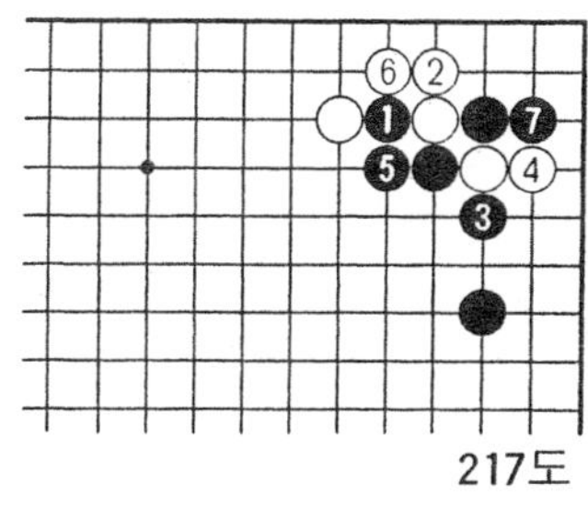
217도

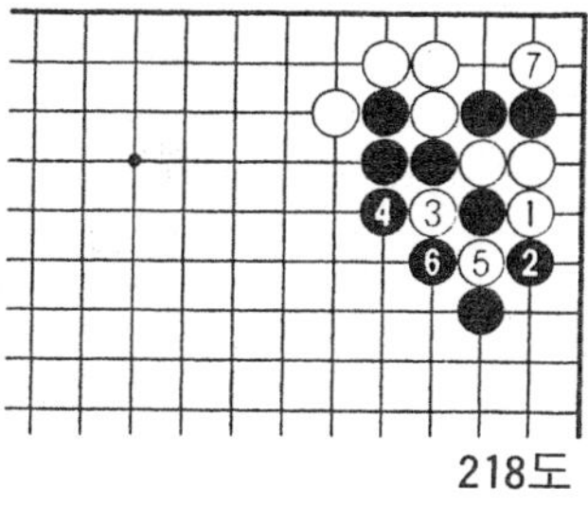
218도

217도 강타

흑 1의 받음이다. 백 2의 뻗음에 흑 3의 단수, 다음에 5의 이음까지이다. 백 6에 흑 7의 내림까지이다.

218도 정석

여기에서 백 1로 꼬부리면 흑 2의 막음이 맥이다. 3의 끊음에는 흑 4, 6의 수단이 있다. 백 7까지 일단락이다. 두터운 모양이다.

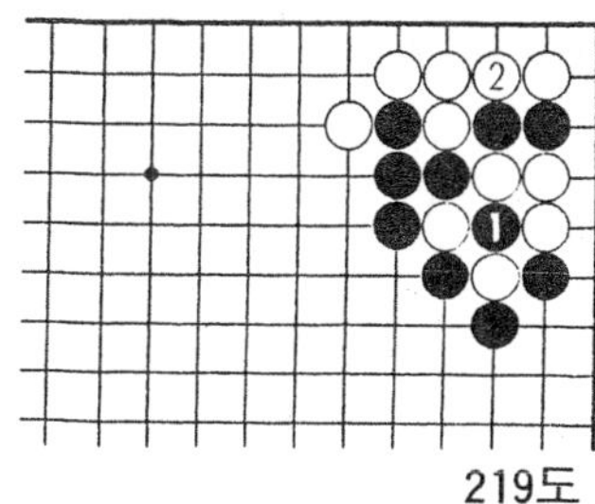
219도

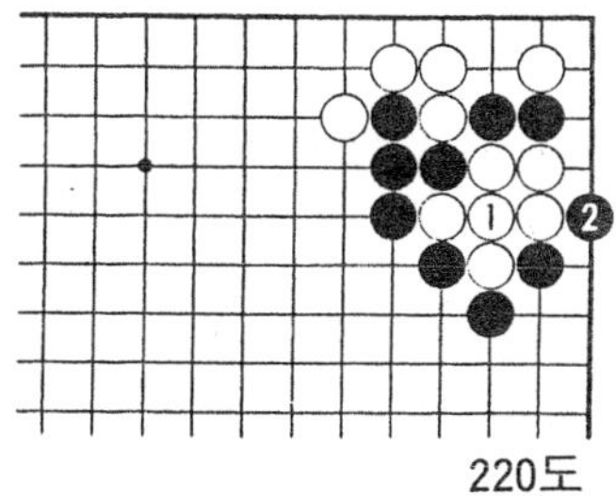
220도

219도 선수

흑 1은 선수의 자리이다.

220도 실수

백이 1의 곳에 둘 수는 없다. 흑 2의 단수로 전멸을 한다.

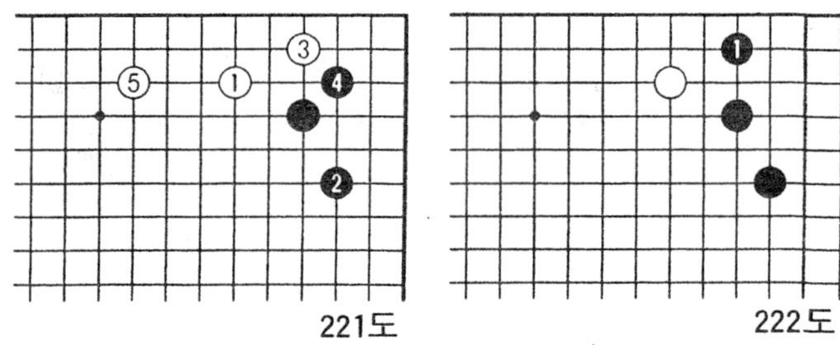
221도 222도

〔5〕날일자의 변화(받음)

날일자 걸침에 날일자의 응수는 견실한 수이다. 세력에 관해서는 한 칸 받음보다는 떨어진다. 변화가 적은 정석이다.

221도 정석

흑 2 의 받음에 백 3 의 미끄러짐이 있는 곳이다. 흑 4 의 마늘모에는 백 5 가 쌍방 최선의 근거가 있는 곳이다.

222도 귀의 급소

접바둑에서 백은 날일자 받음이다. 흑도 기회를 보아 1 의 곳을 둔다. 큰 수이다.

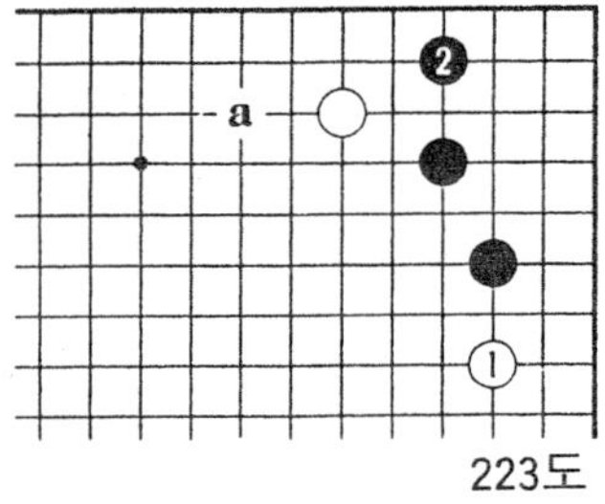

223도

223도 정석

백 1 로 좌우에서 압박을 하는 모양이다. 흑 2 의 한 칸 지킴이다. 이 다음에 a 의 방향에 협격이 있다.

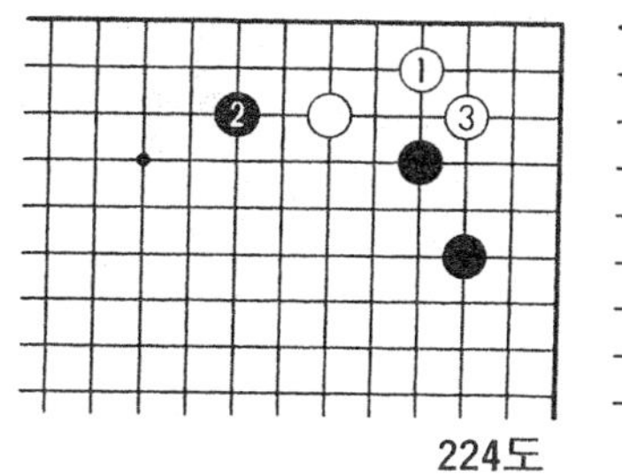

224도

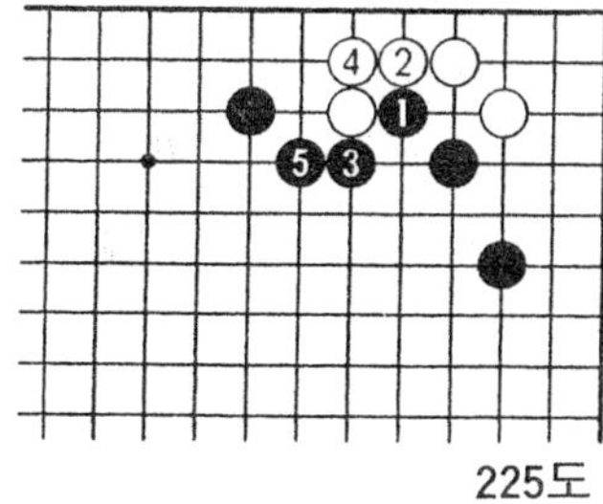

225도

224도 귀를 점거

백 1의 날일자에 흑 2의 협공하는 정석도 있다. 당연히 백 3으로 점거한다. 한 칸 협공의 정석과 같은 모양이다.

225도 마늘모

흑 1의 마늘모 붙임에서 흑 3의 젖힘의 봉쇄가 상용의 수단이다. 백 4의 이음엔 흑 5의 뻗음이 견실하다.

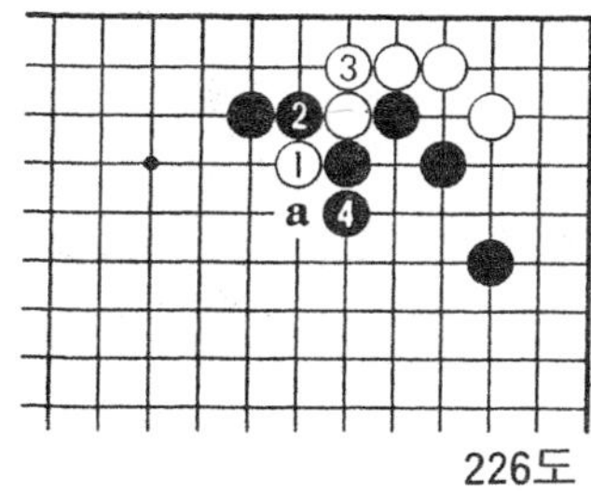

226도

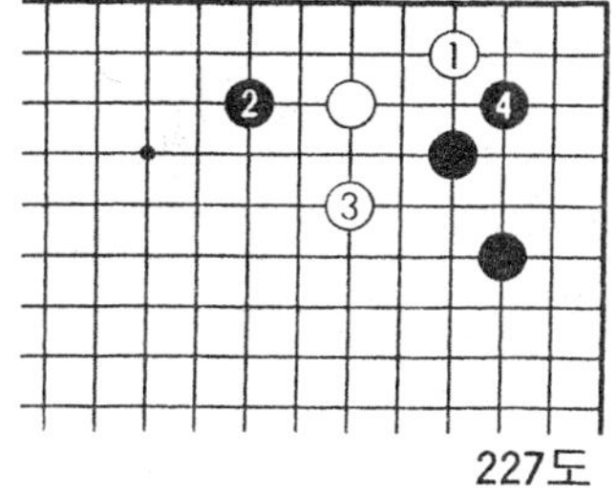

227도

226도 축

백 1의 2단 젖힘에는 흑 2의 끊음 다음 흑a 의 축이 불리하다면 4의 곳을 는다.

227도 백이 근거 없다

흑 2의 협공에 백 3의 한 칸 뜀이다. 이것은 봉쇄를 피하는 수이다. 흑 4가 귀를 지키는 급소이다.

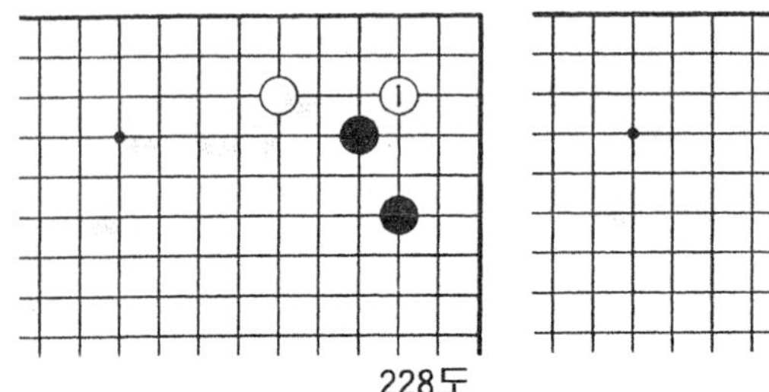

228도　　229도

3·3 침입

228도 날일자로 좁게 받은 모양에서 부분적으로 백 1로 3·3에 침입을 하는 수단도 있다.

229도 정석

흑 1의 바깥쪽 누름에는 귀에서 사는 수단이다.

날일자 정석과 같은 모양이다.

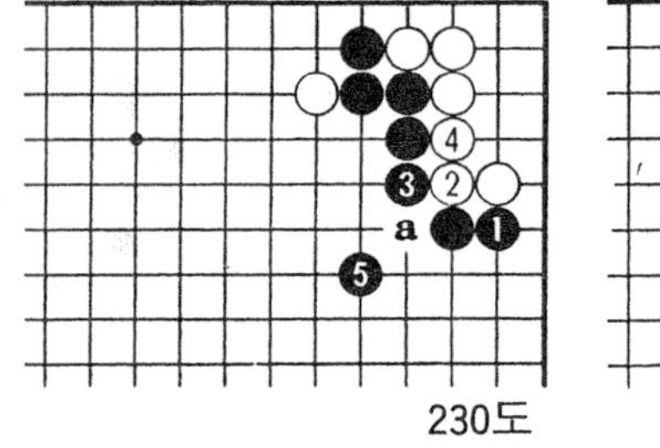

230도

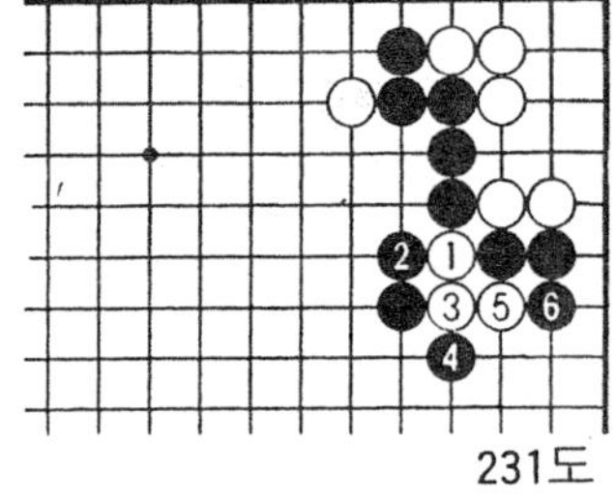

231도

230도 흑이 두텁다

흑 1의 내려섬에는 백 2, 4까지이다. 이 다음에 흑 5의 날일자 지킴이 두텁다. a 의 곳을 잇는 것은 엷다.

231도 축

백 1로 끊는 수는 없다. 흑 2의 단수에서 축이다.

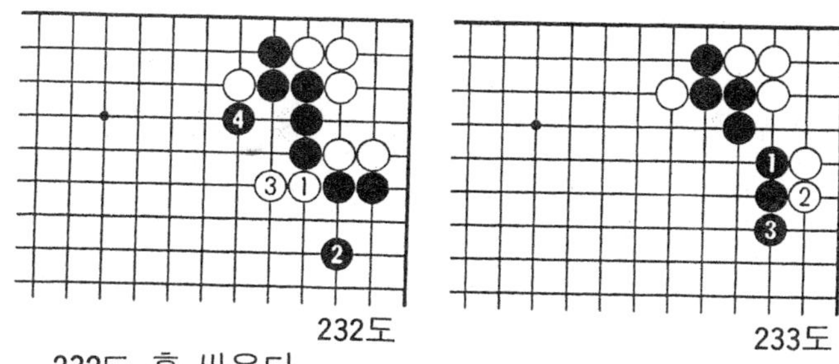
232도 233도

232도 흑 싸우다

백 1의 끊음은 기합이다. 흑 2에는 백 3에서 흑 4로 싸우는 모양이다.

233도 뻗음이 좋다

전도의 절단을 피한다면 흑 1이다. 백 2에는 계속하여 흑 3으로 는다.

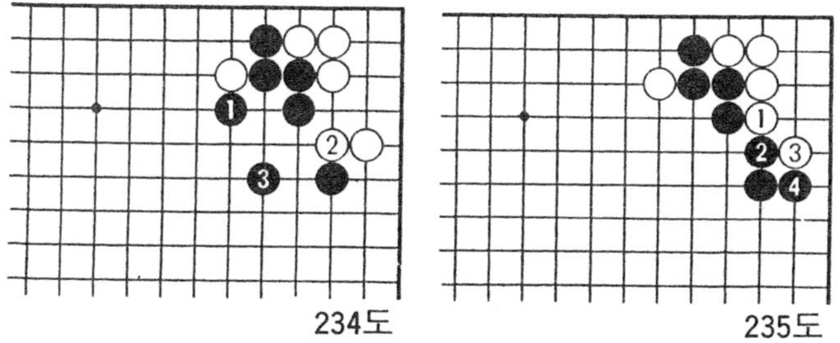
234도 235도

234도 경묘

흑 1의 젖힘에 백 2는 흑 3이 경묘한 응수이다.

235도 공배

백 1은 눈목자 모양과는 다르다. 흑 2, 4로 백모양이 나쁘다.

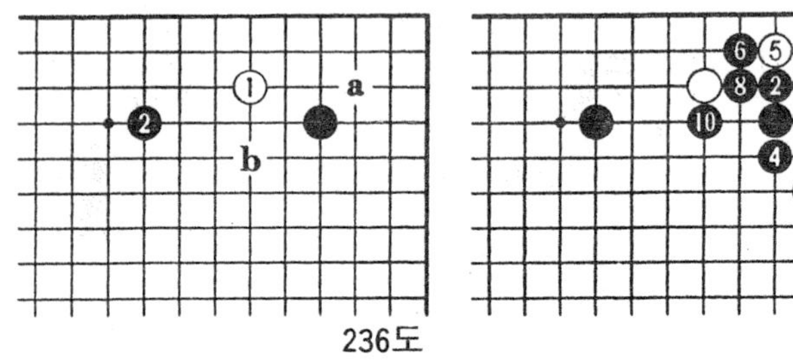

236도

237도

〔6〕 2칸 높은 협공

날일자 걸침에 대하여 협공을 하는 적극적인 수단이다. 협공에는 한칸에서 3칸, 높은 협공에서 낮은 협공이 있다.

236도 흑 **2**의 2칸 높은 협공에 대하여는 백a 로 3·3에 침입하는 모양과 b 의 곳을 한 칸 뛰는 수가 있다.

3 ·3 침입

237도 정석

백 **1**로 3·3에 침입을 하는 수에 흑 **2**로 누르는 모양은 정석과 비슷한 형으로 많이 둔다. 백 **3**에는 **5**, **7**의 젖혀 이음이 상용의 수단이다. 백 **9**에는 흑**10**까지이다.

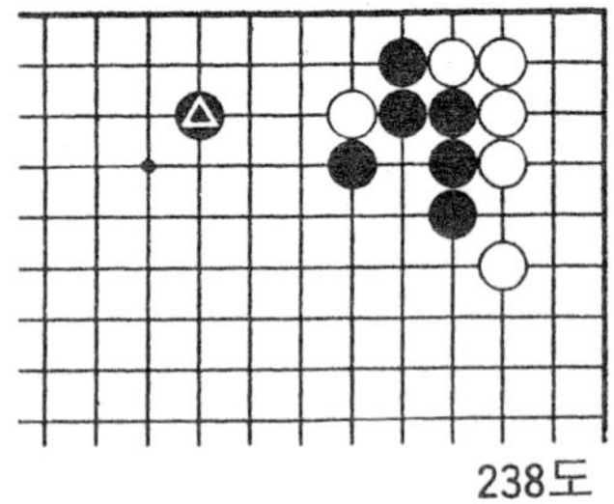

238도

238도 2칸 협공

흑 △의 2칸 협공도 같은 모양의 변화이다. 높은 협공과의 차이는 변의 발전에 차이가 있다.

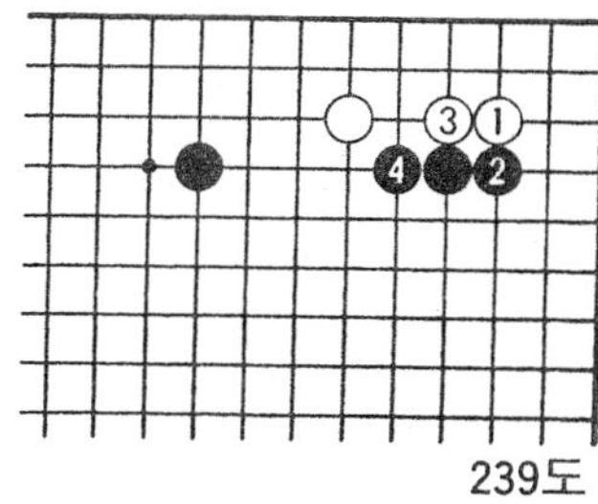
239도

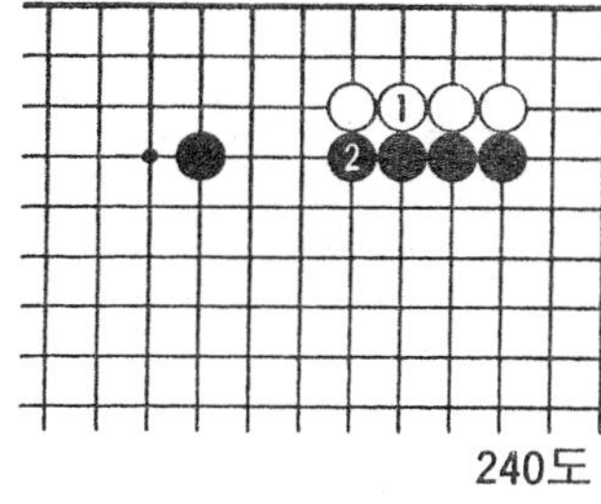
240도

239도 하변을 중시

흑 2의 막음은 전도와는 반대로 흑이 하변에 세력을 얻는 정석이다. 백 3의 건너감은 당연하다.

240도 흑이 두텁다

백 1에는 흑 2의 누름. 흑은 강한 벽을 구축하여서 불만이 없다.

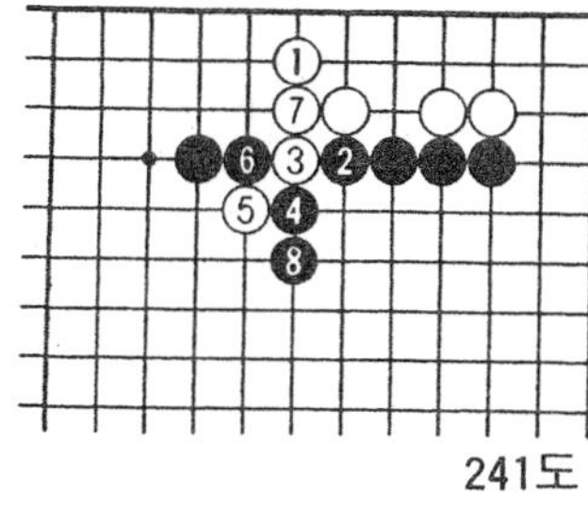
241도

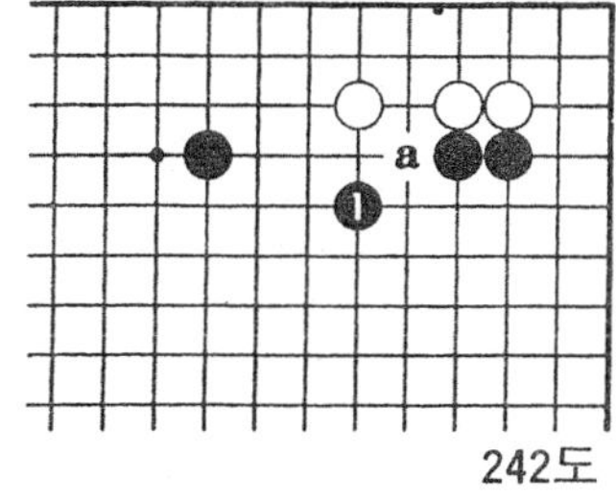

242도

241도 정석

백 1로 단점을 지키는 것이 알기 쉽다. 흑 2에는 백 3, 5의 2단 젖힘이 맥이다. 흑 8의 뻗음까지 정석이다.

242도 모양이 나쁘다

흑 1로 날일자 하는 것은 다음에 백이 a의 곳을 두어 흑이 나쁘다.

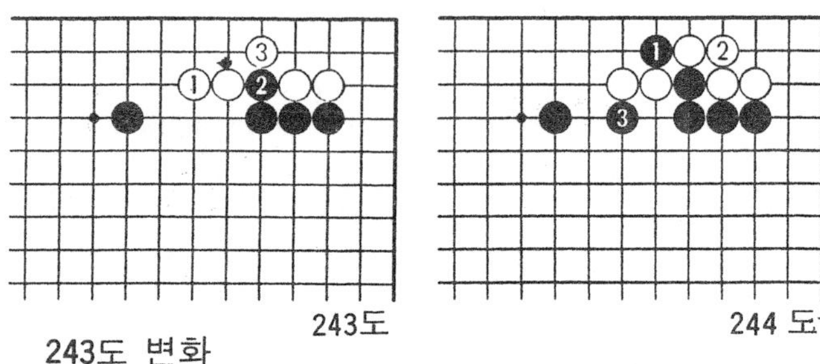

243도 변화

백 1은 초급자가 두는 수로 기합이 번진 수이다. 흑 2, 백 3 다음에 백 1의 움직임을 제어한다.

244도 수순

여기에서는 흑 1의 끊음이 맥이다. 백 2의 이음은 절대이다. 다음에 흑 3으로 누른다.

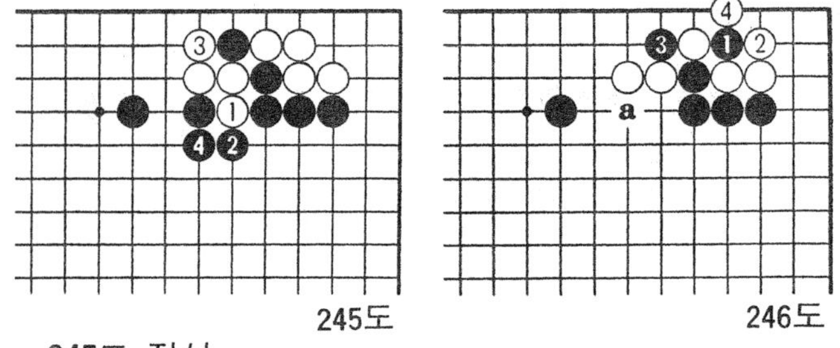

245도 정석

백 1로 나가는 것은 흑 2, 4까지 되어 백의 실리와 흑의 외세의 절충이다.

246도 반대쪽 끊음

흑 1의 끊음은 반대이다. 백 a의 봉쇄가 있는 것이지만 전도와는 다르다.

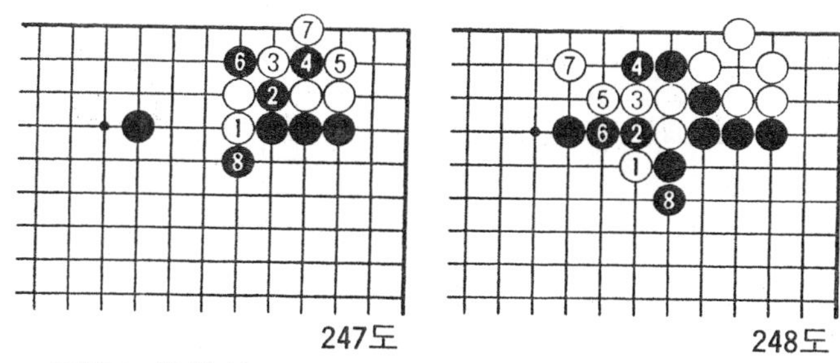
247도 248도

247도 올라섬

백 1의 올라섬의 변화이다. 흑 2에 백 3 다음에 4의 끊음이다. 6의 단수에서 8의 젖힘까지 수순이다.

248도 정석

여기에서 백 1은 상용수단이다. 흑 2의 끊음에는 백 3, 5에서 7까지이다. 흑 8의 뻗음까지가 정석이다.

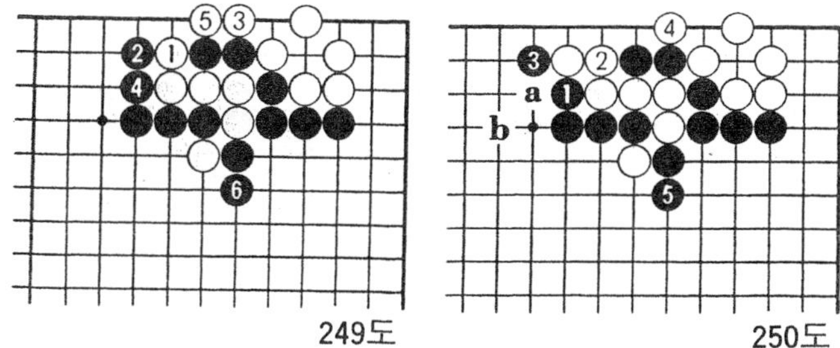
249도 250도

249도 붙여 조임

백 1의 내려섬에는 흑 2의 붙임이 있다. 백3, 5에서 흑 6까지 모양이다.

250도 끊음에 주의

정석의 모양에서 흑 1, 3으로 두는 것은 흑a 나 b의 곳 지킴이 없다. 끊기는 맛이 남는다.

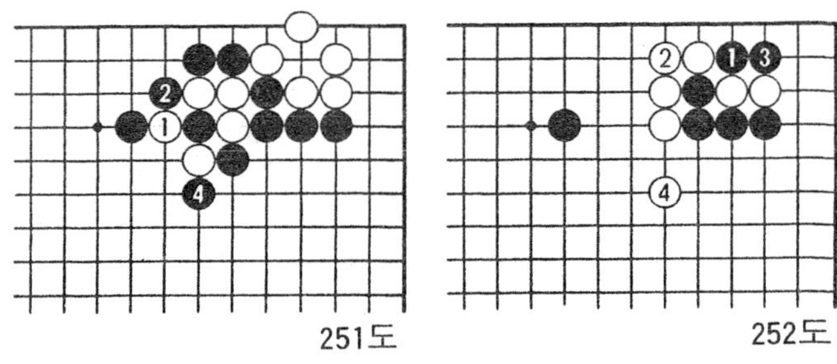

251도 축

백 1로 때려내면 흑 2의 단수에서 4의 곳에 축이다.

252도 흑 유리

흑 1의 끊음에 백 2의 이음은 귀쪽에 실리를 얻을 수 있다. 백 4의 한 칸 뜀까지인데 이것은 백이 나쁘다.

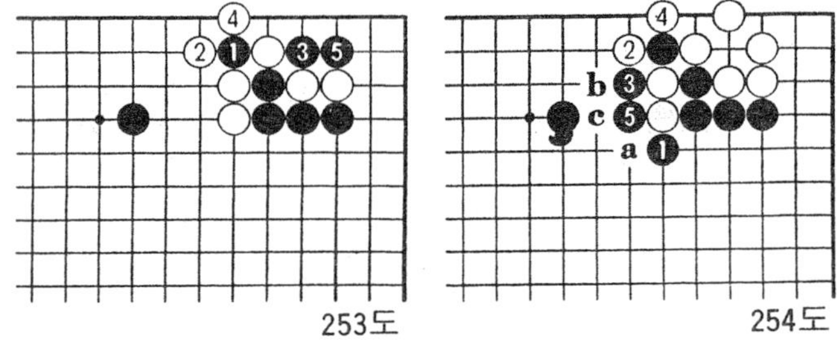

253도 반대쪽 끊음

이 모양에서 끊음은 귀를 3, 5까지 잡을 수가 있지만 흑이 나쁘다.

254도 변화

흑 1에 백 2는 흑 3, 5의 조임이 있다. 흑a, 백b, 흑c, 백 4는 변화이다.

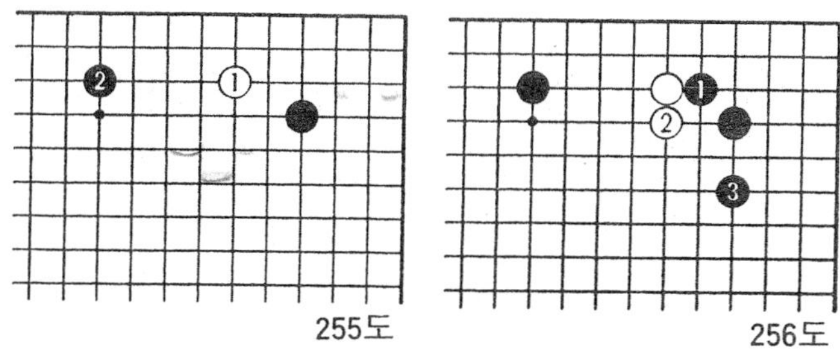

255도　256도

〔7〕 3칸 협공

화점의 날일자 걸침에 대하여 3[illegible] 여 선택의 여지가 있다.

225도 백 1에 흑 2가 3칸 협공이다. 화점 아래의 위치로 변의 발전을 기대한다.

256도 공격

협공에 대하여 백이 손을 빼면 흑 1, 3으로 공격을 한다

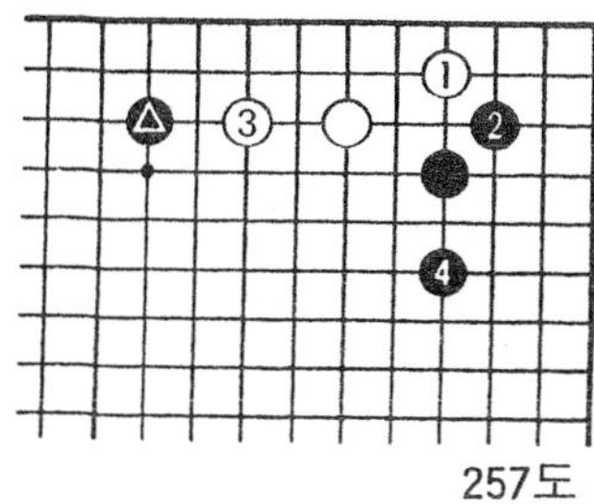

257도

257도 백의 불만

백 1의 날일자에 흑 2의 받음. 다음 백 3으로 근거를 만든다. 흑▲가 백 3점을 공격하는 모양이어서 이것은 백의 불만이다.

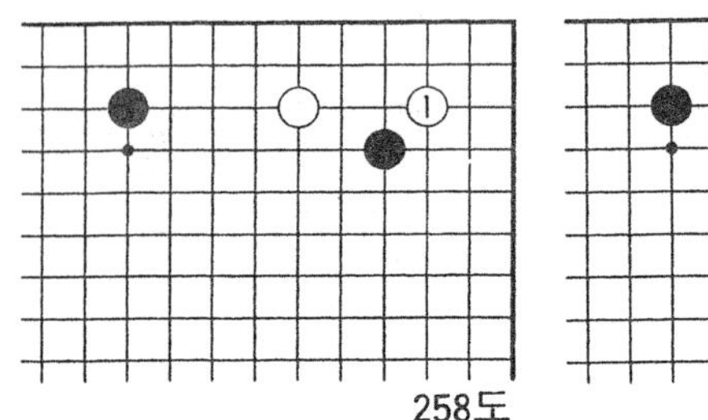

258도

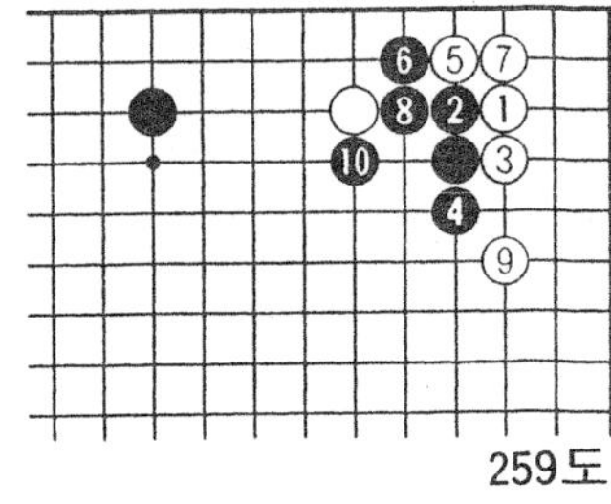

259도

258도 3·3 침입

협공에 대하여 3·3에 침입하는 것도 하나의 방법이다.

259도 정석

백 1에는 흑 2의 막음, 백 3에는 5, 7의 젖혀 이음까지이다. 이 수순의 유형이 많다. 백 9로 진출을 하면 흑10의 막음이 견실하다.

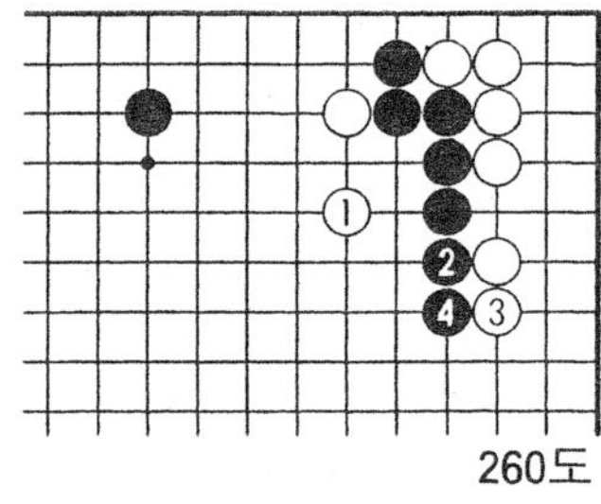

260도

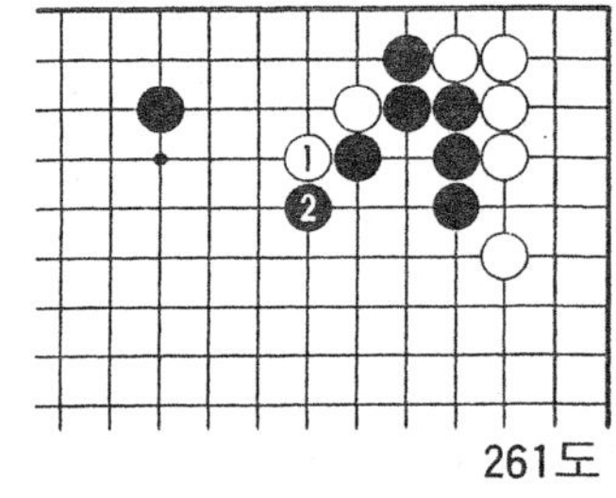

261도

260도 손뺌

전도의 흑10을 손빼면 백 1로 두어서 전투이다. 흑은 2, 4로 응전을 한다.

261도 백의 움직임

259도의 다음 백 1의 젖힘에서 흑 2가 맥이다. 이 수로 백은 피로하다.

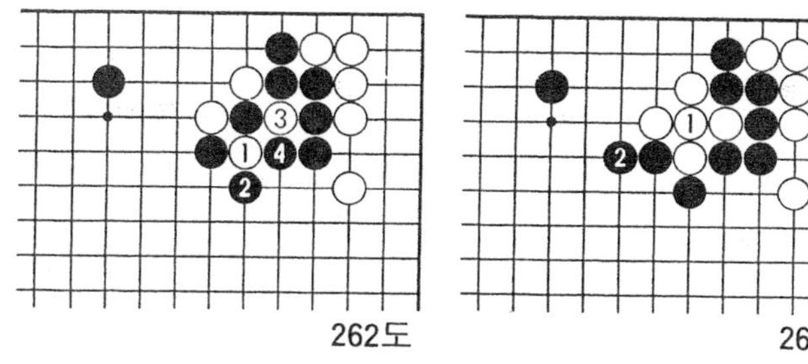
262도 263도

262도 맥

여기에서 백 1의 끊음에서 흑 2가 맥이다. 백 3에는 흑 4의 단수로 응수가 궁하다.

263도 백의 무리

여기에서 백 1의 이음에는 흑 2로 뻗어 백의 무리를 응징 한다.

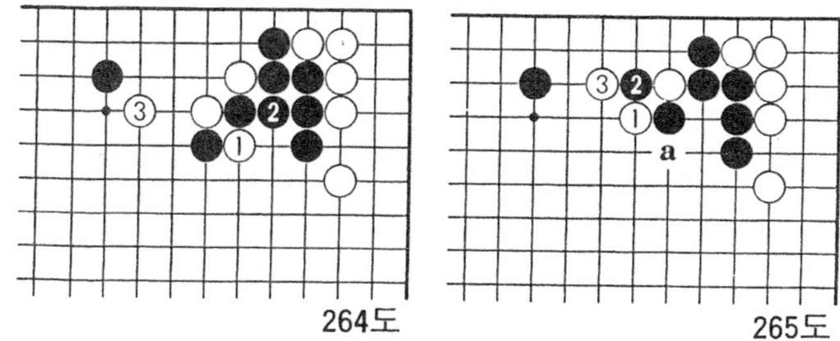

264도 265도

264도 백의 주문

262도 흑 2의 단수를 알지 못하고 본도의 흑 2로 받으면 백 3으로 되어 혼란이 일어난다. 이것은 백의 주문이다.

265도 변화

백 1의 젖힘에 흑 2는 곧바로 백 3의 단수이다. 다음 a의 단수가 남는다.

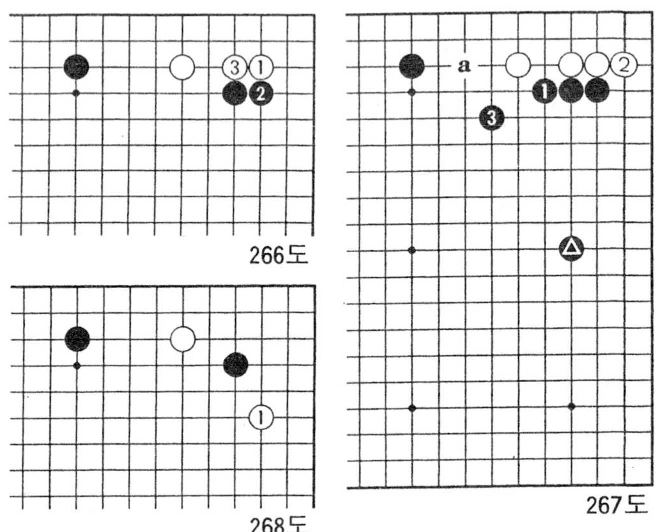

266도 변화

백 1의 3·3에 누르는 모양이다. 그러면 백은 3으로 연락을 한다.

267도 모양

여기에서 흑 1은 급소의 누름이다. 백 2의 내려섬에 흑 3의 날일자이다. 흑 ◬가 있는 방향에서 두는 수이다. 이 모양의 지향이다. 흑a 로 연락이 되는 곳이다.

268도 양걸침

백 1의 날일자 양걸침이다. 이 변화는 3칸 협공의 한 예이다.

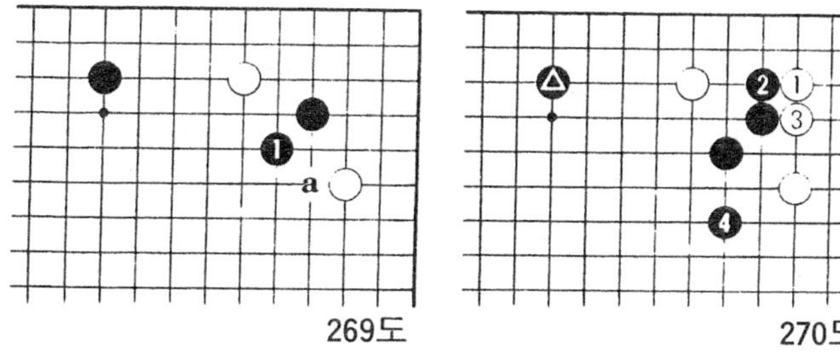

269도　　　　270도

269도 마늘모

흑 1의 마늘모가 견실한 응수이다. 흑a 의 곳도 양걸침에 대한 응수의 하나이다.

270도 흑이 좋은 모양

백 1의 3·3에 침입을 하는 정석이다. 흑 2는 흑 △가 있을 때 좋다. 백 3에는 흑 4가 정착이다.

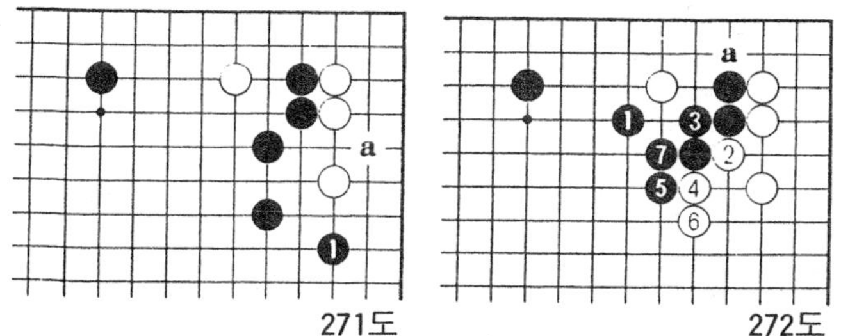

271도　　　　272도

271도 급소

방치한다면 흑 1의 다가섬이다. 다음에 a 의 곳의 치중을 노린다.

272도 작다

흑 1의 날일자는 초급자가 두는 수이다. 백a 의 젖힘이 선수이다.

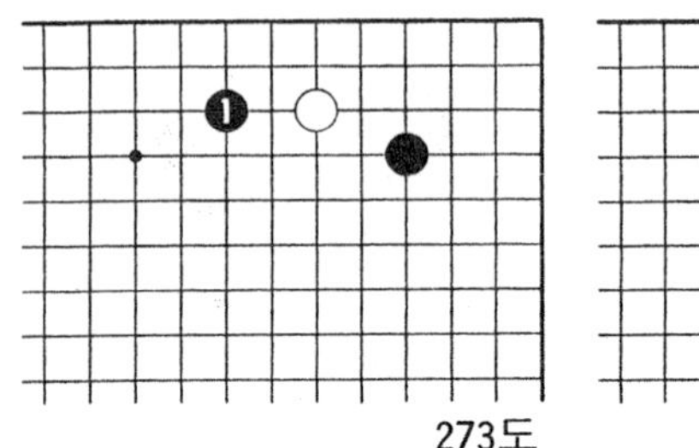
273도

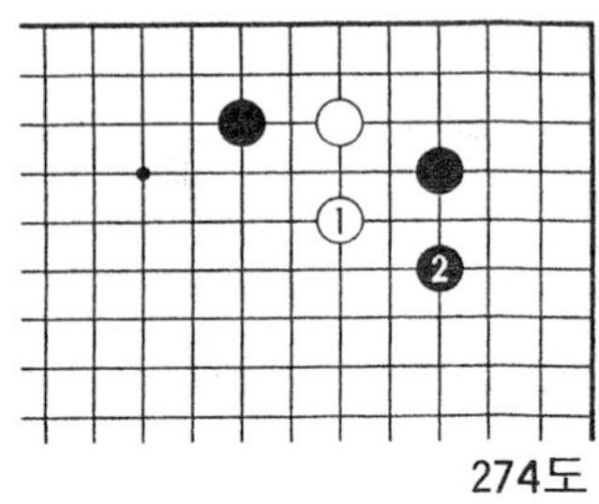
274도

〔8〕1칸 협공과 2칸 협공

1칸 협공과 2칸 협공이다. 부분적으로 비슷한 변화가 많은 곳이다.

1칸 협공

273도 협공

백의 날일자에 흑 1의 다가섬이 1칸 협공이다.

274도 뜀

한 칸협공에 백 1,흑 2의 받음이다. 백에게 근거가 없다.

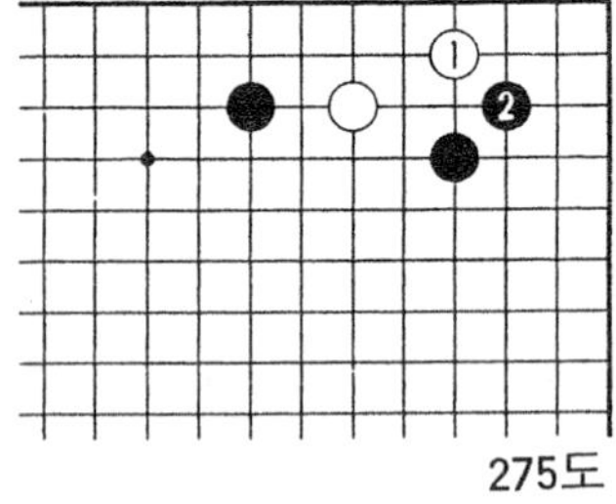
275도

275도 3·3의 요점

백 1의 날일자에는 흑 2의 받음이다.

다음에 백의 움직임이 둔화가 된다.

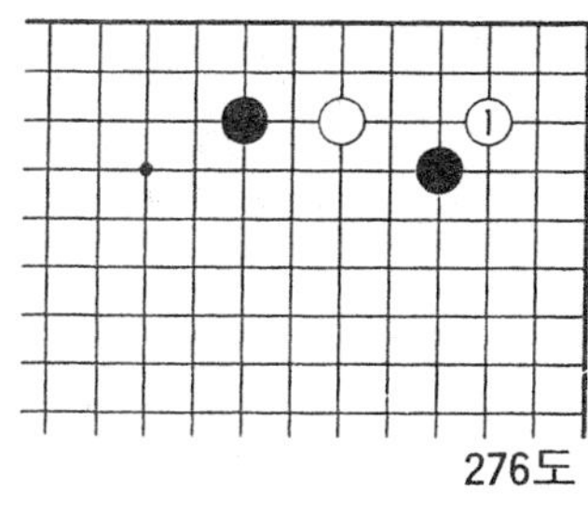

276도

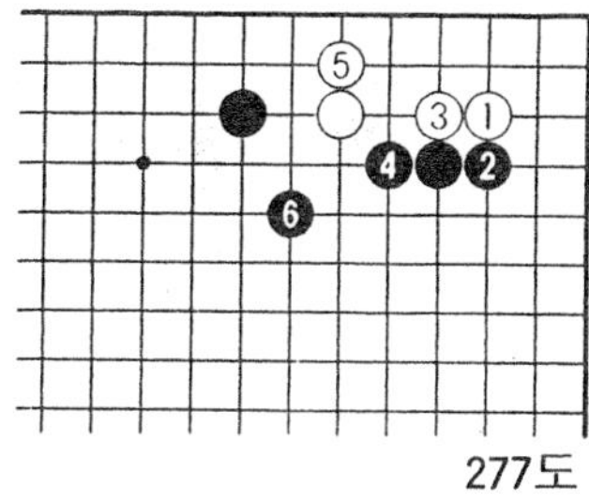

277도

276도 3·3에 침입

한 칸협공에서 백 1의 3·3침입은 많이 두는 수이다.

277도 정식

백 1에 흑 2의 누름이다. 이것은 정석의 하나이다. 백 3에는 흑 4가 급소이다. 다음 백 5의 내려섬이 중요하다. 침착한 확보가 흑 6의 날일자이다.

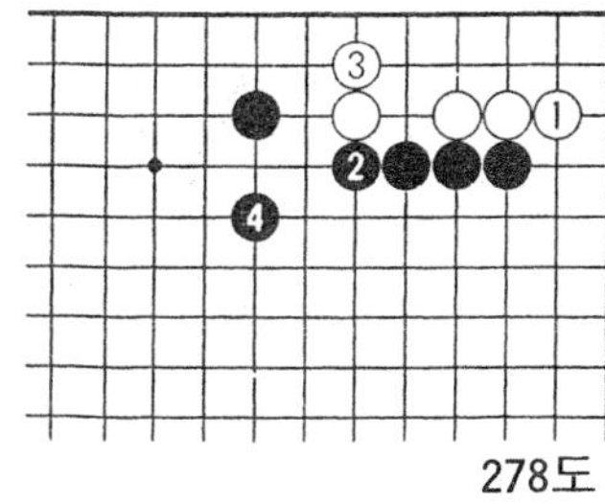

278도

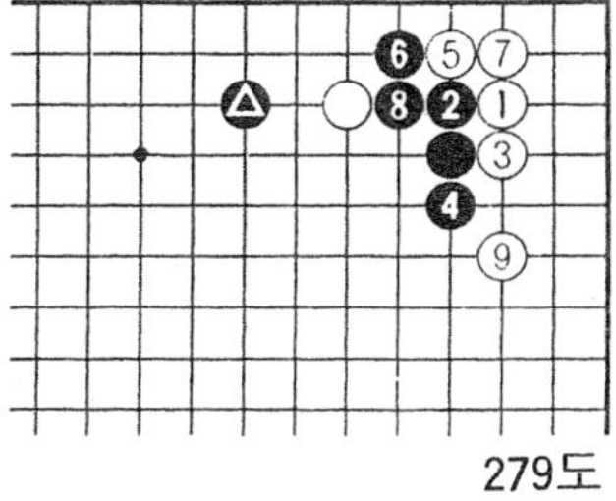

279도

278도 변화

전도의 백 5로 1의 곳을 뻗는 것은 아래쪽의 침입을 노리는 수이다. 흑 2에서 4까지 두터운 모양이다.

279도 변화

흑 2의 누름에는 백 3 이하가 정형이다. 이 모양에서는 흑△가 가까워 충분하지가 않다.

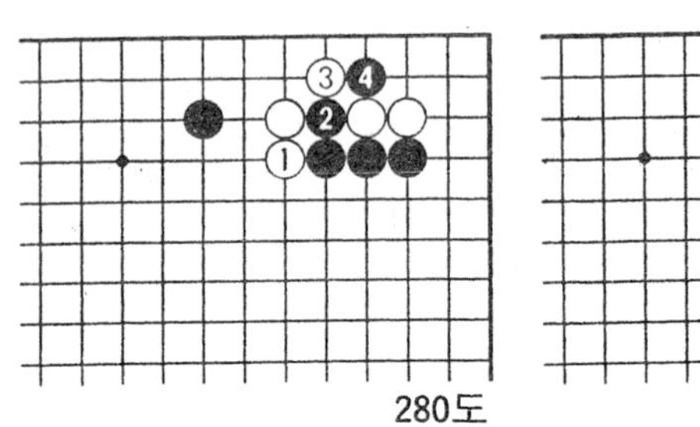

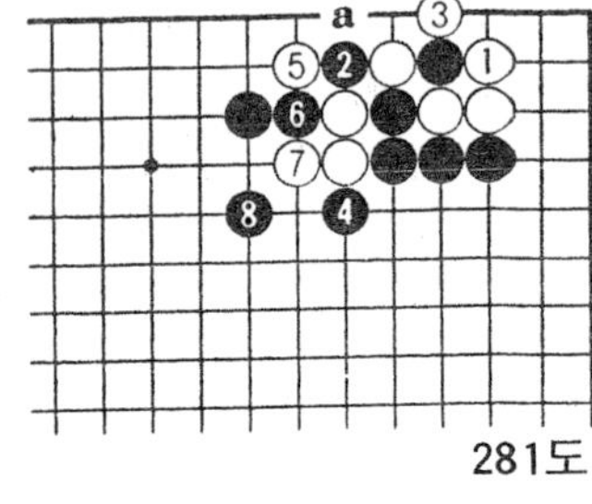

280도 올라섬

백 1의 누름의 변화이다. 흑 2, 4의 나가끊음이 좋다. 여기에서—.

281도 흑이 두텁다

백 1에는 흑 2의 끊음이다. 흑 4의 젖힘이 맥이다. 흑 8의 장문까지이다. 백 7로 a 의 곳은 흑 7이 있다.

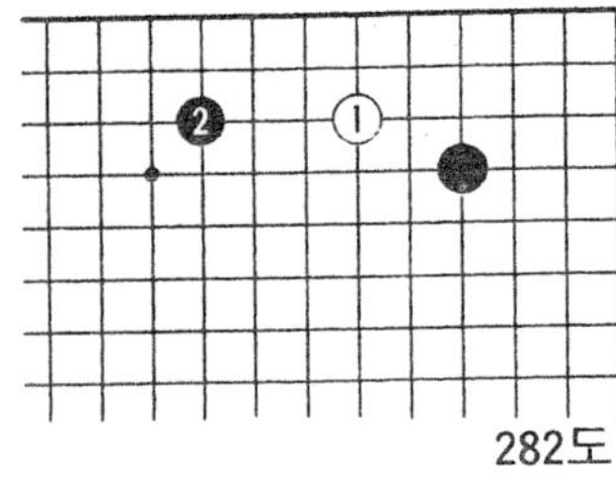

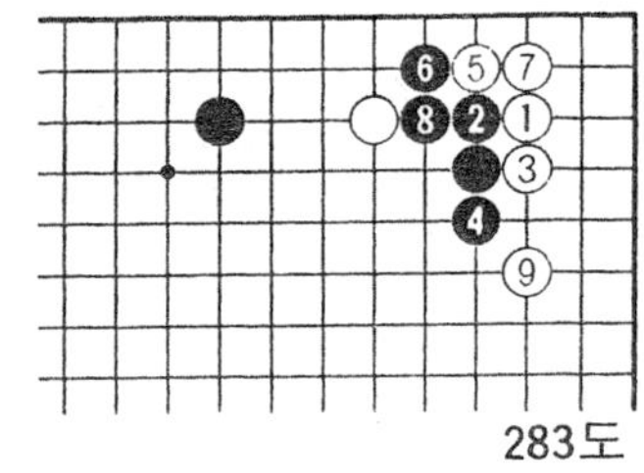

2칸 협공

282도 중간의 협공

흑 2의 2칸 협공은 한 칸과 3칸의 중간이다.

283도 정형

백 1의 3·3침입에 흑 2의 누름은 정형이다. 협공의 위치가 3칸이어서 주위의 조건이 적당하다.

제3장

소목의 정석

〔1〕 소목의 특징

소목은 제 3선에 위치하는 것으로, 세력상으로는 고목이나 외목보다는 떨어진다. 실전에서 많이 둔다.

1도 한 귀에 착점하는 점은 a의 곳도 같다. 이 정석은 변화가 많다. 여기에서는 현재 쓰고 있는 대표적인 것만 소개하고자 한다.

특히 실전에서 여러가지로 응용되는 수가 많으므로 유의하여 익혀 두지 않으면 안된다. 실력은 항상 자기 자신도 모르게 향상되는 법이다.

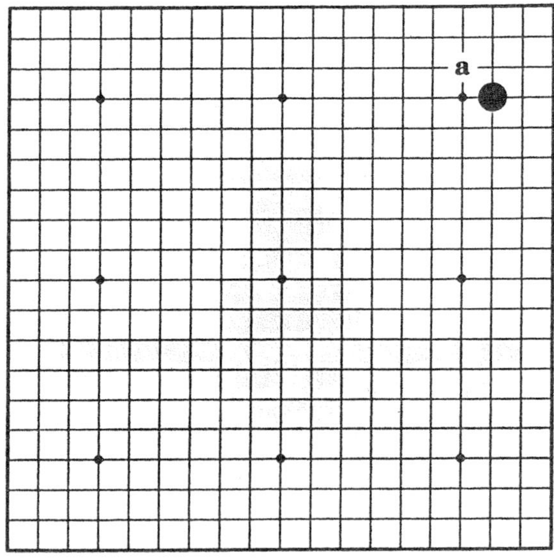

1도

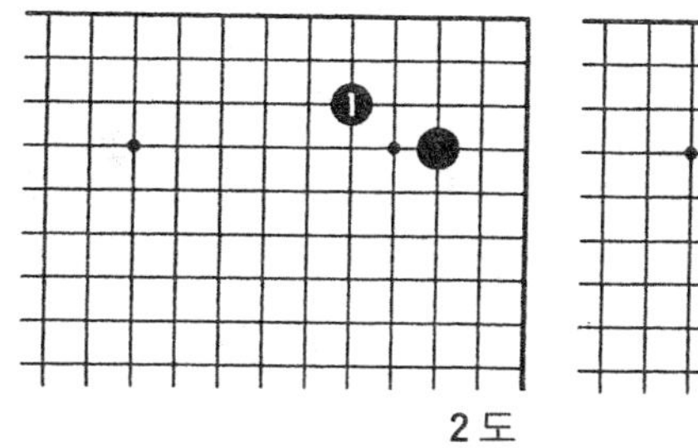
2도

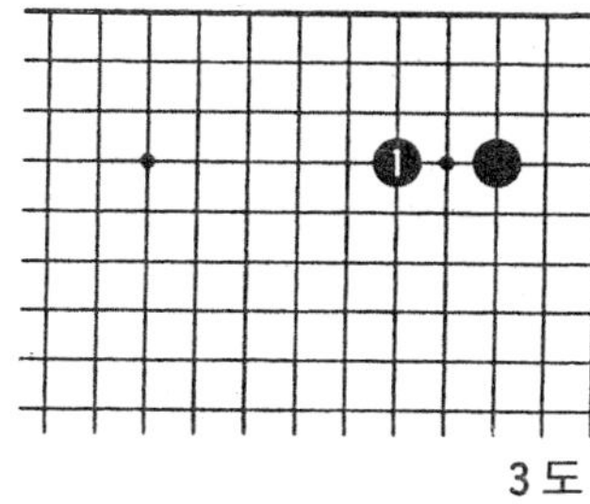
3도

굳힘의 3가지

소목의 모양에서 한 수로 굳히는 모양이다. 여기에는 3가지의 수법이 있다.

2도 날일자 굳힘

흑 1의 날일자도 견실한 모양이다. 이 수로 귀를 지키면 다음에 변의 발전이 있다.

3도 한 칸 굳힘

흑 1의 높은 한 칸 굳힘이다. 귀에서 날일자 다음으로 많이 두는 수이다. 변에 발전하는데에 위력이 있다.

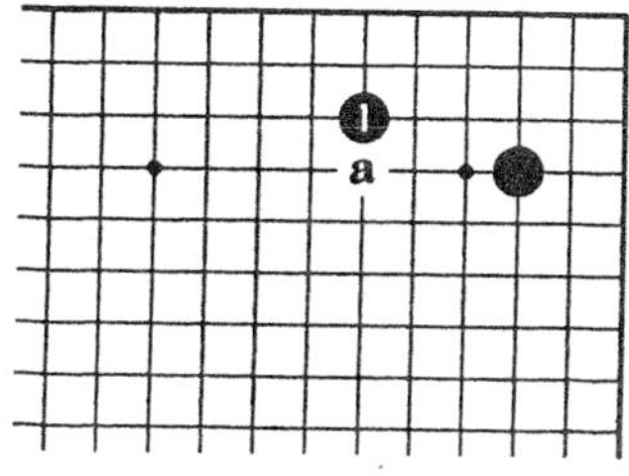

4도

4도 눈목자 굳힘

흑 1의 눈목자 굳힘이다. 날일자 보다는 넓지만 엷다. a의 2칸 높은 곳도 있다.

이러한 모양은 상황의 전개에 따라 달라질 수 있다.

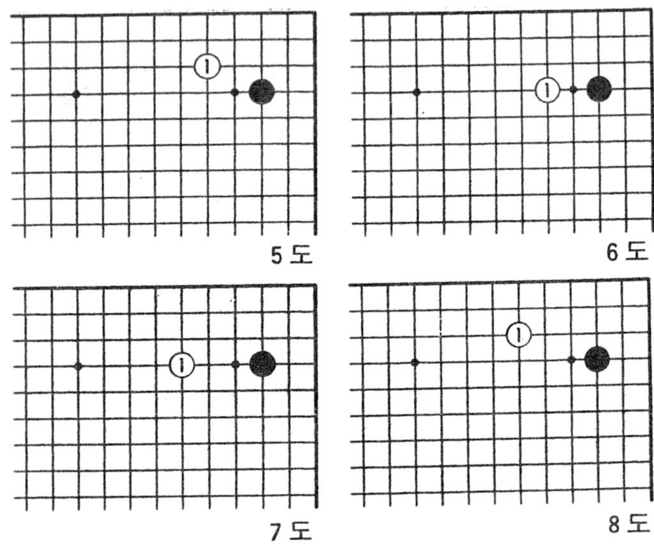

걸치는 방법

이상의 굳힘을 방해하는 수단으로 걸치는 수단이 있다. 동위치에서 두는 것을 생각해 보자.

5 도 날일자 걸침

백 1의 날일자 걸침이다. 실전에서 가장 많이 두는 수다.

6 도 한 칸 높은 걸침

백 1의 한 칸 높은 걸침은 세력을 중시한 점이다.

이 걸침은 소목 정석의 중요한 모양의 하나이다.

7 도 2칸 높은 걸침

8 도 눈목자 걸침

실제로 두는 것은 주위의 상황을 조건으로 하여 두는 수이다.

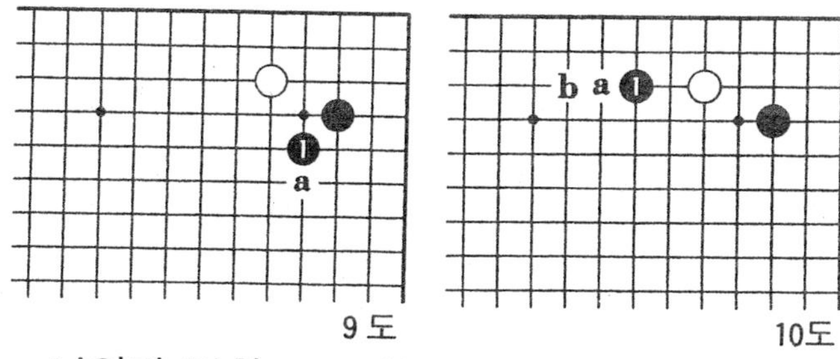

9 도　　　　10도

날일자 걸침 9 도 마늘모

흑 1의 마늘모, a 의 날일자 받음도 온건한 수의 하나이다.

10도 협공

흑 1의 한 칸 협공, a 의 2칸 협공, b 의 3칸 협공도 적극적인 수단이다.

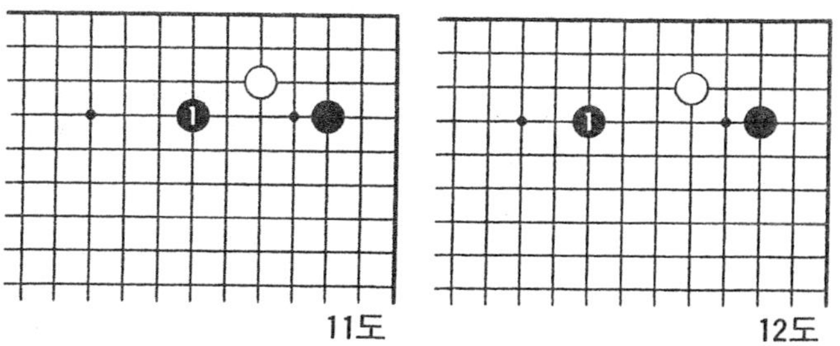

11도　　　　12도

11도 한 칸 높은 협공

흑 1의 한 칸 높은 제 4선의 모양이다.

12도 2칸 높은 협공

흑 1은 2칸 높은 협공이다. 전도의 한 칸 높은 협공보다 좀더 넓은 의미가 있다. 많이 두는 수이다.

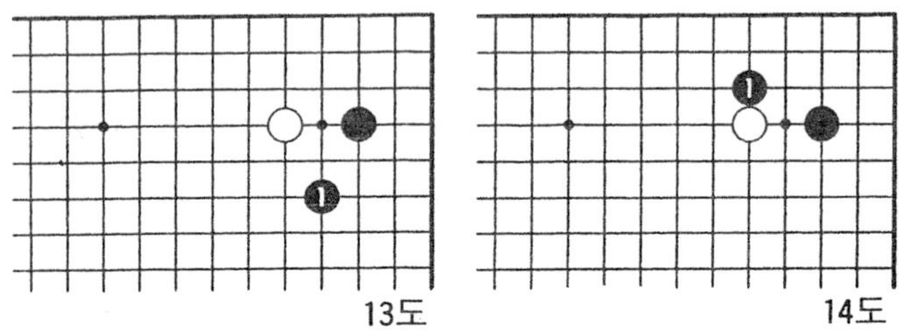

13도　　14도

한 칸 높은 걸침

한 칸 높은 걸침에 대한 응수이다.

13도 날일자

흑 1로 두는 것은 변에 발전함을 염두해 둔 응수이다.

14도 아래 붙임

흑 1의 아래쪽 붙임은 집을 중시한 점이다. 높은 걸침의 정석의 대표적이다.

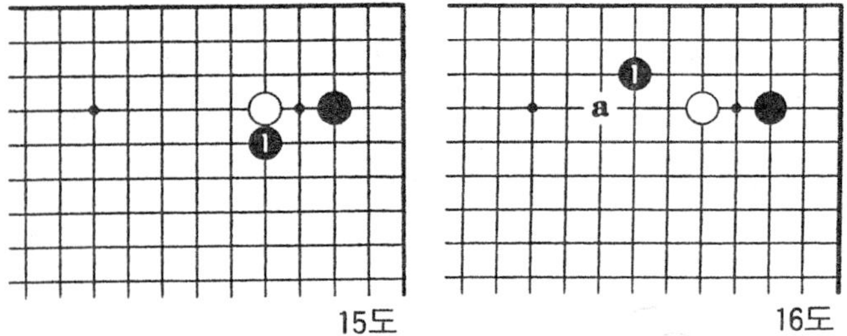

15도　　16도

15도 위쪽 붙임

흑 1의 위쪽 붙임도 세력과 중앙을 향하는 수단이다.

16도 협공

흑 1의 협격은 요근래에는 a 의 2칸 높은 협공으로 많이 둔다. 이상의 응수가 소목의 골격이다.

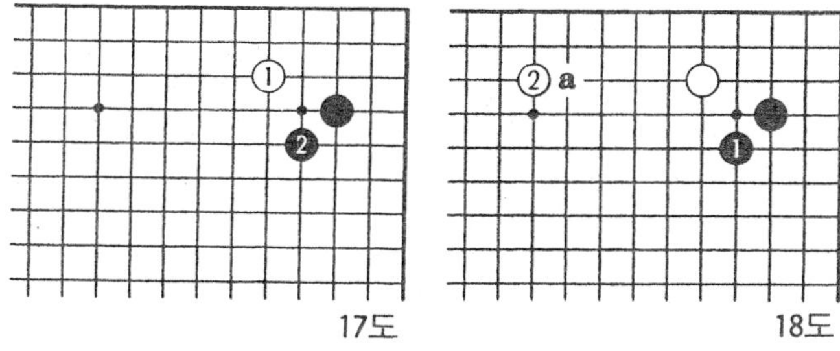
17도 18도

〔2〕 날일자 걸침

마늘모

17도 견실한 응수

백 1의 걸침에 흑 2의 마늘모는 견실한 응수이다. 기본형의 하나이다.

18도 벌림

흑 1의 마늘모에 대하여 2의 곳 벌림은 상변의 호점에 두는 장면이다.

귀의 마늘모는 견실하면서도 변에 발전함을 볼 수 있다.

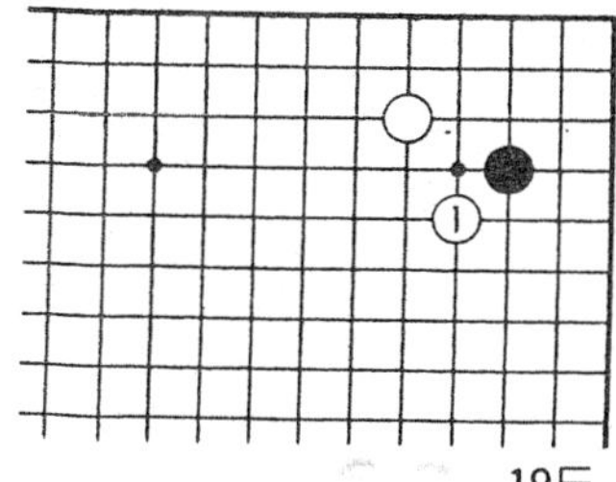
19도

19도 손을 뺌

백의 걸침에 흑이 손을빼면 백 1의 씌움이다. 외목의 백에 흑이 소목으로 들어온 모양이 된다.

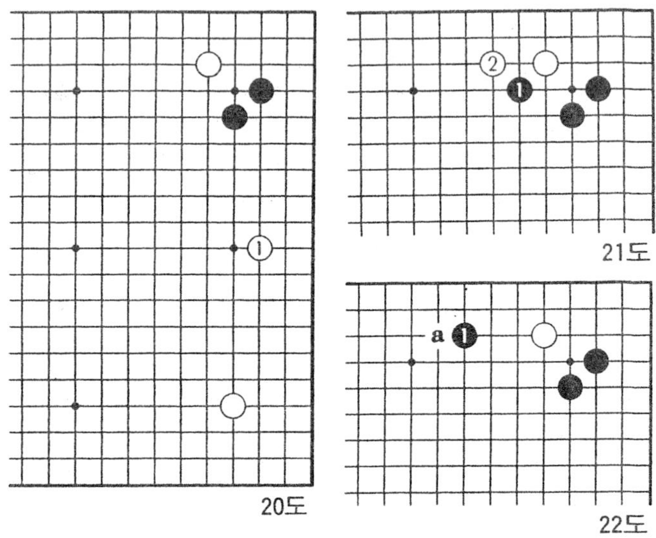

20도
21도
22도

20도 배치

정석은 포석의 관점에서 선택된다.

우하귀의 배치에서 포석의 모양을 생각해 볼 수가 있다. 이것이 포석의 한 방법이다.

21도 귀의 변화

귀의 백이 손을 빼면 흑에서 수단이 있다. 흑 1의 위쪽에서 두는 것이 좋은 수단이다. 백 2의 응수가 경쾌하다.

22도 협공

흑 1의 변화이다. a 의 곳 넓은 협공도 백에게 가능한 곳이다.

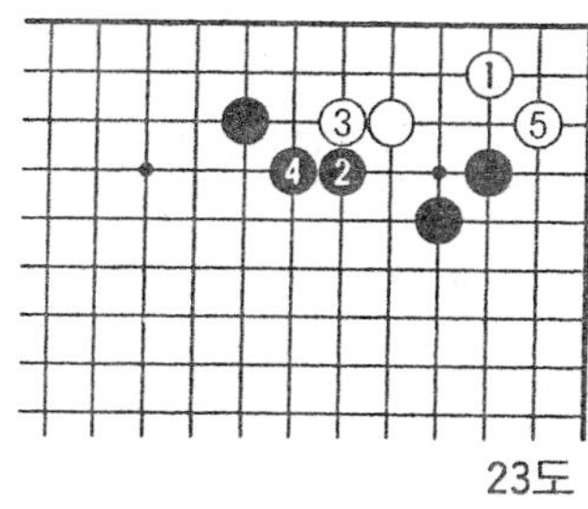
23도

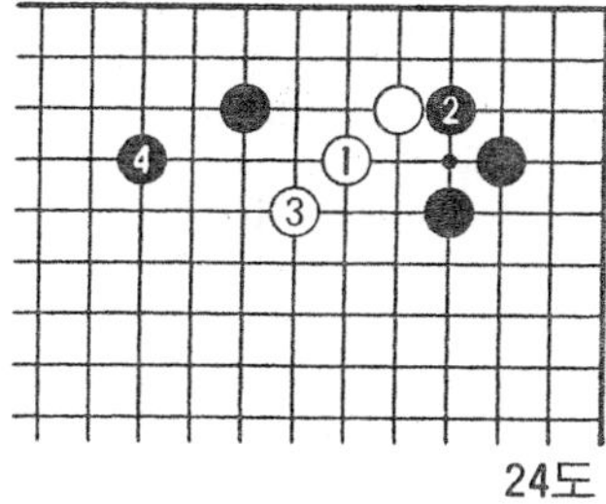
24도

23도 귀에서 삶

백 1의 날일자에 흑 2의 싸움이다. 바깥이 두터워진다. 백 3의 늘음에서 5까지 안정이 된다.

24도 백의 진출

봉쇄를 피한다면 백 1의 마늘모이다. 흑 2에는 백 3에 흑 4로 추격한다.

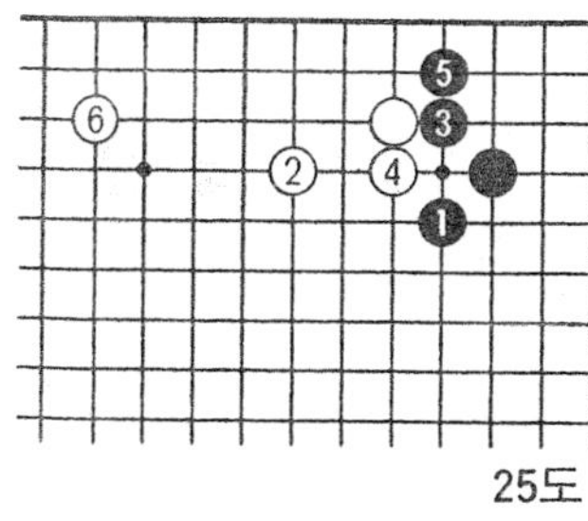
25도

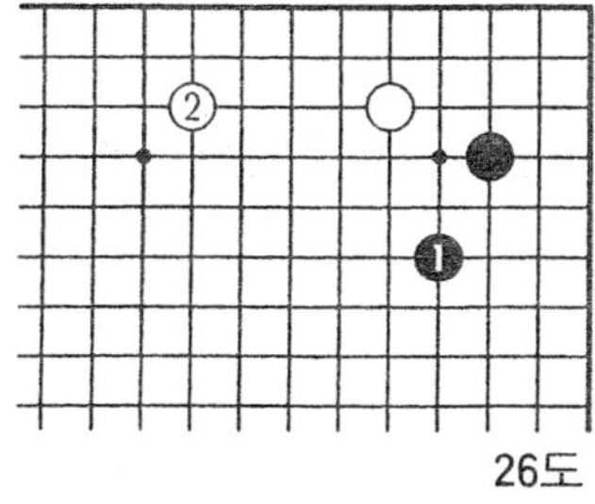
26도

25도 견고하다

백 2의 날일자에서 흑 3에서 5까지 귀의 수비이다.

백 6의 전개로 백도 불만이 없다.

26도 날일자

흑 1의 날일자의 응수이다. 백은 2의 곳 벌림이 무난하다.

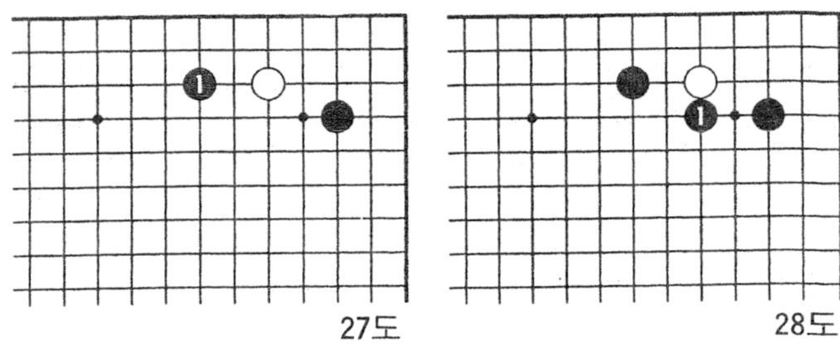

27도 28도

1칸 협공

27도 흑 1의 한 칸 협공은 협공 중의 하나이다.

28도 손을 뺌

이 협공은 백이 손을 빼면 흑 1로 둔다. 이 수로 백은 봉쇄된다.

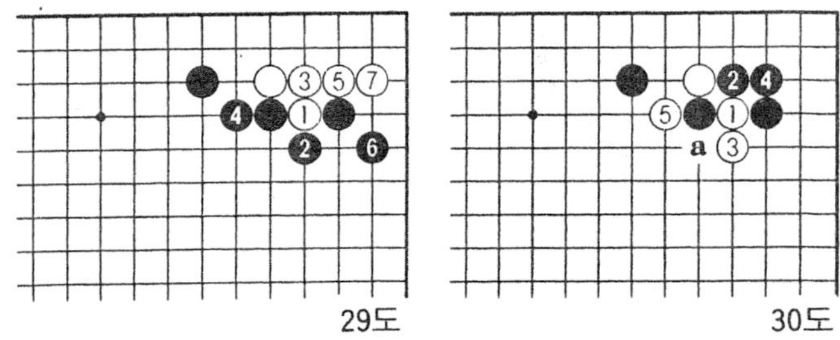

29도 30도

29도 흑이 두텁다

여기에서 손을 뺄 수 없음은 당연하다. 흑 2의 단수에서 흑 6까지 두터운 모양이다.

30도 축

백 1에 대하여 흑 2의 단수에서 4의 이음까지이다.

백 5로 축까지이다.

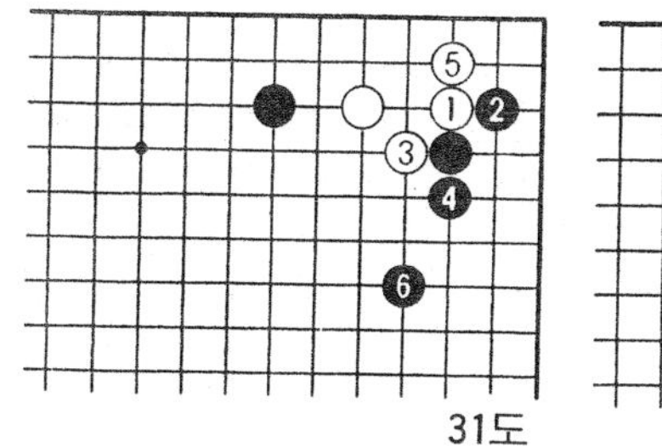
31도

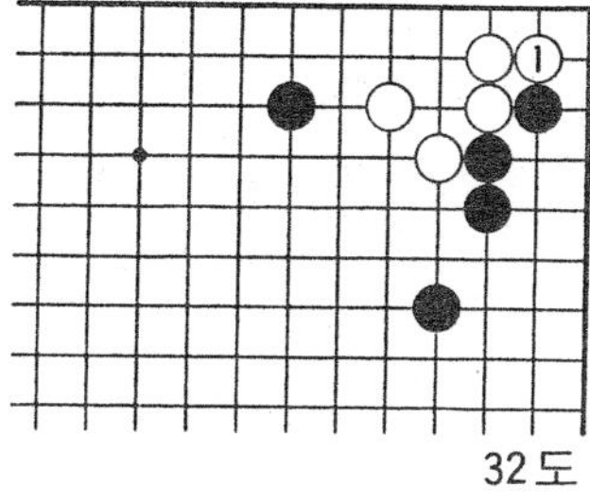
32도

31도 3·3에 붙임

비슷한 모양의 나타남이다. 여기에서는 3·3에 붙이는 수도 있다. 백 1에서 흑 6까지 정형이다.

32도 근거

한 칸 협공의 모양에서 백 1의 꼬부림은 근거에 관한 수이다.

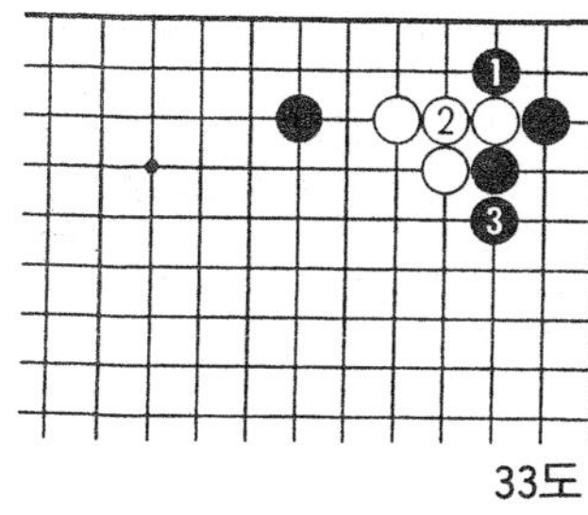
33도

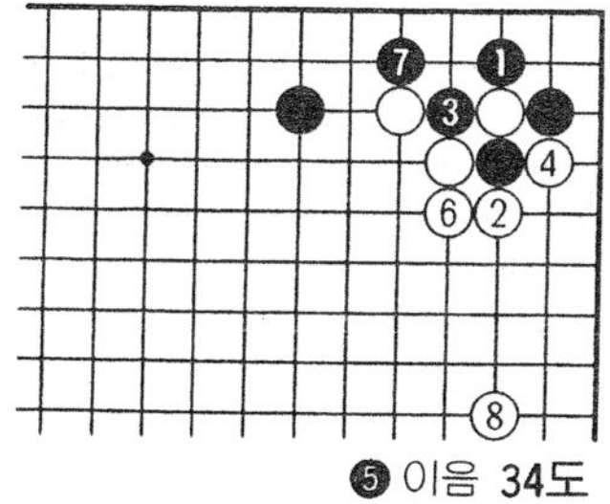
❺ 이음 34도

33도 단수 젖힘

흑 1의 반발이 강수이다. 백 2의 이음에는 흑 3의 뻗음으로 백이 나쁜 모양이다.

34도 정석

흑 1에 대하여 백 2, 4는 정석이다. 흑 5의 이음에 백 6, 8까지이다.

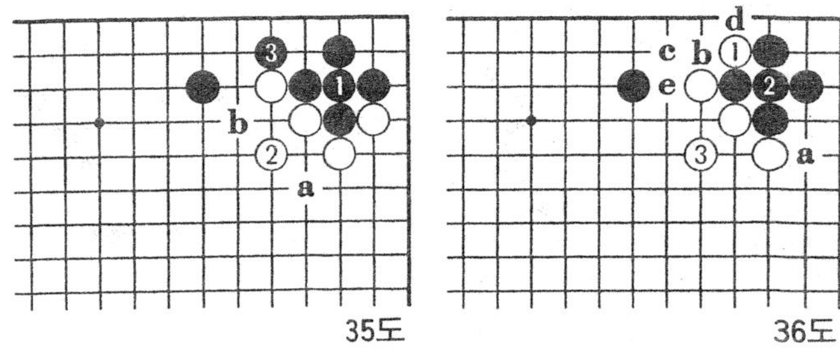

35도 벌려 이음

흑 1의 이음에는 백의 벌려이음이다. 흑에서 a, b 의 들여다보는 수가 있다.

36도 역 단수

흑의 연락을 방해하는 수단으로 백 1로 두는 수가 있다. 이 다음 백a, 흑b, 백c, 흑d, 백e 까지이다.

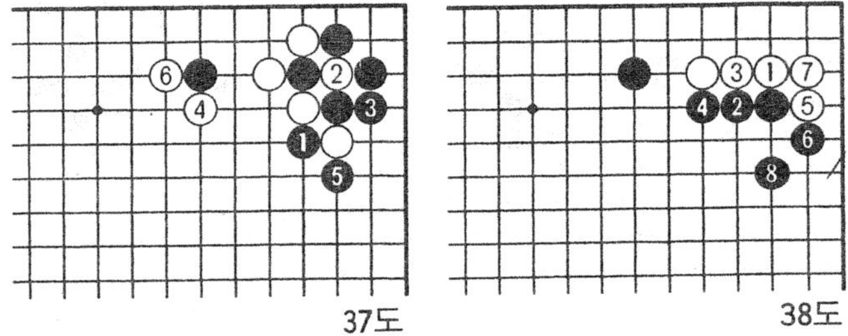

37도 정석

흑의 1의 곳 끊음이다. 이것은 백 6까지의 변화로 다른 협공에도 비슷한 모양이 많다.

38도 흑 뻗음

백 1의 붙임에 흑 2의 평범한 누름은 7까지 귀를 빼앗는다. 흑 모양이 불만이다.

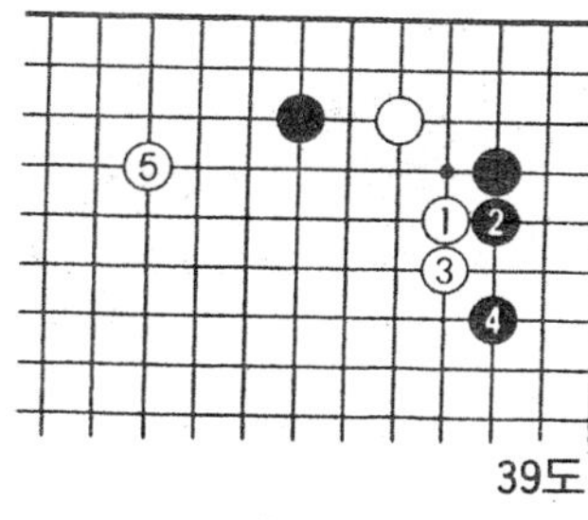

39도

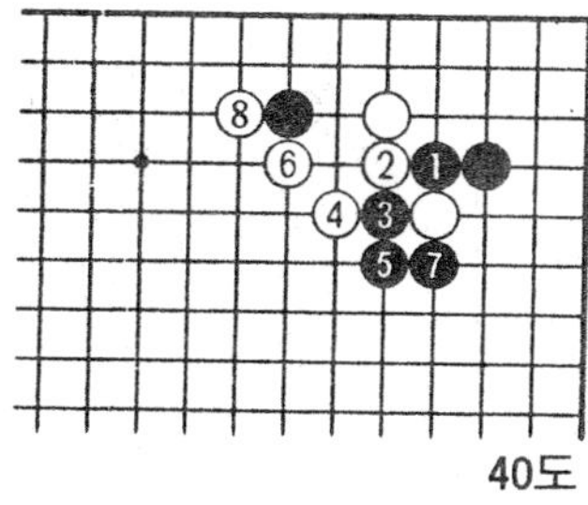

40도

39도 씌움

백 1의 씌움도 성립한다. 흑 2, 4의 알기 쉬운 받음에서 백 5까지 둔다.

40도 변화

씌움에 대하여는 흑 1, 3의 끊음을 생각할 수가 있다. 백 4의 단수에서 8까지 쌍방이 세력을 구축한다.

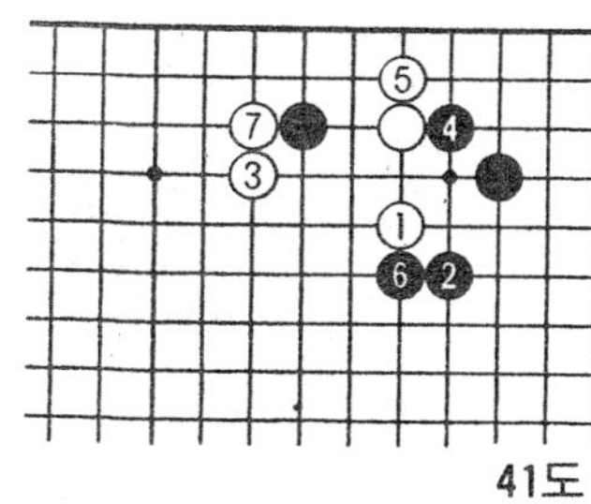

41도

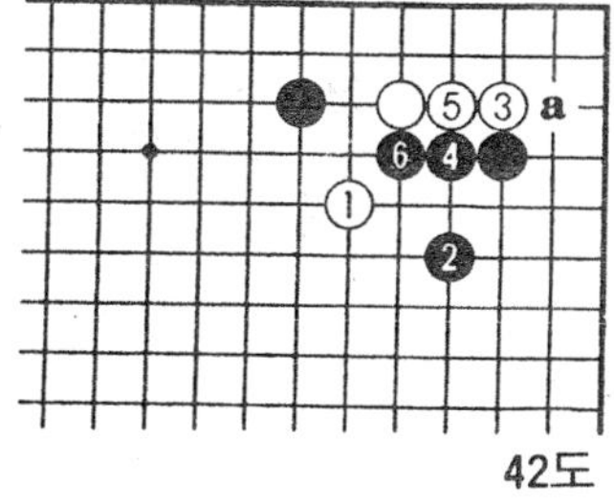

42도

41도 1칸 뜀

백 1의 한 칸 뜀도 상식적이다. 흑 2의 날일자에서 4의 마늘모 다음에 백 7까지 변화가 된 모양이다.

42도 날일자

백 1의 날일자도 있다. 흑 2에서 6까지 정형이다. 흑 4로 a는 백 4로 둔다.

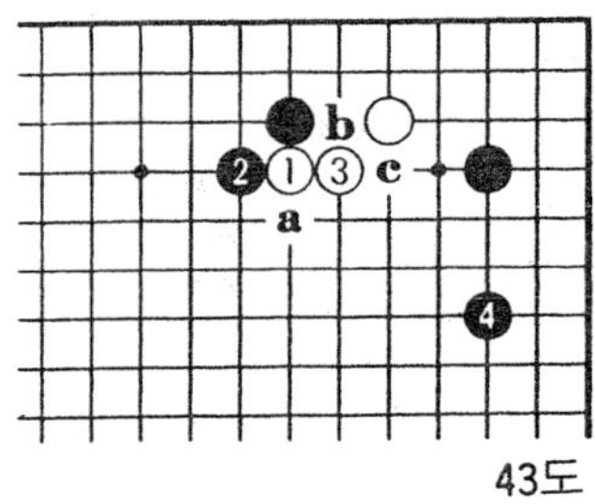

43도

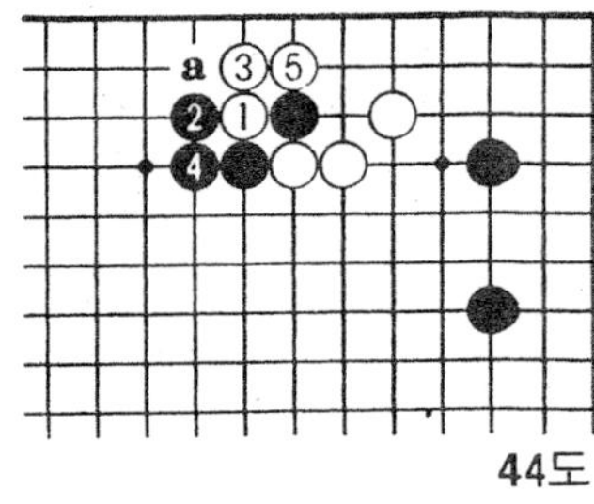

44도

43도 붙임

백 1로 붙이는 수이다. 흑 2에는 백 3 다음에 흑 4까지 정석이다. 백 3으로 a 는 흑b , 백c 의 정석도 있다.

44도 정석

백 1의 끊음에서 흑 2, 4로 한 점을 사석으로 이용하는 것도 좋다. 흑 4의 이음이 좋다.

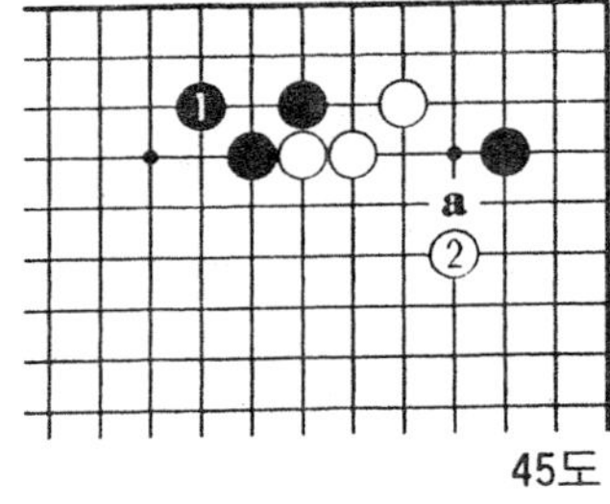

45도

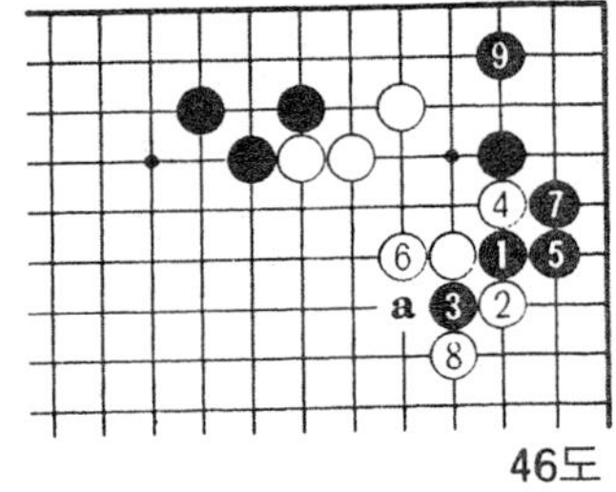

46도

45도 벌려 이음

흑 1의 벌려 이음에서 백 2까지는 정석이다. a 의 날일자는 왼쪽의 세력을 한껏 못 움직이게 한다.

46도 여기에서는 흑 1의 붙임에서 9까지 정석이다.

백은 a 의 때림이 본수이다. 9까지 귀를 지킬 수 있어 만족이다.

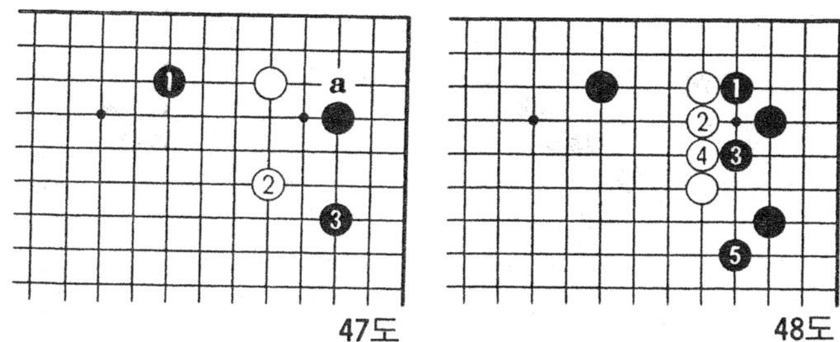

47도 48도

2칸 협공 47도 2칸 뜀

흑1의 2칸 협공은 여유가 있다. 백a나 3·3의 침입은 같은 모양의 하나이다. 변화에 차이가 생긴다.

48도 흑의 공격

전도의 다음 흑에서 1, 3으로 공격하는 것은 상용의 수단이다.

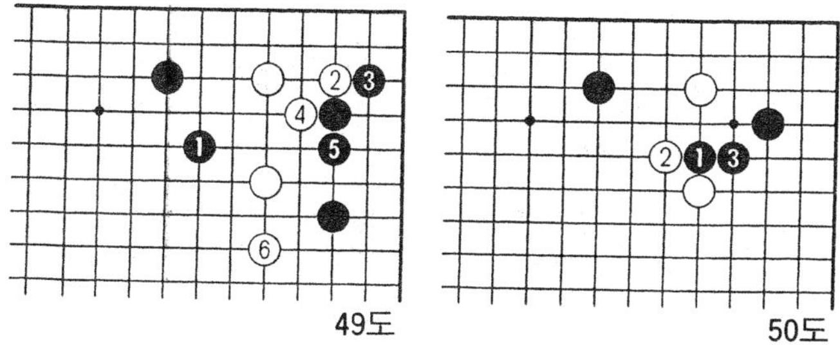

49도 50도

49도 흑1로 공격하는 모양도 있다. 백2, 4로 옮은 모양이 아닐 수 없다.

50도 붙여 늘음

백의 2칸 뜀에 대하여 흑1, 3의 수가 있다. 중앙을 지향하는 수단이다.

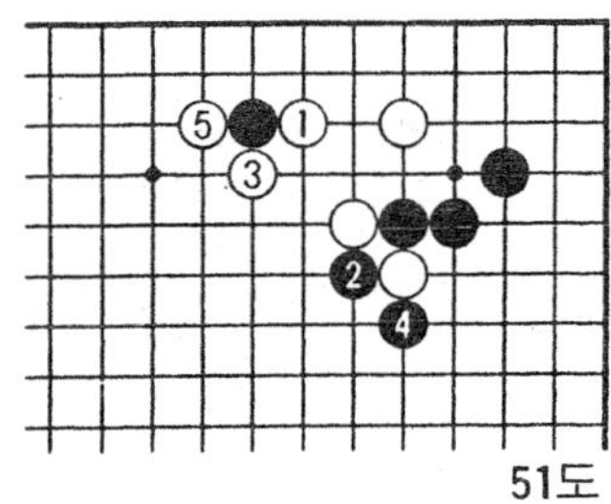
51도

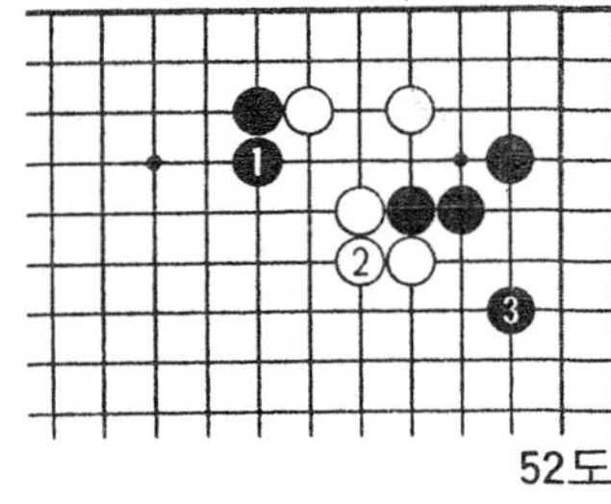
52도

51도 정석

전도의 다음의 변화이다. 백 1이 맥이다. 흑 2, 4의 끊음에서 5까지 정석이다.

52도 변화

전형을 겸하여 흑 1의 올라섬은 백 2의 이음이다. 중앙이 두텁다. 흑 3까지 일장일단이 있다.

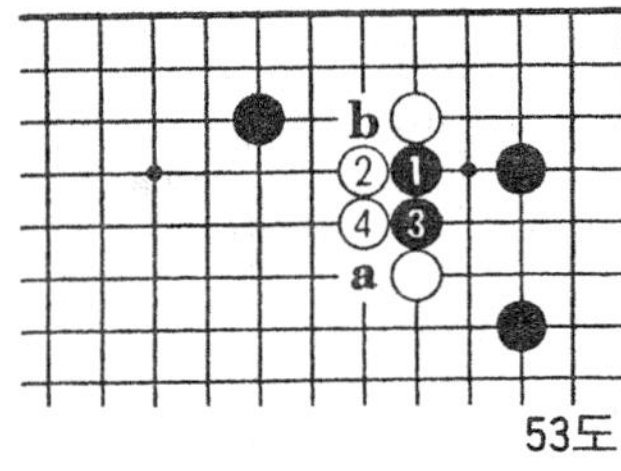

53도

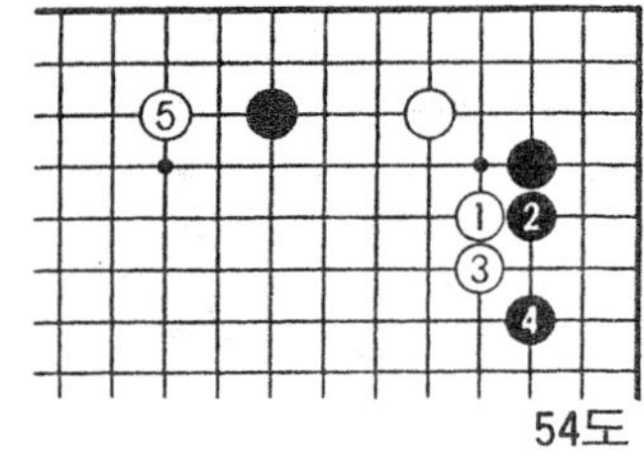
54도

53도 속수

2칸 뻗음에 대하여 흑 1, 3에는 백 4가 두터운 수이다. 흑a, b 의 끊음에 불안이 남는다. 흑 3으로 4의 곳을 젖히면 백3의 끊음으로 전투이다.

54도 씌움

백 1의 씌움은 2칸 협공의 모양에서 자주 나타난다. 흑 4에서 백 5까지 상용의 수단이다.

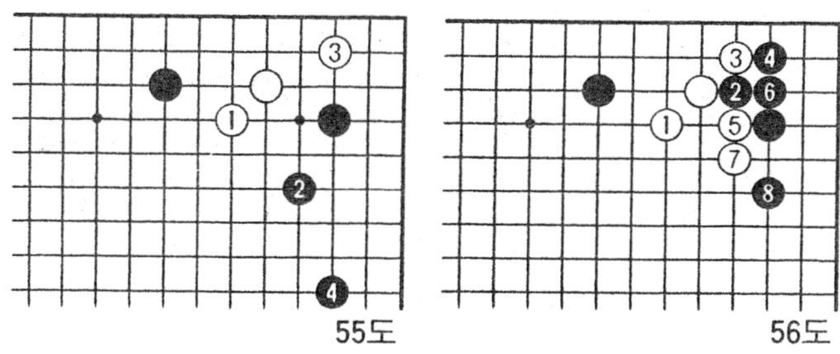

55도 마늘모

백 1의 마늘모도 있다. 흑 2의 날일자에서 3의 곳 미끄러짐까지 근거를 얻는다.

56도 마늘모 붙임

백 1에 대하여 흑 2의 마늘모 붙임에서 백의 미끄러짐을 방해한다. 백 3의 젖힘에서 7의 곳 뻗음까지이다.

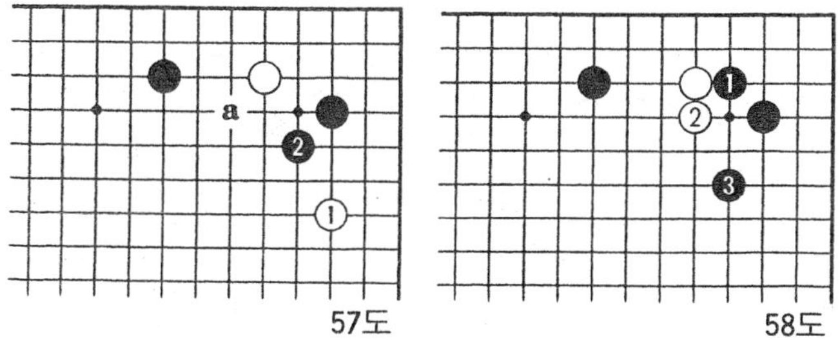

57도 협공

백 1로 반발하는 정석도 있다. 흑 2의 마늘모가 보통이다. 백이 하변에 향하는 것은 흑a 이다.

58도 손뺌

백이 손을 빼면 흑 1에서 3의 날일자까지이다. 이것이 공격 수단이다. 흑 1로는 2의 곳 붙임도 있다.

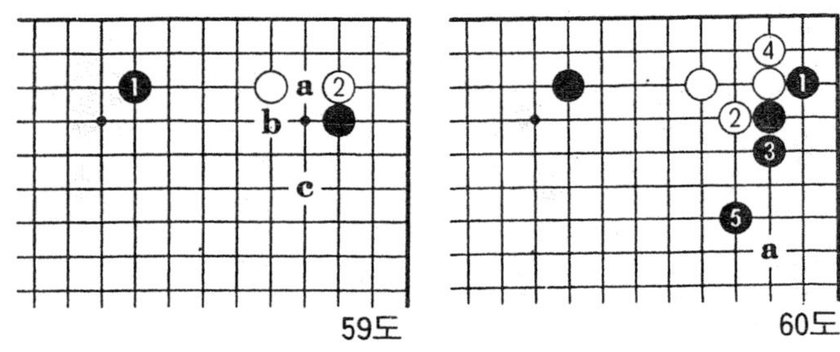

59도 60도

3칸 협공　59도 백의 붙임

흑 1의 3칸 협공도 백의 벌림을 제어하는 수이다.

넓은 곳이다. 손을 빼면 a의 곳 붙임에 백b, 다음에 흑c의 공격이 상용 수단이다.

60도 정석

흑 1의 젖힘에서 5까지도 정석이다. 흑 5로는 a의 곳 2칸도 있다.

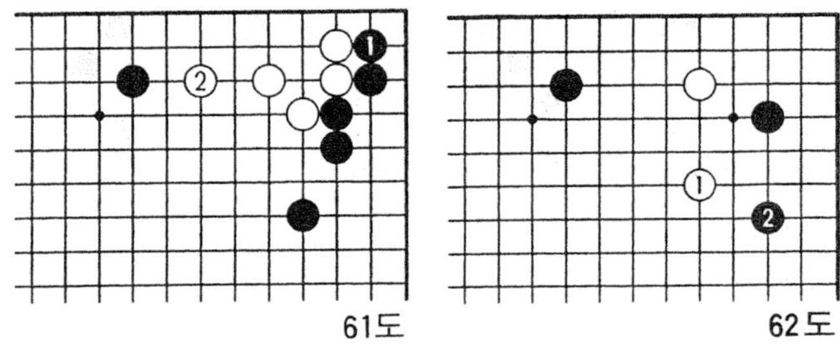

61도 62도

61도 근거의 여지

흑 1의 내려섬에는 백 2로 둘 여지가 있다. 흑 1로 2의 곳을 두면 백은 1의 곳을 둔다.

62도 2칸 뜀

백 1로 2칸 뛰는 수이다. 흑도 2의 곳을 벌린다.

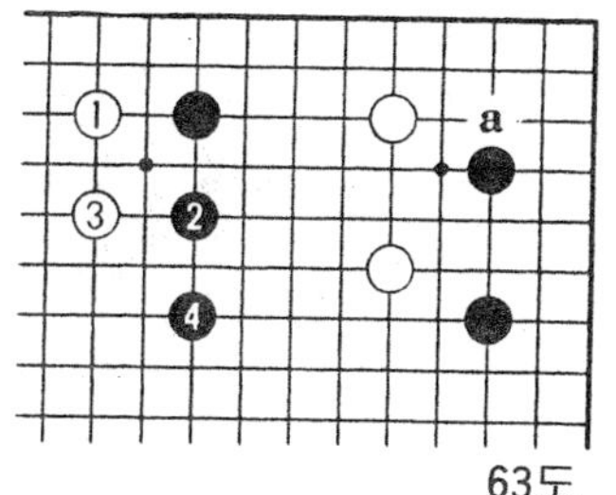

63도

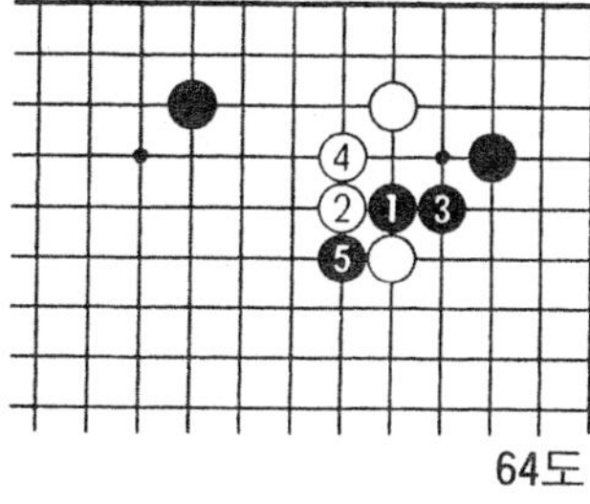
64도

63도 전투

2칸 뛴 후의 변화이다. 백 1, 3에서 외부의 공격에는 흑도 2, 4가 상용의 수단이다.

64도 붙여 끊음

백의 2칸 뜀에는 흑 1에서 5의 곳 끊음이 남는다. 수단의 하나이다.

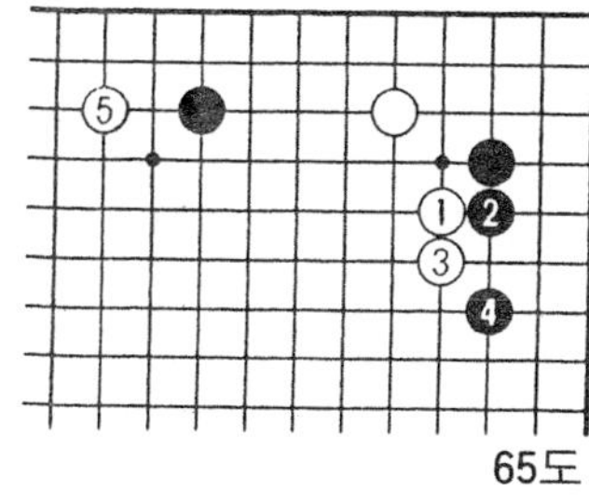
65도

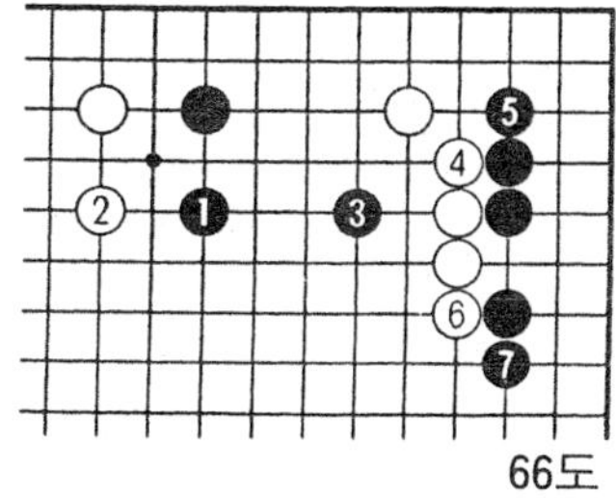
66도

65도 씌움

백 1의 씌움에는 흑 2로 아래쪽의 받음이다. 백이 두터운 모양이다. 이 흑을 공격하여 두터움을 쌓는다.

66도 상용의 공격

흑 1로 나가면 다음 3까지이다. 백 4에는 흑 5까지 상용의 수단이다.

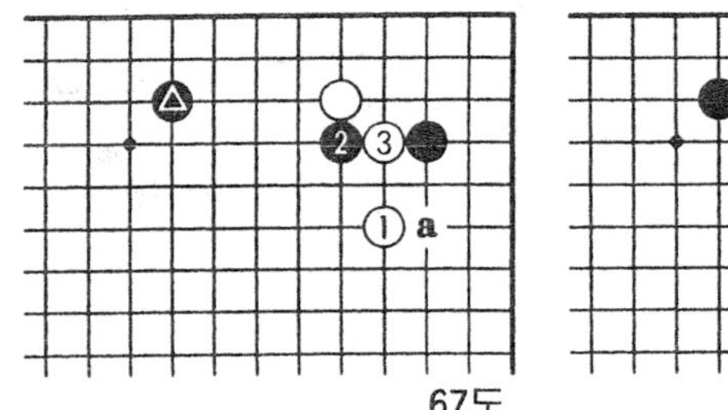

67도 68도

67도 대사의 씌움

백 1의 대사 씌움은 외목 정석에서 나타나는 모양이다. 흑 ▲의 3칸 협공에서 성립하는 모양이다.

68도 정석

흑 1의 단수에서 11까지는 정석이다.
외목 정석을 참고하기 바란다.

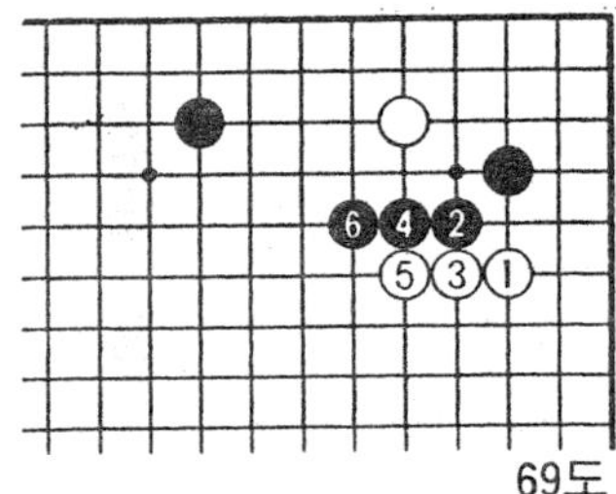

69도

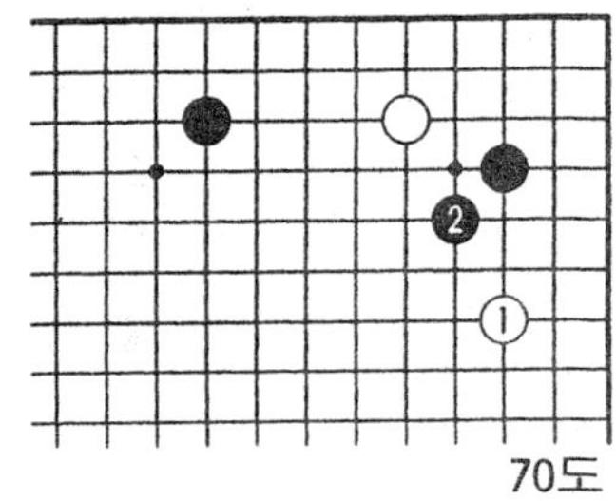

70도

69도 협공

백 1의 협공은 3칸 협공에서도 있는 모양이다. 흑 2의 마늘모에서 백 3 이하의 누름으로 두터운 모양이다.

70도 2칸

백 1의 2칸 협공도 있다. 흑 2의 마늘모가 상식적인 응수이다.

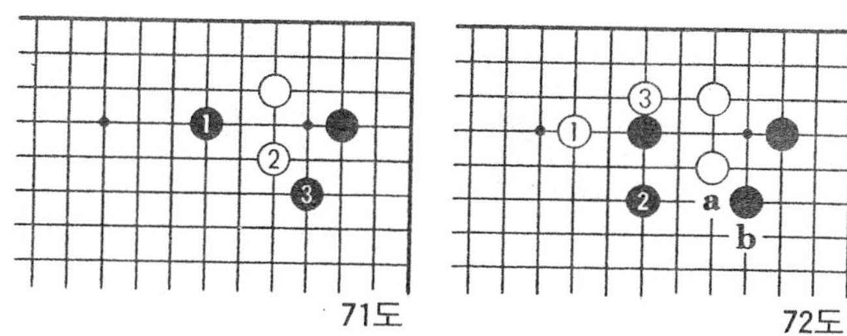

71도

72도

한 칸 높은 협공　71도 협공

흑 1의 한 칸 높은 협공은 협공 가운데 가장 많이 나타나는 모양이다.

백 2의 한 칸 뜀에는 흑 3의 날일자 공격이다.

72도 백의 연락

여기에서 백 1은 흑 2에서 3의 곳 붙임까지이다. 흑a의 누름이 두텁다. 백 1로 a의 곳 누름은 속맥이다. 흑b로 뻗어 나쁘다.

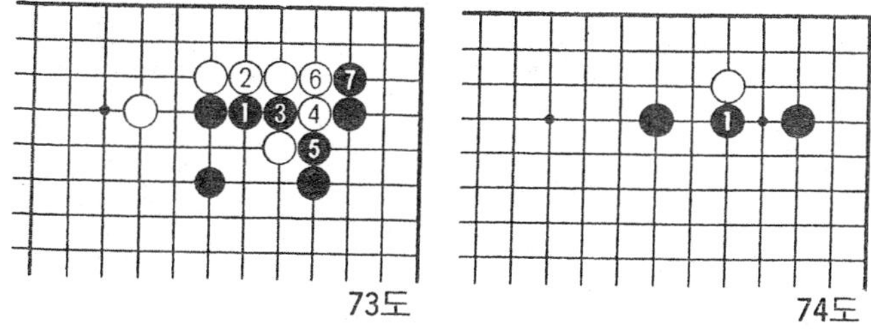

73도

74도

73도 백의 단단함

흑 1, 3으로 분단함이다. 백 2 이하의 응수이다.

74도 붙임

협공에 대하여 손을 빼면 흑 1의 붙임이 있다. 여기에서 백이 곤란하다.

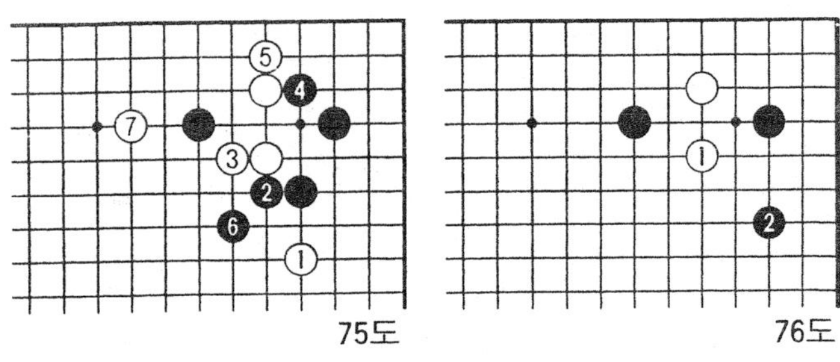

75도 조화

백 1의 다가섬이다. 흑 2에는 3이 맥이다. 백 1의 한 점은 흑벽에 가까이한 결과이다. 백 7까지이다.

76도 2칸 뜀

백 1의 뜀에 흑 2의 2칸 뜀은 아래쪽과 관계가 있는 수이다.

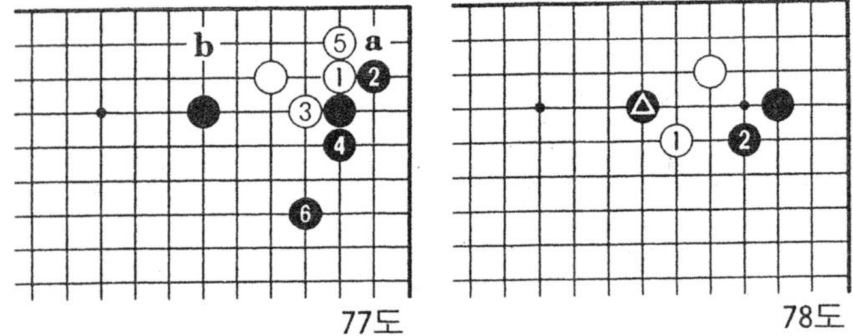

77도 붙임

백 1에서의 변화이다. 이 모양에서는 흑 6 다음 흑이 a의 곳을 막으면 백은 b의 곳 달림이 있다.

78도 날일자 나감

백 1의 날일자도 정석이다. 한 칸을 뜀으로 흑 ▲에 가까워진다. 흑 2의 마늘모가 견실하다.

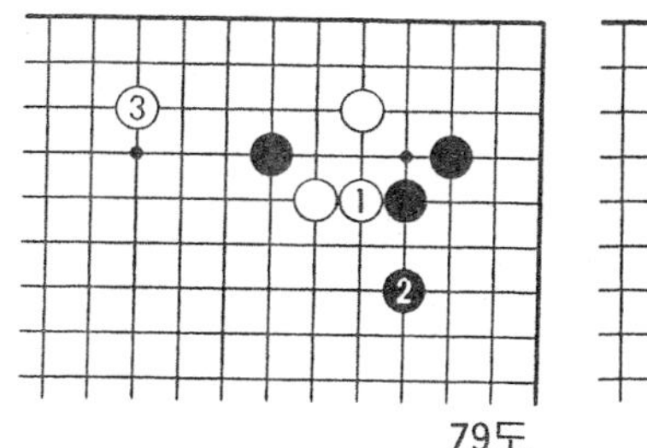
79도

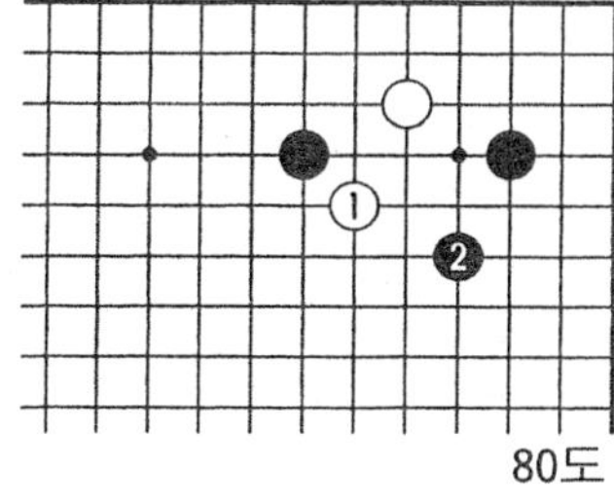
80도

79도 정형

여기에서 백 1은 흑 2가 보통이다. 백은 3의 곳을 다가선다.

80도 날일자

백 1에는 흑도 2의 날일자가 모양이다.

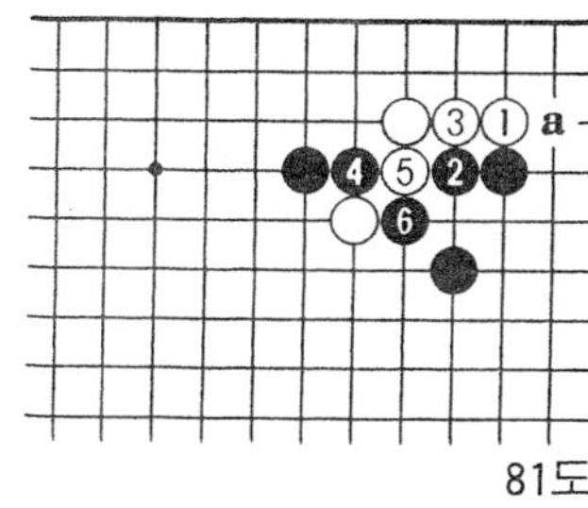

81도

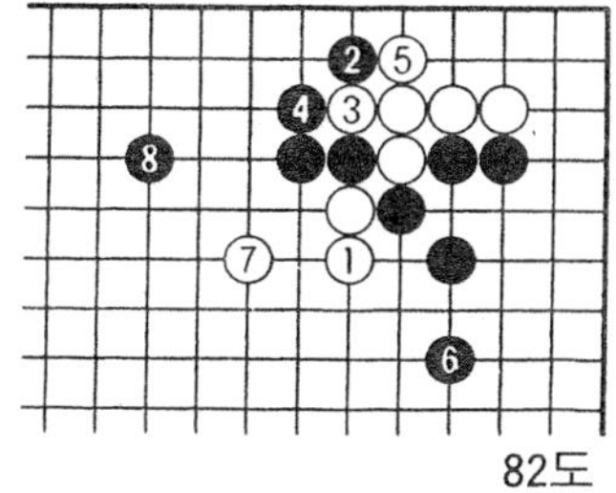
82도

81도 정석

1로 두는 것은 대표적인 변화이다. 흑 2, 4의 분단이 강수이다.

82도 여기에서 백 1의 뻗음이다. 흑 2에는 백 3, 5로 귀에서 산다. 흑 6의 뜀, 백 7까지 전투의 모양이다.

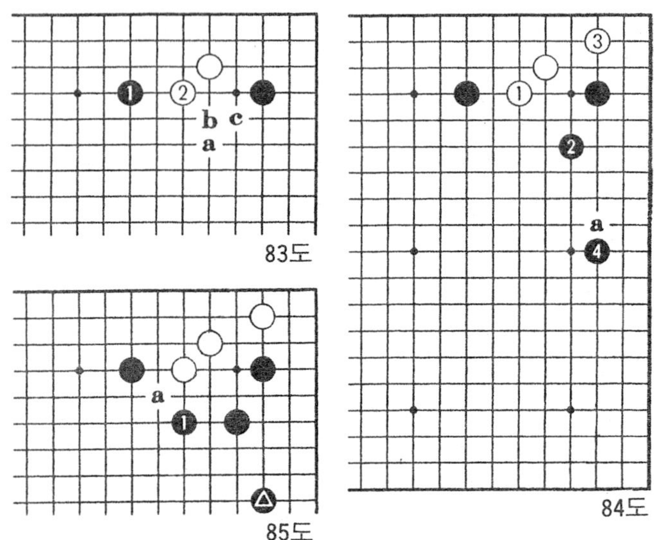

2칸 높은 협공

83도 근대적 수법

흑 1의 2칸 협공은 근대적수법이다. 실전에서 많이 두는 수이다. 백 2의 마늘모로 a의 2칸, b의 1칸, c의 씌움 등이 있다.

84도 기본 정석

백 1에 대하여 흑 2의 날일자, 백 3의 미끄러짐 다음 흑 4이다. a의 곳을 벌리면 기본 정석이다.

85도 좋은 점

전도의 다음 흑 1은 좋은 점이다. 흑 ▲가 넓은 곳이어서 좋다. 흑 1에 백은 a의 곳에 나간다.

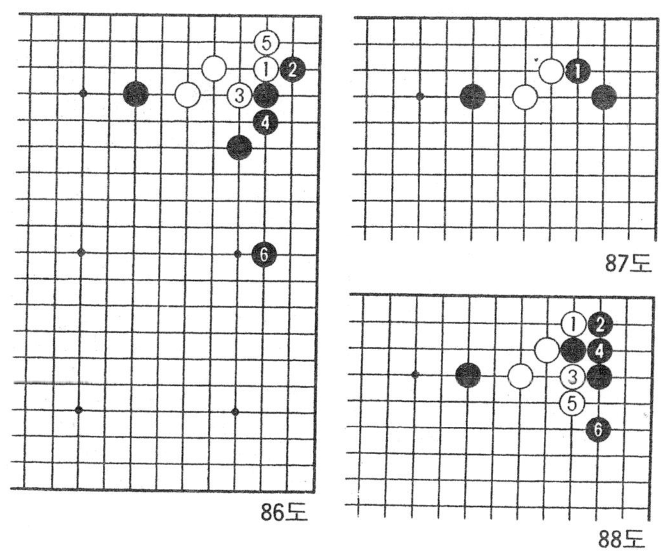

86도 견고함

백 1에 두는 것은 견고한 모양이다. 흑 2의 젖힘에 백 3, 귀의 상용적인 변화이다. 흑 6의 벌림까지 일단락이다. 흑 4로 5의 젖힘은 백 4로 둔다.

87도 마늘모 붙임

2칸 협공의 모양과 같다. 백의 미끄러짐을 방지하려면 흑 1이다.

88도 동형

백 1의 젖힘에서 5의 뻗음까지 백은 충분하다. 흑 6으로 귀의 실리가 크다.

변의 발전은 84도를 택한다.

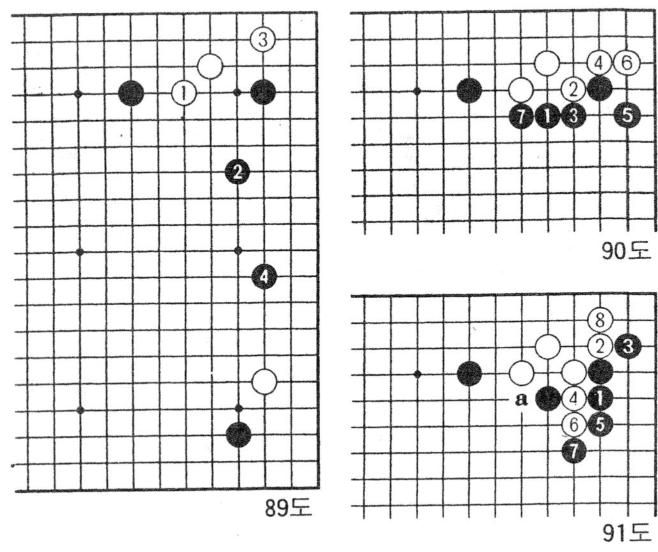

90도

89도

91도

89도 눈목자

백 1의 마늘모는 눈목자에 대한 기략이 풍부한 수이다. 넓은 만큼 엷다. 흑 4까지 벌린다. 정석도 전국적 관점에서 선택을 하여야 한다.

90도 차단

흑 1로 두는 것은 백의 급소의 다가섬이다. 백 2에는 흑 3으로 누른다. 백 4, 6으로 충분하다. 흑도 7까지 두텁다.

91도 정석

흑 1로 변화를 한 정석이다. 백 2의 젖힘에 흑 3, 5, 7로 조화있는 모양이다. 흑 3으로 4는 백 3, 흑a 이다. 또한 흑 5로 6의 누름은 백 5의 끊음이 있다.

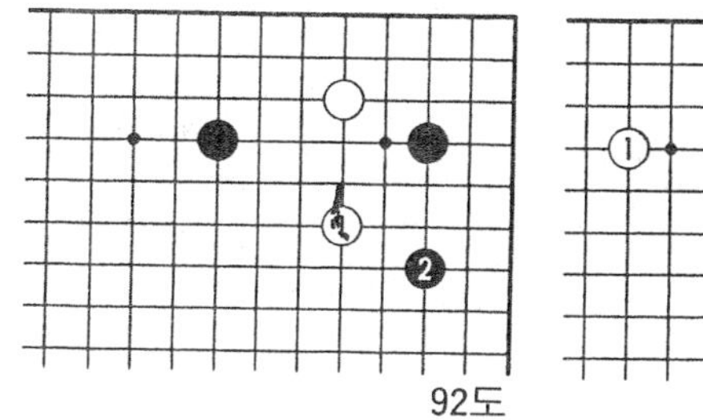

92도

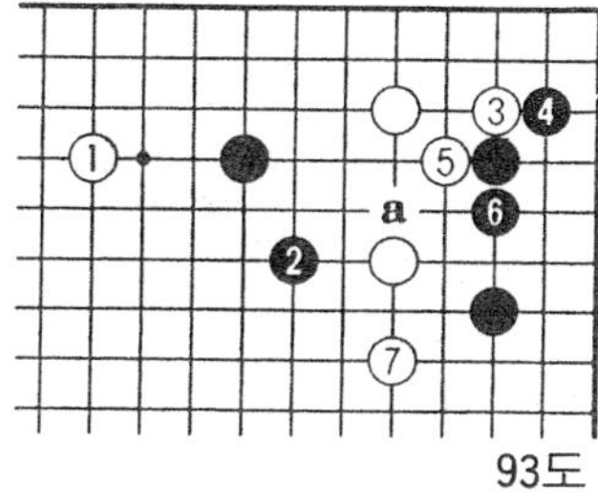

93도

92도 2칸 뜀

백 1의 2칸 뜀은 넓은 공격의 특유한 모양이다. 2칸 받음이 보통이다.

93도 공격 방법

백 1의 측면에서 공격하는 모양이다. 흑 2는 a 의 붙여 뻗음의 정석이다. 백은 3, 5까지에서 7까지로 전투이다.

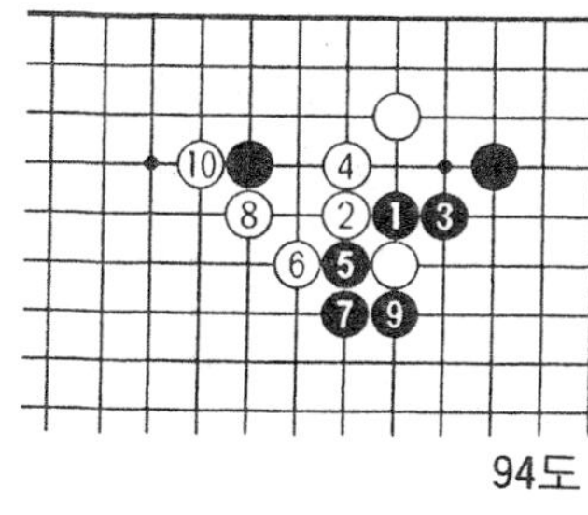

94도

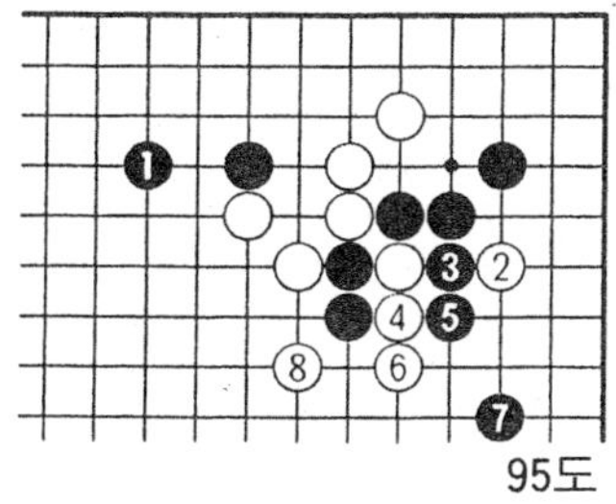

95도

94도 붙여 뻗음

흑 1, 3의 붙여 뻗음도 정석이다. 이 모양에서 8, 10이 좋은 모양이다. 서로가 두텁다.

95도 변화

흑 1에는 백 2가 교묘하다. 3, 5를 유혹하여 8까지 2점을 잡아 백이 두터운 모양이다. 흑도 불만이 없다.

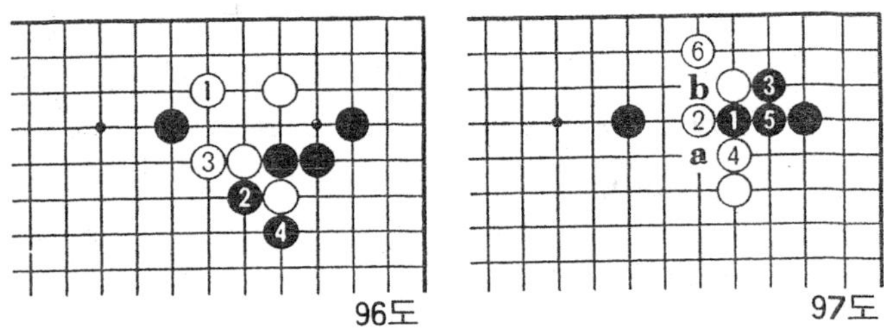

96도 뜀

앞에서 나온 2도에서 백 1의 모양도 있다. 흑 2의 끊음은 당연하다. 백 3으로 되어 위쪽 백은 세력을 쌓는다.

97도 변화

2칸 뜀에 대하여 흑 1, 3의 누르는 수를 생각할 수가 있다. 백 4의 단수에는 흑 5, 백 6 다음 흑은 a 의 곳을 끊는 수가 있다. 백이 a 의 곳을 두면 b 의 곳을 끊는다.

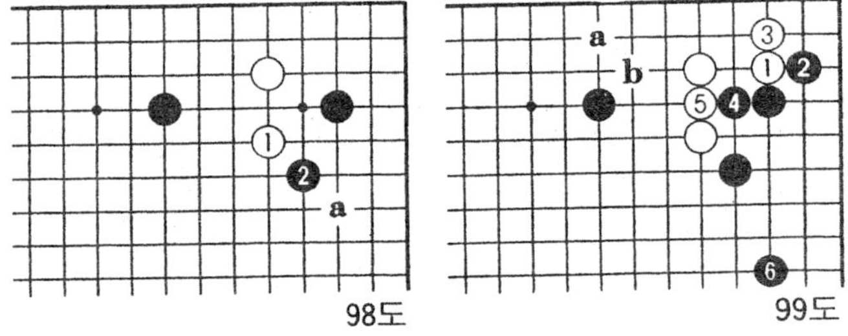

98도 1칸 뜀

백 1의 한 칸 뜀이 있다. 흑 2의 날일자, a 의 곳을 응수하는 수도 있다.

99도 정형

백 1의 붙임에는 흑 2, 4로 모양을 갖춘다. 흑 6까지이다. 백a 의 미끄러짐을 막는 흑b 의 공격은 급소이다.

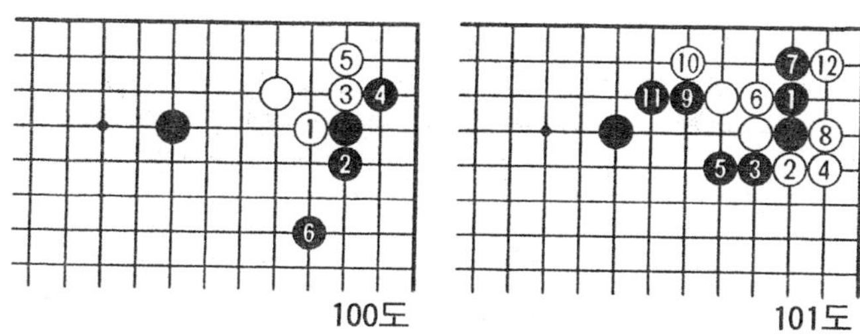

100도　　　101도

100도 모양

백 1, 3에서 흑 6까지 결과는 다른 협공이다. 최근에는 이 수순으로 둔다. 백 3, 흑 4이다. 백 1로는 흑 5의 곳 단수가 있다.

101도 저항

흑 1의 뻗음에는 백 2의 내려섬, 흑 3의 끊음에 백 4 이하 불만이 없다.

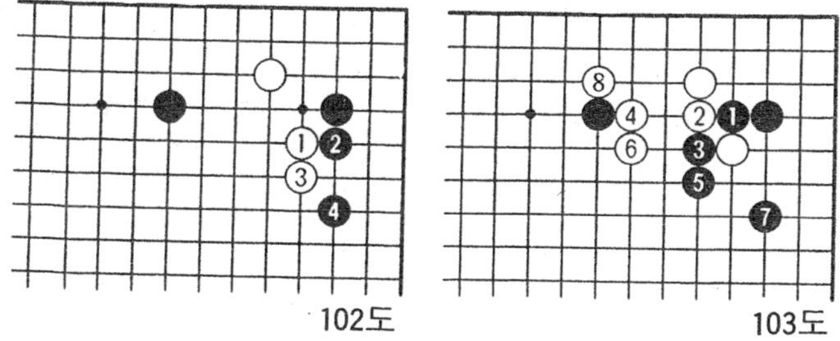

102도　　　103도

102도 씌움

백 1의 씌움에는 흑 2, 4로 정형이다. 이 모양에서 성립한다.

103도 변화

흑 1, 3에는 백 4가 맥이다.

흑 5에서 8의 젖힘까지가 호각이다.

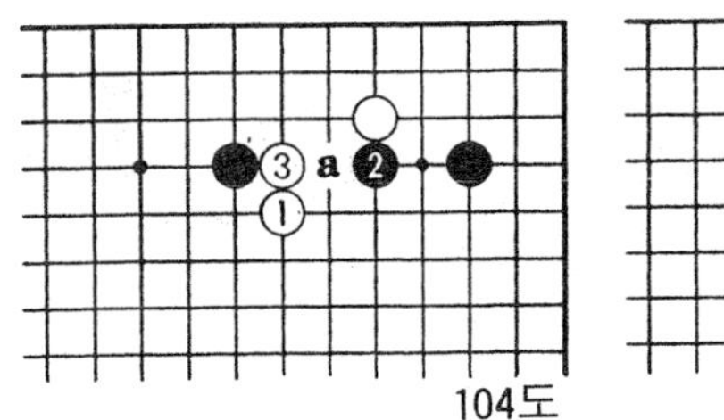

104도

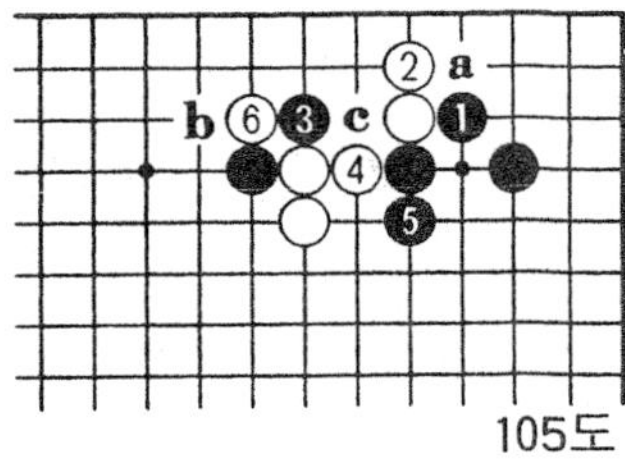

105도

104도 발전자

백 1의 발전자에 두는 수가 있다. 흑 2가 정착이다. a 의 곳을 두는 수도 있다.

105도 정석

흑 1로 귀를 누르는 것은 백 2, 4가 수순이다. 백 6의 끊음 다음에 흑a 의 지킴은 백b 가 두텁다. 흑 5로 c 는 백 5의 단수가 있다.

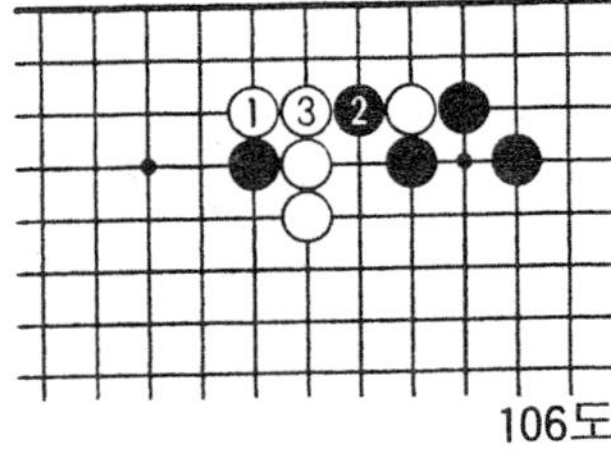

106도

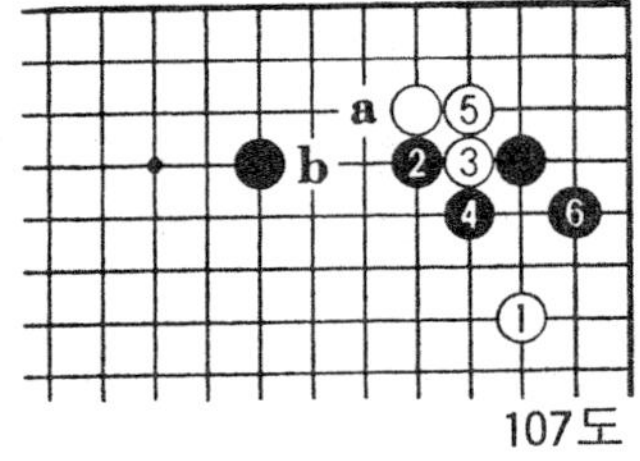

107도

106도 두텁다.

백 1에는 흑 2로 백 1점을 사석으로 이용하는 것은 흑의 실리가 크다.

107도 협공

백 1의 방향에서는 반발하는 수가 있다.

흑 2 이하 6까지 두텁다. 백a 나 b 의 곳을 붙여 백의 실리와 흑의 두터움의 갈림이다.

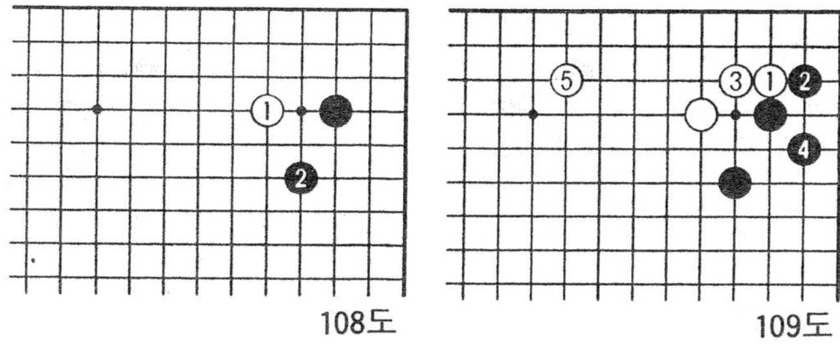

108도　　　109도

〔3〕한 칸 높은 협공

날일자 걸침과 같은 모양이다. 실전에서 많이 쓰는 한 칸 높은 걸침이다. 높은 위치이므로 세력을 중시한다

날일자　108도 온건한 수

백 1의 걸침에는 흑 2의 날일자이다. 변에의 발전을 지향하는 온건한 수이다.

109도 정석

여기에서는 백 1의 붙여 뻗음에서 5까지 정석의 하나이다. 흑은 견실한 모양이다. 백의 고목에 흑이 소목에서 생긴 모양이다.

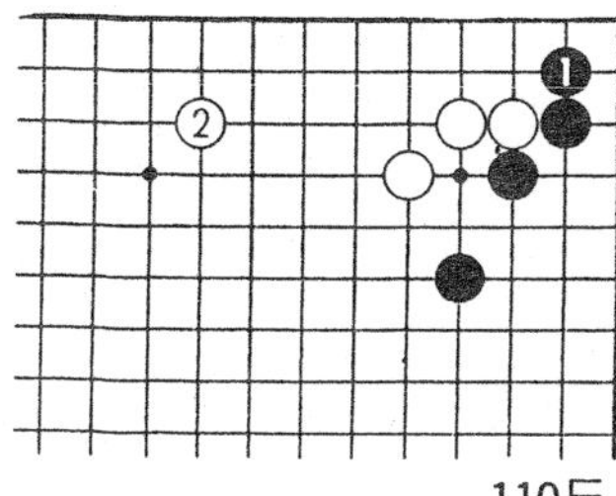

110도

110도 집모양

흑 1에 뻗으면 약간 엷은 모양이 된다. 일장일단이 있는 곳이다.

흑 1에 대해 백은 2로 껑충 뛰었다.

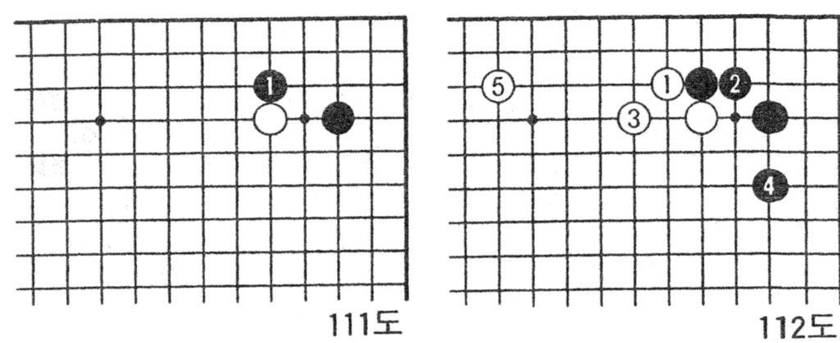
111도 112도

아래쪽 붙임 111도 집을 얻음

흑 1의 아래쪽 붙임이 소목의 특징이다. 상식적인 수이다. 귀를 확실하게 지킨다.

112도 정석

백 1의 막음에는 이하 5까지 정석이다. 흑은 귀에서 집을 얻는다.

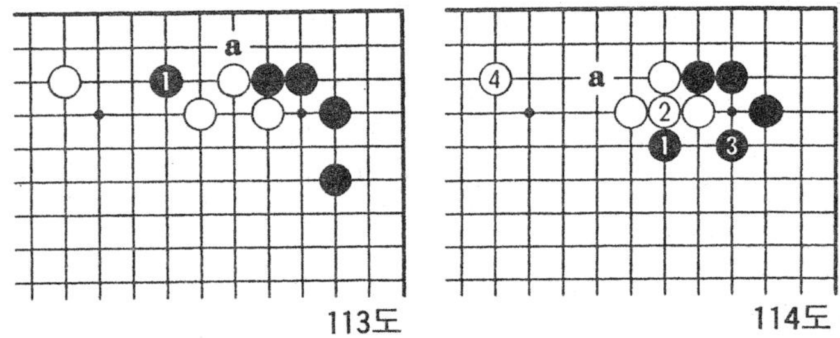

113도 114도

113도 침입

이 정석은 흑 1의 침입이 있다. a 의 건너감과 분단을 엿보는 수이다.

114도 아래쪽에 세력

흑 1에서 3은 아래쪽에 위력이 생긴다. 이것은 a 의 노림이 없어진다. 옛정석이다.

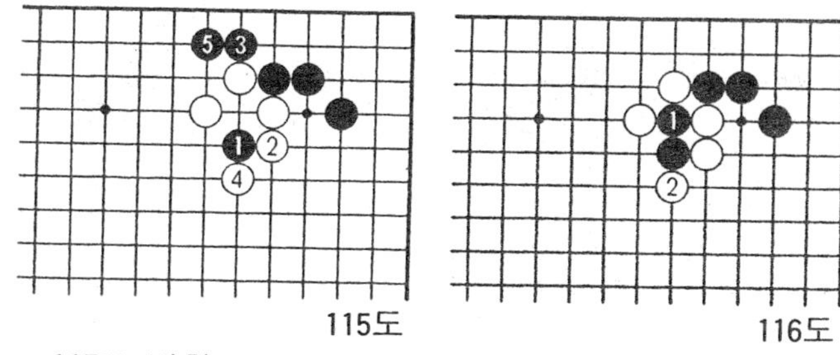
115도 116도

115도 변화

흑 1의 엿봄에는 백 2의 응수가 있다. 흑 3의 아래쪽 젖힘에서 5까지 실리가 크다.

116도 축

여기에서 흑 1의 끊음은 백 2로 축이다. 축이 나쁘다면 백은 주의를 요한다.

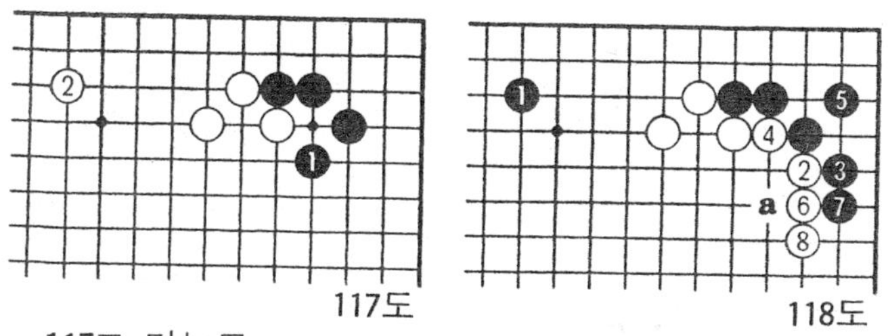
117도 118도

117도 마늘모

단순히 흑 1의 마늘모도 있다. 백은 2의 곳을 벌려 나간다.

118도 변화

흑 1로 측면에서 압박을 하는 수단도 당연하다. 백은 a의 곳 날일자 대신 2의 곳을 누르면 8까지 백이 두터운 모양이다.

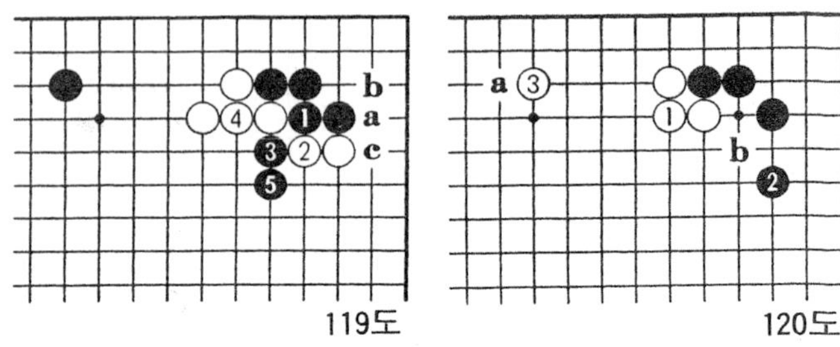

119도 전투

전도의 아래쪽 받음에서 흑 1, 3으로 나가끊음의 수가 있다. 백 4에 흑 5로 뻗으면 전투이다.

120도 정석

백 1이 견실한 수이다. 흑 2에는 백 3까지이다. 이모양에서 흑 2로는 b의 마늘모도 있다.

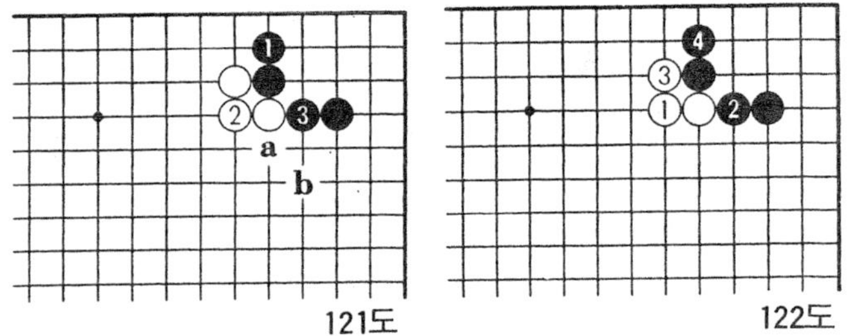

121도 실리의 변화

흑 1로 받음은 실리를 점한 수이다. 백 2에는 흑 3이 보통이다. 백 2로 a, 흑 3으로 b도 많다.

122도 변화

백 1의 이음에는 흑 2, 4도 같은 모양이다.

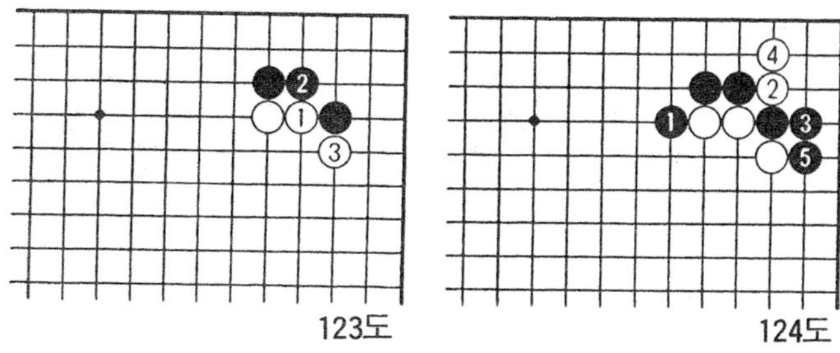

모양(대사백변) 123도 단수

흑의 아래쪽 붙임에 대하여 1로 누르는 모양이다. '대사백변'의 모양이나. 변화가 복잡하다.

124도 작은 눈사태

흑 1은 작은 눈사태 모양이다. 축과 관계가 있다. 백 2의 끊음에서 5까지이다.

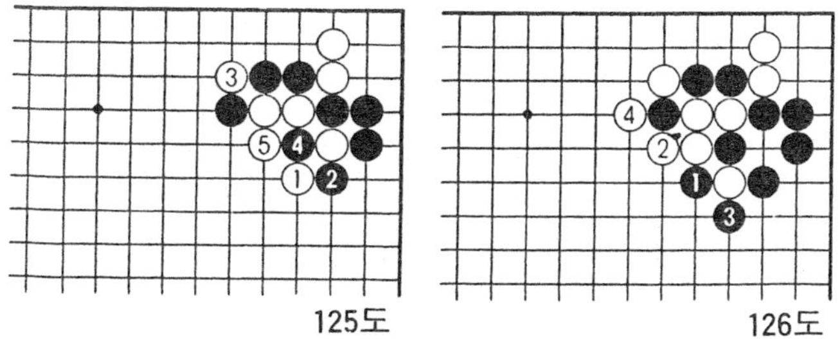

125도 백 1의 벌림에서 3까지는 수순이다. 5로 2점을 잡는다.

126도 정석

흑 1, 3에서 백 4까지이다. 이것은 일단락이다. 백 4까지 되어 엷다.

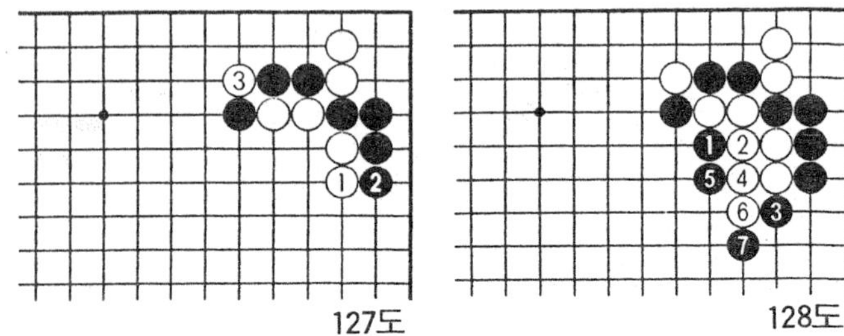
127도 128도

127도 축관계

눈사태에서는 축관계가 고려가 된다. 124도 다음에 백 1의 뻗음은 흑 2가 절대이다. 백 3의 끊음에서 큰 변화가 일어난다.

128도 흑 1의 단수에서 3까지 축이다. 축이 성립되지 않는다면 흑이 크게 불리하다.

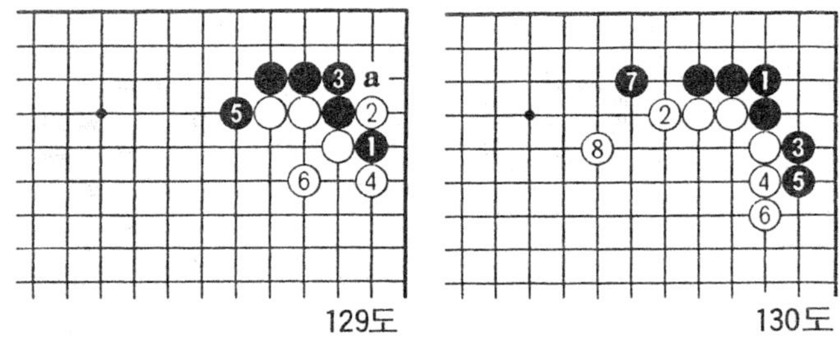

129도 130도

129도 백이 두텁다

흑 1의 2단 젖힘의 모양이다. 백 2, 4가 침착한 수이다. 백이 두터운 모양이다. a 의 곳은 단수하지 않는다.

130도 흐름

흑 1로 이음도 정석이다. 백 2의 뻗음 이하 중앙이 두터워 흑의 실리가 상당하다. 8의 날일자는 모양이다.

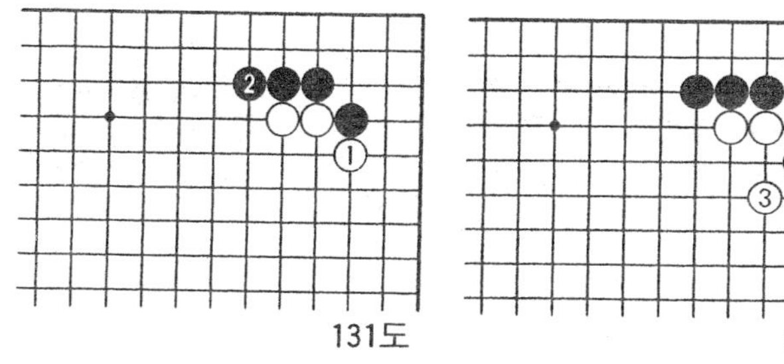
131도　　132도

131도 뻗음

백 1에는 흑 2의 뻗음도 있다. 이것도 변화가 많은 곳이다.

132도 간명하다

여기에서는 백 1이 알기 쉽다. 흑 2의 이음, 다음 백 3까지이다.

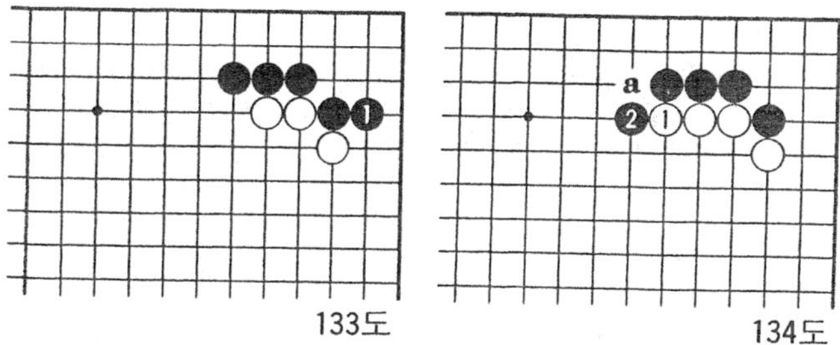

133도　　134도

133도 손뺌

포석이라면 131도 다음에 다른 큰 곳에 가는 경우가 많다. 흑에서는 1의 곳을 내려선다.

134도 큰 눈사태

백 1로 두는 것은 난해하다. '큰 눈사태'이다. 흑이 a의 곳을 두는 것은 알기 쉽다. 흑 2는 변화가 복잡하다.

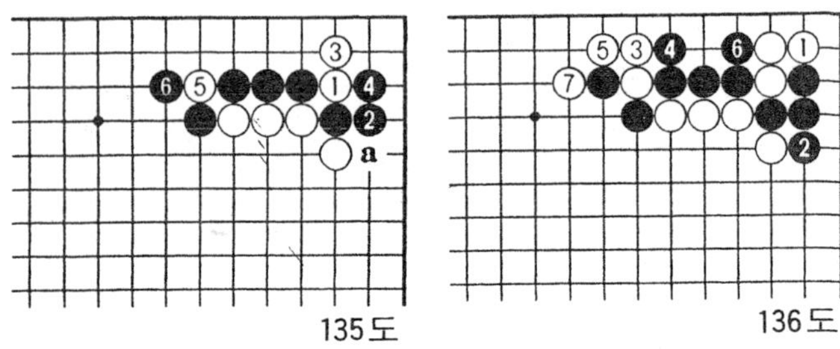

135도　　　　　　　　　　136도

135도 수순

백 1의 끊음에 흑 2, 다음 백 3이 수순이다. 백a 의 누름은 나쁘다. 흑 4로 a 의 곳을 꼬부림은 옛정석이다.

136도 정석

여기에서 백 1의 내려섬이다. 다음 3, 5까지이면 흑 6으로 3점을 잡는다. 백은 7까지 중앙전을 기한다.

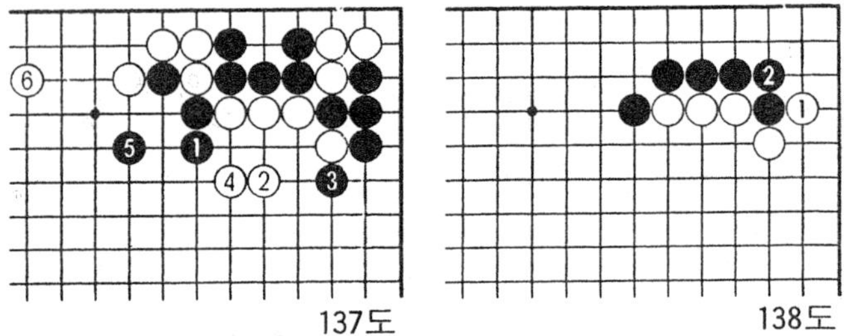

137도　　　　　　　　　　138도

137도 흑 1의 뻗음에서 3, 5는 전투의 모양이다. 주위의 조건을 고려한 눈사태 모양이다.

138도 백의 손해

백 1에는 흑 2의 이음이다. 이것은 백의 모양이 불만이다.

제4장

고목의 정석

〔1〕 고목의 특징

고목은 화점에 비하여 한 칸 변에 가까워진 점이다.

귀에는 a의 곳과 2곳이 있다. 고목의 높은 위치는 세력을 중시한다.

초심자는 난해한 변화이므로 고목 걸침을 피하는 경향이 있다. 그렇게 되면 바둑은 진보되지 않는다.

아직 초보의 단계에 있는 사람이라면 이러한 기본적인 변화에 대해 충분히 이해하고 대응할 수 있도록 하여야 할 것이다.

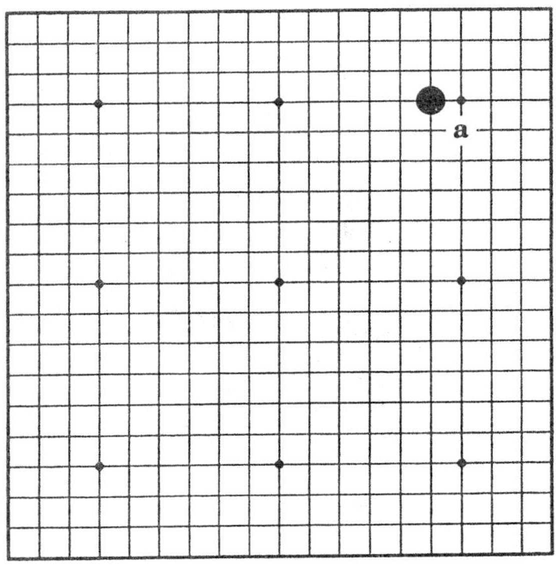

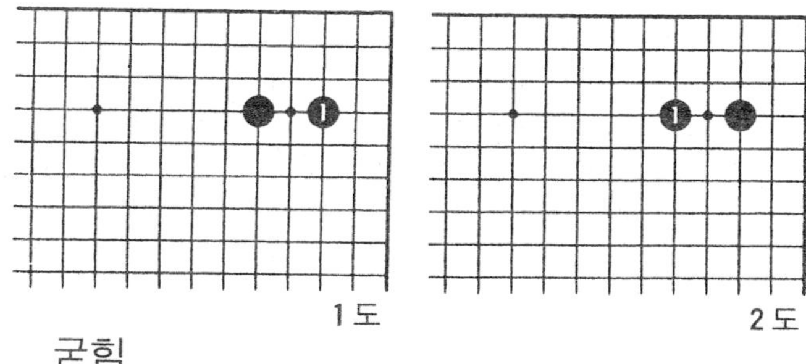

1도 2도

굳힘

1도 고목에서의 굳힘은 흑1의 소목에서의 위치와 같다.

2도 전도는 소목에서 흑1의 한 칸 굳힘이다.

3도 3·3에 지키는 수이다. a의 날일자는 주위의 상황을 고려한 수이다.

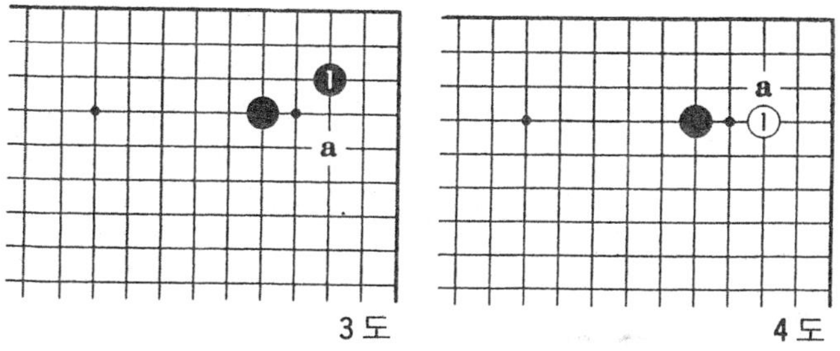

3도 4도

걸치는 방법

4도 고목에서의 걸침은 백1의 소목이다. 이 걸침이 중심이다. 소목 정석보다도 변화가 작다. a의 3·3에 두는 수도 있다. 여기에서 흑이 손을 빼면 소목에서의 높은 걸침이 된다.

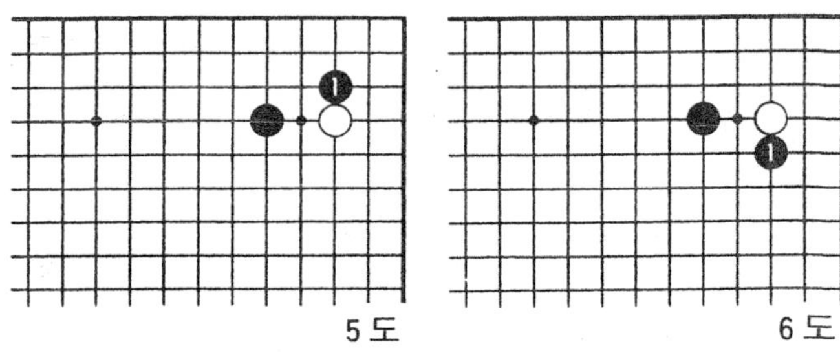

5 도　　6 도

4 곳의 응수

백의 걸침에 대하여 흑은 4 곳의 응수가 있다.

5 도 안쪽 붙임

흑 1 로 3·3 에 두는 수이다. 귀를 점거하는 수단이다.

6 도 바깥 붙임

흑 1 로 바깥쪽 붙임도 있다.

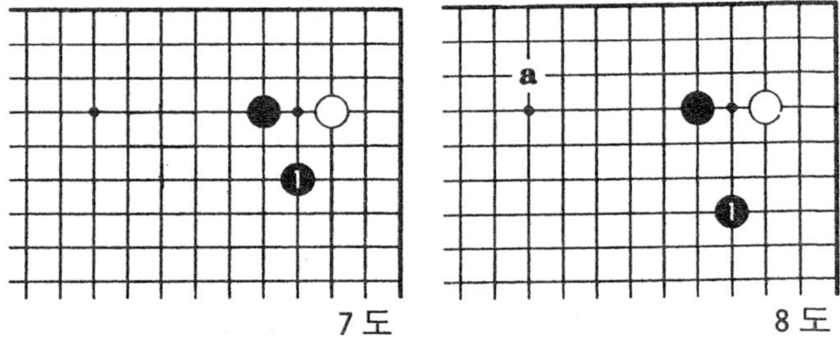

7 도　　8 도

7 도 날일자 씌움

흑 1 의 날일자 씌움이다. 백을 귀쪽에 봉쇄시키는 고목에서의 착수이다.

8 도 흑 1 은 눈목자 씌움이다. a의 변에 전개가 있는 곳이다. 이것은 변칙적인 수단이다.

이 항목에서는 안과 밖의 붙임만 설명하고자 한다.

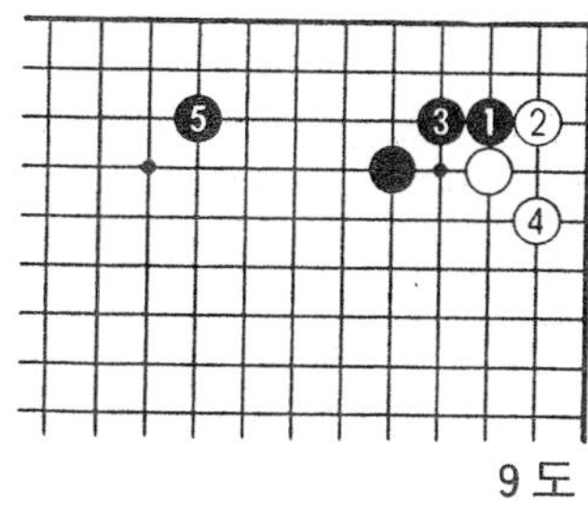
9 도

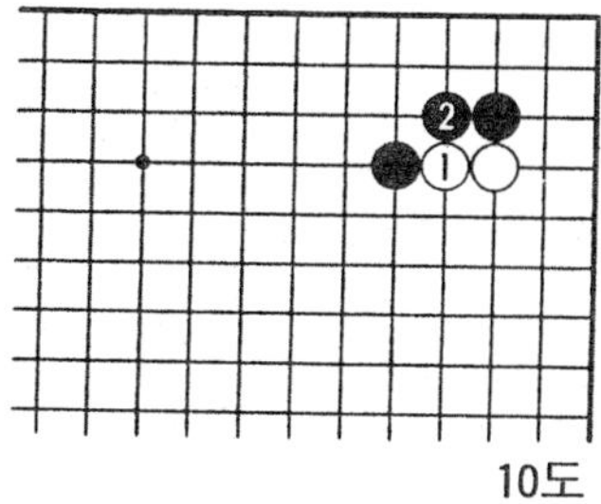
10도

〔2〕 안쪽 붙임

안에서의 정석은 고목에서 집을 주로 하는 정석이다.

9 도 정석

흑 1 의 붙임에 대하여 백 2 의 젖힘은 절대이다. 흑도 3 의 늘음이 한 수이다. 백 4 는 탄력이 있는 수이다. 일견 낮은 자세이나 변에 전개를 하여 일단락이다.

10도 악수

흑의 붙임에 대하여 백이 올라서는 수이다. 흑 2 의 응수로 한 방법이다.

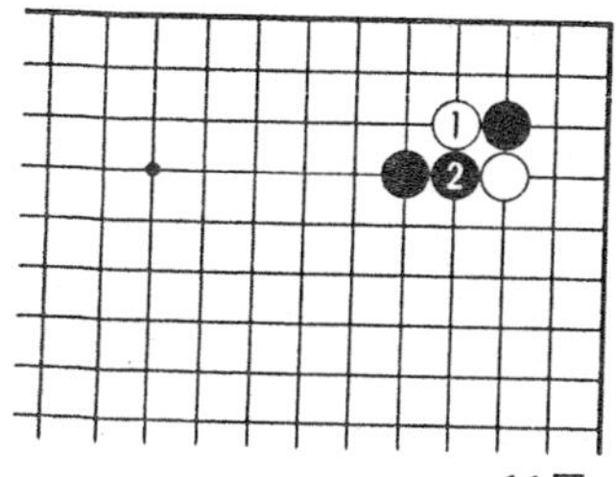
11도

11도 백의 무리

백 1의 젖힘은 무리이다. 흑 2의 끊음으로 백은 싸울 수 없다.

백으로서는 흑의 세력을 무시한 수이다.

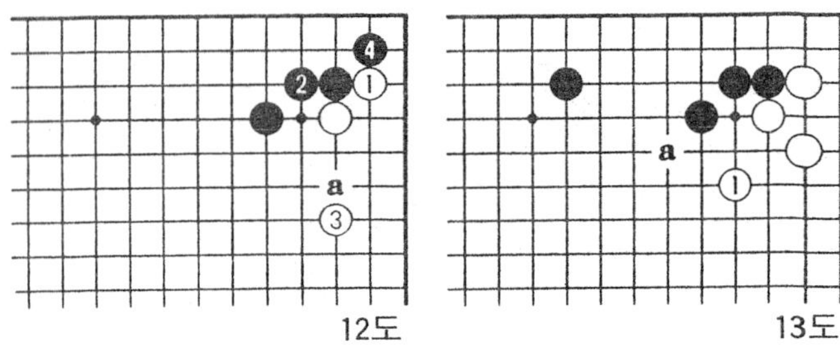

12도　　　　13도

12도 흑 2 에 백 3 이다. a로 두기도 한다. 흑 4 로 눌러 귀에 손해가 크다.

두는 방법

13도 날일자

9 도의 정석 다음에서 일응 완결이 된 수이다. 백 1 의 날일자까지 모양이다. 다음 백이 a에 두는 수가 있다.

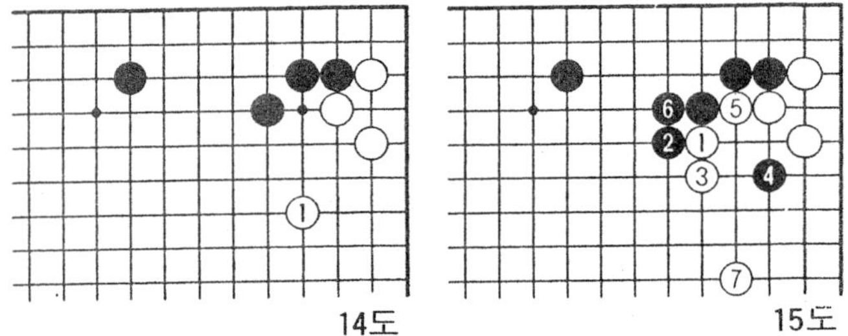

14도　　　　15도

14도 눈목자

백 1 의 눈목자 모양이다.

15도 정석

백 1 도 정석이다. 흑 2 에서 4 가 수순이다. 백 5 에는 흑 6 의 이음까지가 모양이다. 백은 7 의 곳을 벌린다.

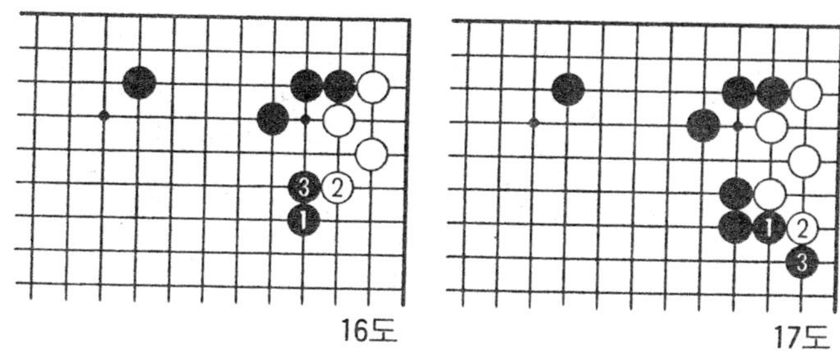

16도　　　　17도

16도 흑이 두텁다

백은 9도에서 방치한 모양이 많다. 흑이 이곳을 둔다면 흑 1의 눈목자가 좋은 점이다. 백 2에는 3이 두텁다.

17도 백이 손을 빼면 흑 1, 3으로 완전히 봉쇄를 당하는 모습이다.

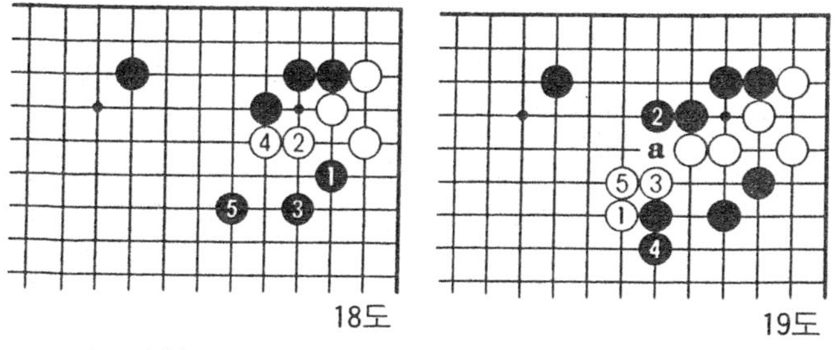

18도　　　　19도

18도 정석

흑 1에 압박을 하는 수가 있다. 이로써 한쪽을 구축하게 된다. 백 2가 보통인데 흑 3, 5의 추격이 있다.

19도 여기까지 된 모양에서는 백 1이 맥점이다. 흑 2에는 백 3, 다음에 5의 이음까지이다. a의 곳의 이음은 모양이 좋지 않다.

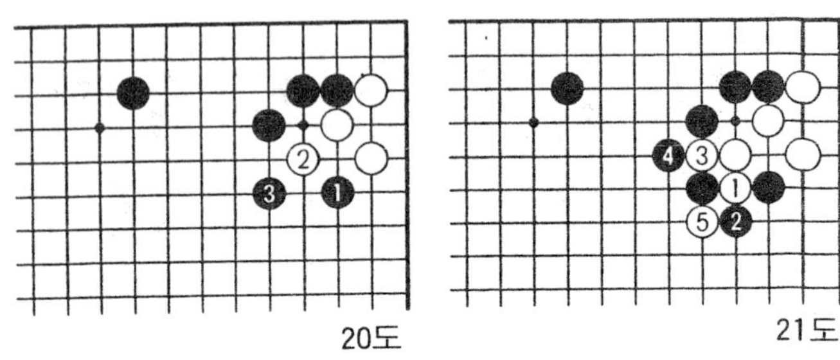

20도 속임수

백 2 로 나갈 때 흑 3 은 대표적인 속임수이다. 여기에 대한 응수를 알고 있지 않으면 안된다.

21도 백 1 의 나감에서 3 으로 중앙을 뚫으면 흑은 4 로 강하게 막는다. 이때 백 5 의 끊음은 악수이다.

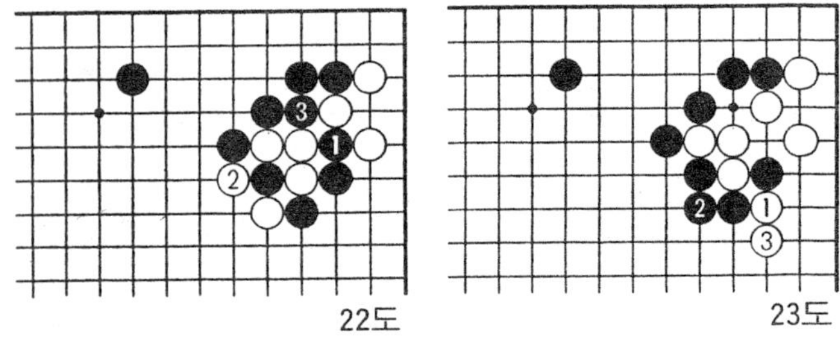

22도 백이 나쁘다

흑 1 로 단수하면 백이 나쁜 모양이다. 백 2 의 때려냄에는 흑 3 의 양단수가 있다.

23도 정착

단수는 급하지가 않다. 백 1 의 끊음이 정착이다. 흑 2 에는 백 3 으로 는다.

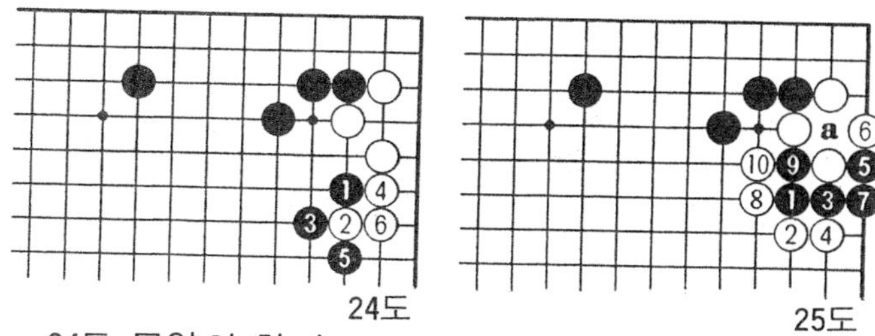

24도　　25도

24도 모양의 한 수

위쪽을 두면 백 2 가 한 수이다. 흑 3 에는 백 4 , 흑 5 , 백 6 까지인데 모양이 낮은 단점이 있다. 여기에서 백 2 로 4 는 2 의 곳을 늘게 되이 벡이 나쁘다.

25도 패

흑 3 으로 내려선 다음에 이하 백 4 에서 10까지 a의 곳을 다투는 패이다. 이것은 백이 즐거운 모양이다.

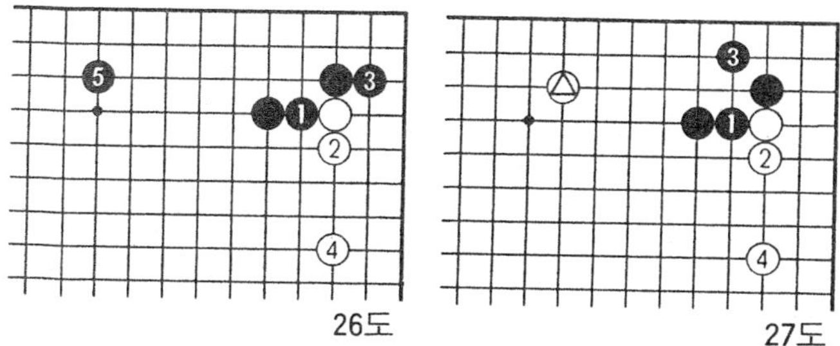

26도　　27도

다가섬의 모양

26도 정석

안쪽 붙임의 변화이다. 흑 1 이 보통의 수이다. 백 2 에서 5 까지 일단락이다.

27도 좌측에 백 ◬ 가 있다면 흑 3 에 벌려 이을 수 밖에 없다. 백 4 로 되어 좋은 모양이다.

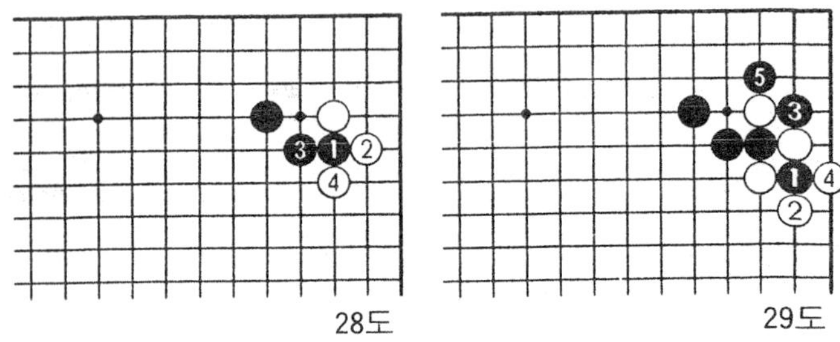

28도　　29도

〔3〕 바깥 붙임의 정석

바깥 붙임의 기본형을 살펴보자

28도 흑 1 로 바깥쪽을 붙이면 백 2 의 젖힘은 절대이다. 이 정석은 축의 조건에 있는 곳이다. 여기에서 흑은 끊는 곳이 2곳이 있다.

바깥쪽 끊음

29도 정석

흑 1 로 끊으면 흑 5 까지 정석이다. 이 수순을 잘 기억해 두기 바란다. 흑의 실리가 커 호각의 갈림이다.

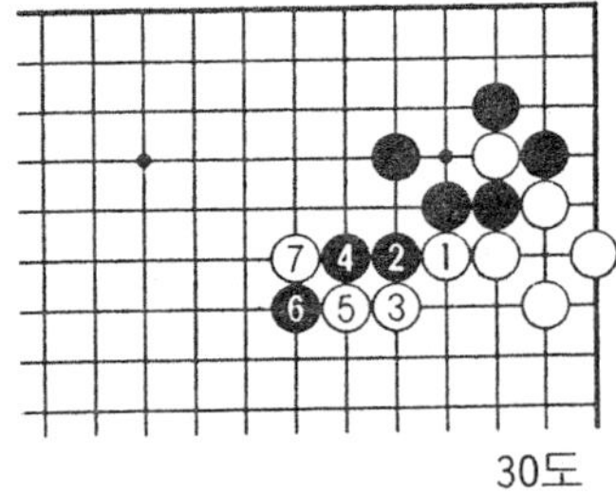

30도

30도 전도의 다음 백 1 이 급소이다. 흑 2 이하는 하나의 예이다. 모양의 조건을 선택한다.

백 3 의 젖힘에 흑 4 의 붙여나감은 당연한 수이다.

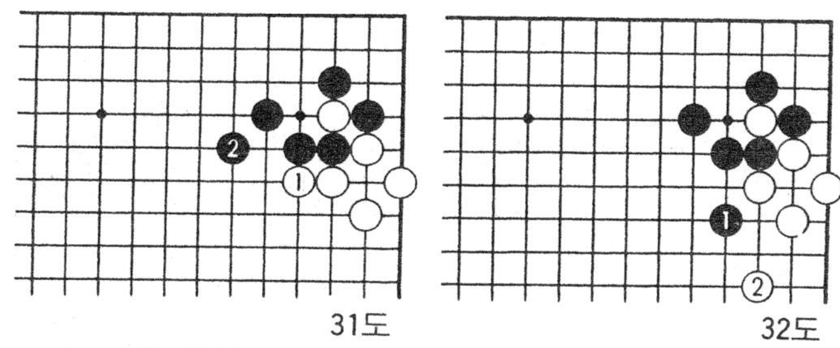

31도　　　　　　32도

31도 흑 침착

백이 올라서면 흑 2 가 침착하다. 주위의 환경을 고려한 수이다.

32도 백이 낫다

백이 손을 빼면 흑 1 의 급소에서 백 2 로 저위를 응수할 수밖에 없다.

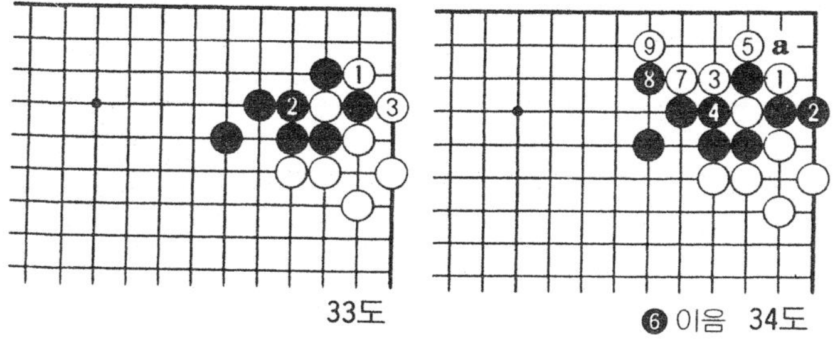

33도　　　　　　❻ 이음 34도

귀의 맛

33도 31도의 흑은 크지 않다. 백 1 의 끊음이 남아있는 곳이다. 백 3 으로 끝내기를 한다.

34도 흑 2 로 내려서면 백 3 이 맥이다. 흑 8 다음 백 9 까지이다. 흑 6 으로 a의 곳 패는 무리다.

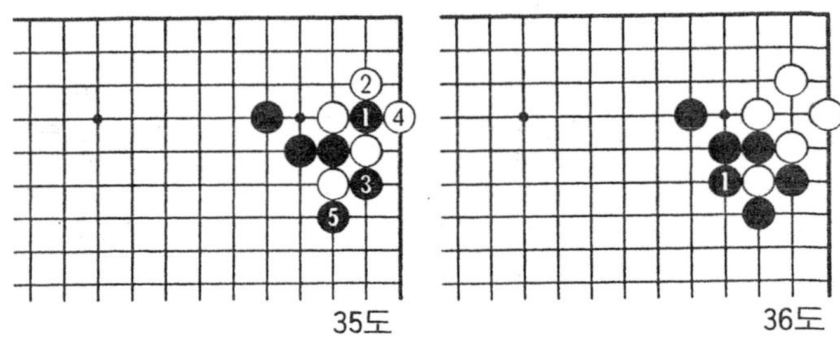

35도 36도

안쪽 끊음

35도 정석

흑1로 안쪽 끊음의 정석이다. 다음 5까지 축이다. 이 수순은 귀가 두텁다.

36도 이 다음 흑1로 한 점을 잡는 모양이 두텁다. 일단락이다.

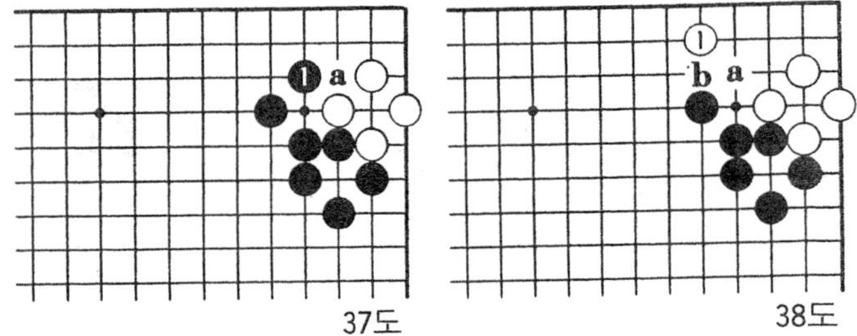

37도 38도

두는 방법 37도 마늘모

이 정석 다음 흑1의 마늘모가 좋은 점이다. 백a를 받는 모양에서 백모양이 나쁘다.

38도 백의 모양

36도 다음 백은 1의 곳을 두는 것이 정착이다. 이 모양에서는 백은 a로 두지 않는다.

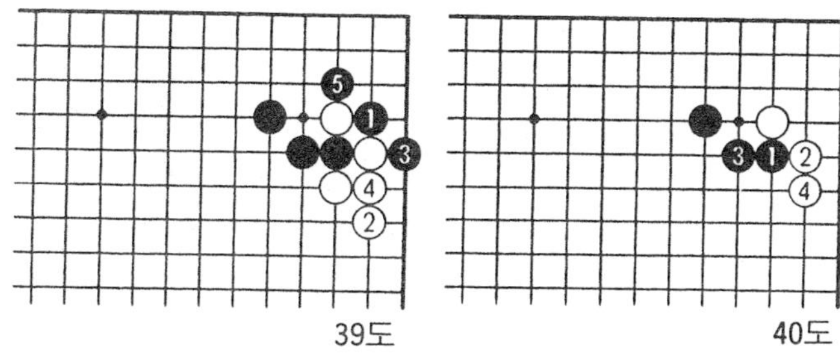

39도 백의 우형

흑의 주문을 피하여 백 2는 논외이다. 이것은 백 2, 4로 되어 불만이 있는 모양이다.

백의 변화

40도 여기에서 백은 4로 뻗는 점이 있다. 위치가 낮아 좋다고는 볼 수 없다.

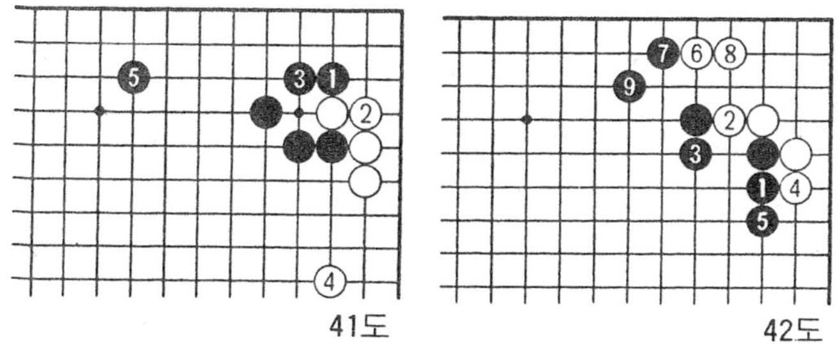

41도 정석

여기에서 흑 1로 붙임에는 5의 벌림까지 정석이다.

흑의 주문 42도 정석

흑 1로 뻗는 정석이다. 백 2에서 8까지 된 다음에 9의 마늘모가 중요하다. 백의 실리와 흑의 두터움의 갈림이다.

제5장

외목 정석

〔1〕 외목

외목은 앞에서 말한 고목보다는 낮은 위치이다. 중앙에서 변에 지향을 한다. 제 3 선과 제 4 선의 차이다.

소목과 고목의 협공 다음에 중앙에 발전하는 것이 원칙이다. 귀의 a 의 점도 같은 곳이다.

대사 씌움의 정석으로 난해하여진다.

이 외목의 변화는 주로 상급자의 바둑에서 많이 나타난다. 기본적인 변화의 수를 잘 이해하여 두는 것이 초보자의 실력향상을 위해 바람직하다 할 것이다.

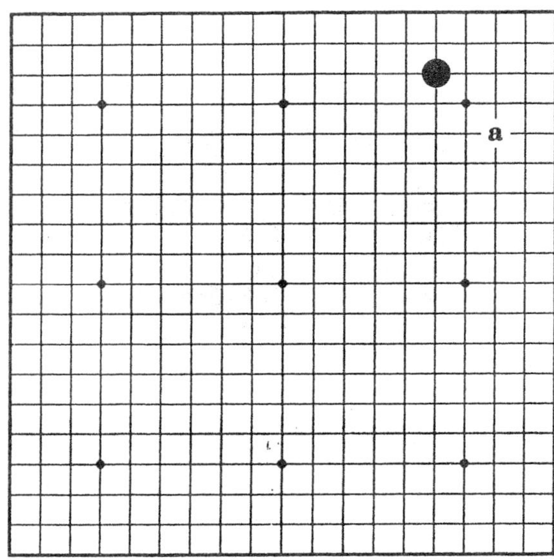

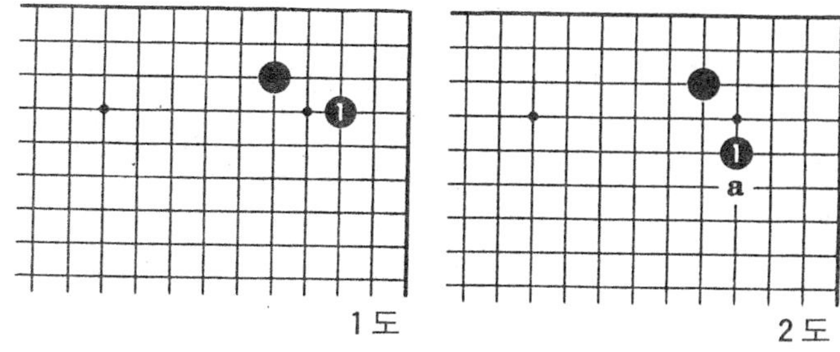

1도　　2도

굳힘의 방법

1도 외목에서의 굳힘은 흑1의 점이다. 소목에서 날일자와 같은 모양이다. 이것은 고목에서 한 칸 높은 협공과 관계가 있다.

2도 변에서 중앙을 중시하는 점으로 흑1은 a의 곳도 생각할 수가 있다. 특수할 때 두는 방법이다.

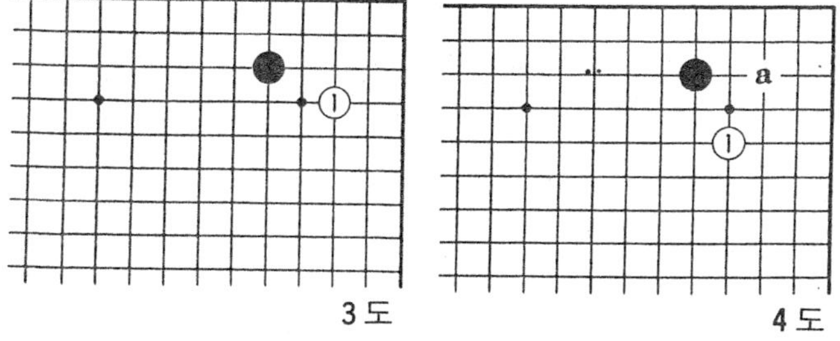

3도　　4도

걸침의 방향

3도 백1의 굳히는 위치가 보통이다.

4도 백1로 4선에 높이 걸치는 것도 정석이다. 걸치는 곳이 2곳임을 알 수가 있다. a의 3·3은 수단의 여지가 있는 곳이다.

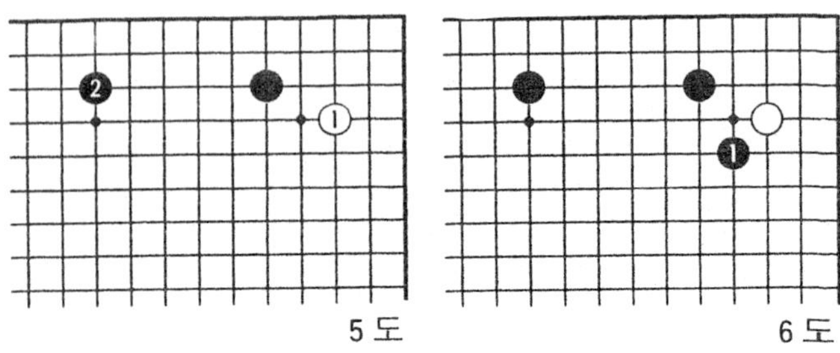

5 도 6 도

〔2〕낮은 걸침

제 3 선의 저위의 걸침으로 많이 둔다. 흑에 대한 협공으로 당연한 곳이다.

벌림의 정석

5 도 백 1의 걸침에 흑 2로 변에의 벌림이다. 이것이 외목의 특성이다. 변을 중시하는 효과적인 위치이다. 벌림에는 3칸, 4칸, 5칸도 있다.

6 도 씌움

흑의 벌림 다음에 백이 손을 빼면 1의 곳 씌움이 있다.

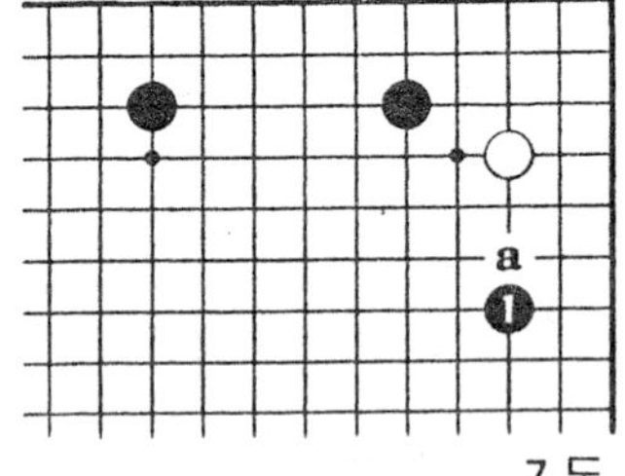

7 도

7 도 협공

흑 1의 2칸이나 또는 a의 곳 한 칸의 측면 공격도 정형이다.

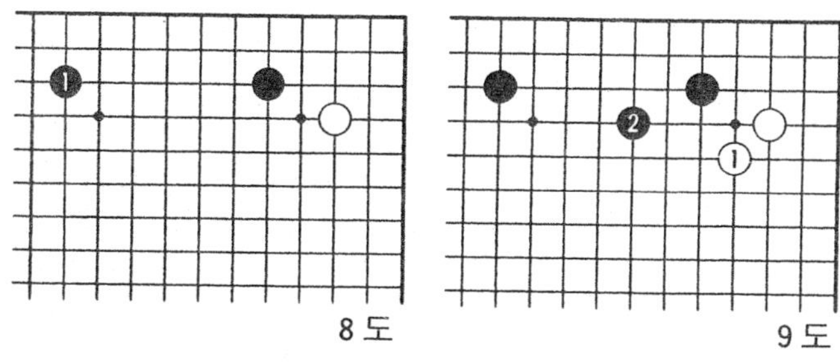

8 도　　9 도

8도 5칸 벌림

흑 1로 최대한의 벌림이다. 넓은 곳이어서 침입을 각오하지 않을 수가 없다.

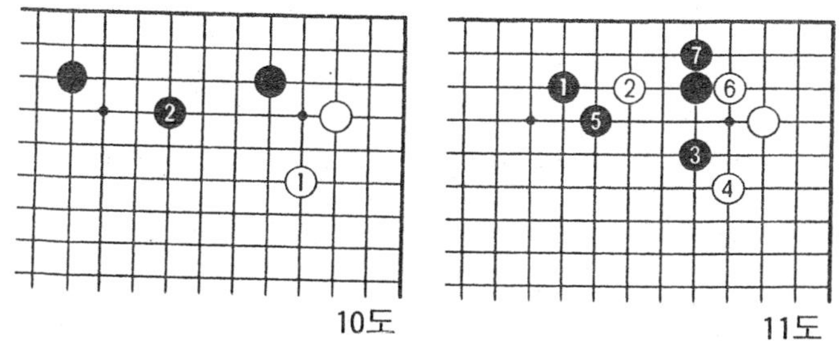

10도　　11도

10도 날일자

백 1의 날일자 응수이다. 이런 곳에서는 흑 2가 정형이다.

11도 정석

흑 1로 3칸 벌리는 것이 정석이다. 일례를 들자면 백 2의 침입에서는 6까지 된 다음 흑도 7로 1점을 포획할 수 있다.

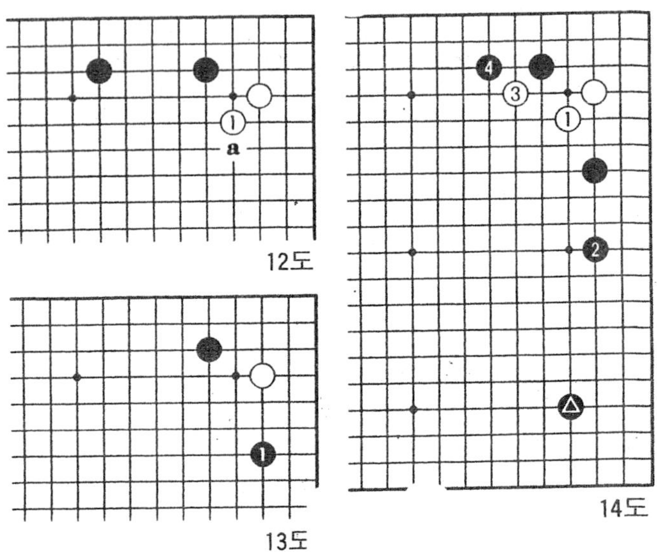

12도 마늘모

흑의 벌림에 백 1의 마늘모, a 의 날일자도 3칸 벌림에서 성립한다.

2칸 협공

13도 흑 1로 2칸 협공을 하는 정석이다. 외목에서 상변을 지향하는 수로 측면 공격으로 기동성이 풍부하다.

14도 정석

백 1의 마늘모가 보통 생각할 수 있는 점이다. 흑의 봉쇄를 막는 점이다. 흑 2는 정석이다. 흑△와 관계가 있어 4로 가볍게 응수한다.

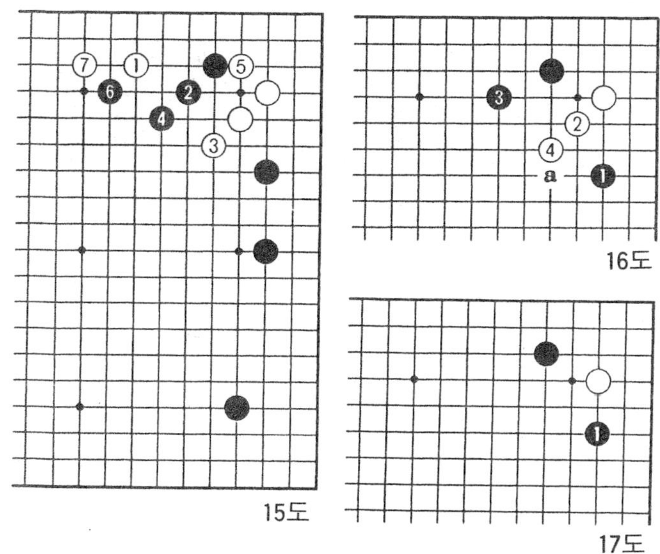

15도 정석

앞의 모형과 반대로 백 1로 다가서는 정석이다.

흑 2에는 백 3의 진출에서 5까지 귀를 지킨다.

흑 6의 씨움에 7의 한 칸은 상용의 수법이다.

16도 백 2의 마늘모에 흑 3의 받음이다. 당연한 생각이다. 백 4까지이다. 여기에서 흑 3으로는 a 의 곳도 있다.

한 칸 협공

17도 흑 1의 협공도 정석이다. 이한 칸 협공도 2칸 협공과 같은 모양이다. 아래쪽 세력의 관계에서 변에 전개를 하는 정석이다. 당연한 곳이다.

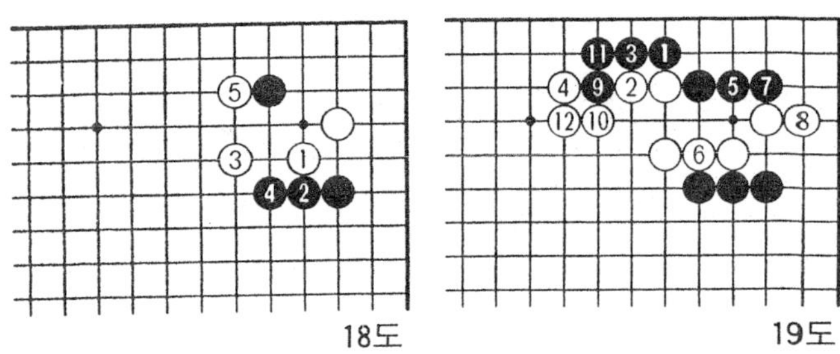
18도 19도

18도 정석

백 1의 마늘모가 보통의 착상이다. 흑 2 다음에 백은 3, 5가 맥이다.

19 도 여기에서 흑 1의 젖힘에서 11의 이음까지이다. 12의 이음까지 정석이다.

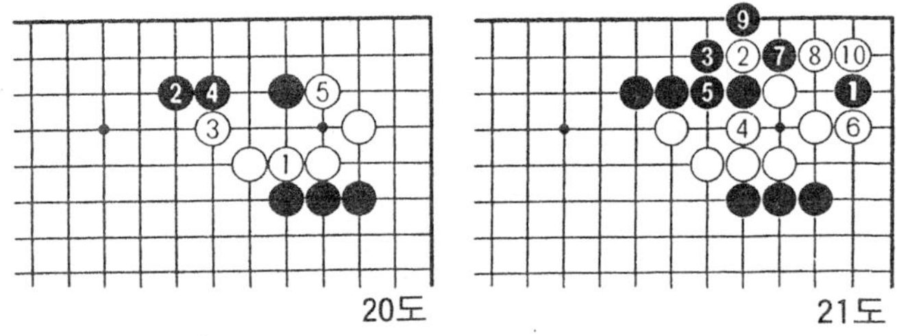
20도 21도

20도 변화

백 1로 꽉이으면 흑 2의 2칸 벌림이다. 백 5의 붙임까지 불만이다.

21도 이 다음 흑 1의 치중이 맥이다. 다음에 6의 점의 건너감과 흑 7의 수이다. 백 2에서 6까지 연락을 방해하면 흑 7, 9로 1점을 잡아 충분하다. 백도 10으로 사는 모양이다.

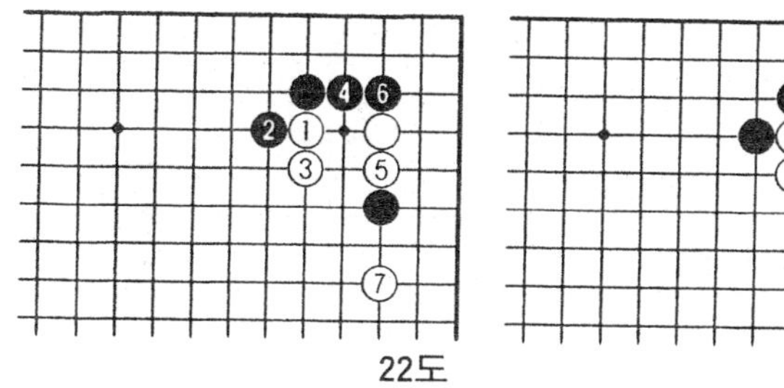
22도 23도

22도 정석

백 1의 붙임도 있다. 흑 4에서 7까지 정석이다.

흑 1점은 움직일 수가 없다. 시시히 다음의 전투를 진행해 나간다.

23도 백의 무리

백 1의 내려섬에는 흑 2, 4의 끊음으로 백의 무리이다.

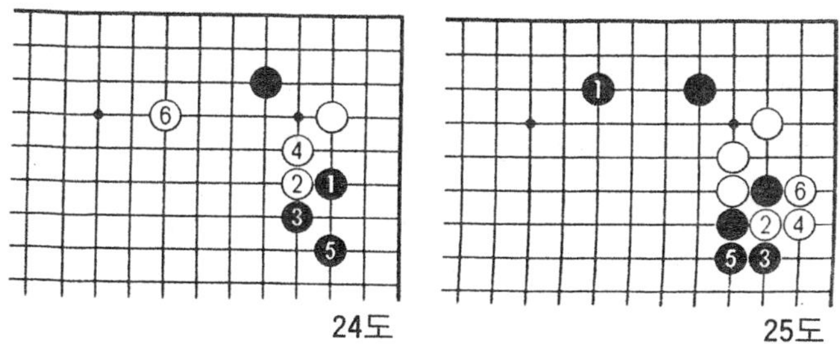
24도 25도

24도 정석

백 2의 붙임도 정석이다. 흑 3, 5에서 백 6까지이다.

25도 2 칸 벌림

흑 1의 2칸 벌림이다. 백 2로 1점을 잡는다.

앞 모양을 택하는 것이 좋다.

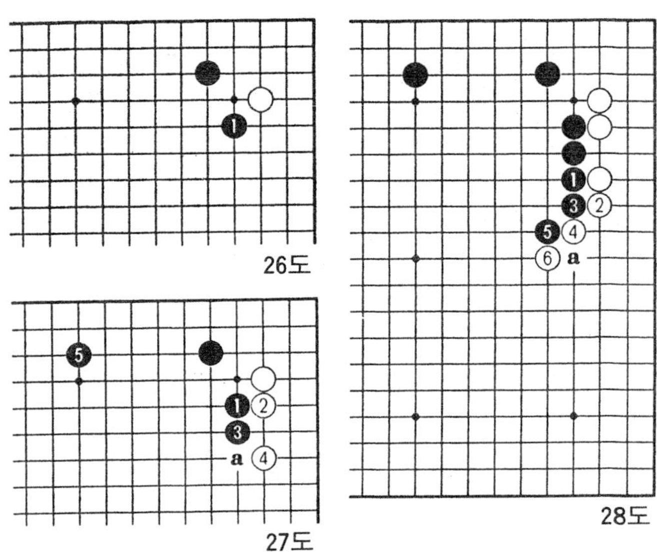

26도
27도
28도

날일자 씌움

26도 외목은 백의 낮은 걸침에 흑 1의 씌움으로 외세를 얻을 수 있는 것이 특징이다.

27도 정석

흑 1의 날일자가 대표적인 변화이다. 백 2는 절대.

여기에서 흑의 누름은 3, 5이다.

흑의 벌림이 넓어 이 다음의 효과는 a가 좋은 점이다.

다른 방법

28도 이음은 흑 1, 3의 누름이 상용수이다.

백 6의 2단젖힘이 맥점이다. a 의 곳을 뻗는 것은 나쁘다.

제 6 장

3·3의 정석

〔1〕 3·3의 의미

3·3은 귀에서의 요점인 것만은 사실이다. 호선의 바둑에서는 최근에 잘 나타나는 수이다. 이 모양은 근대의 바둑에서도 볼 수가 있다.

3·3은 한 수로 귀에 근거를 확보하는 반면에 위치가 낮아 변에 전개하는 속도가 느리다.

한 수로 굳힘이 있는 곳이지만 소목이나 다른 곳에 비하여 중앙으로 향하는 것은 열세이다.

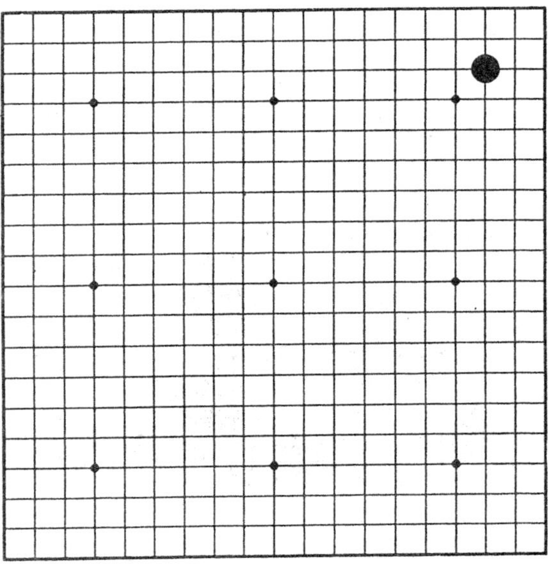

1도

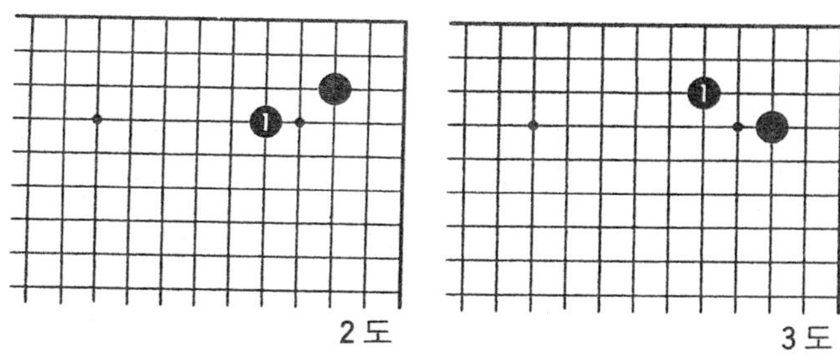

2도　　3도

2도 굳힘

3·3에서 흑1의 날일자이다. 이것은 소목에서 귀에 날일자 하는 것과 비교할 수가 있다. 다소 변칙적이라 할 다.

3도 날일자 굳힘

흑1로 귀는 안정이다. 확정지가 크다.

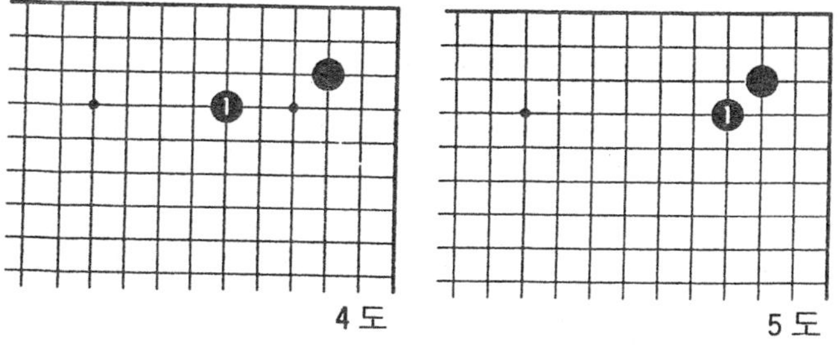

4도　　5도

4도 눈목자 굳힘

3·3에서 흑1의 눈목자 굳힘이다. 날일자 보다도 발전성이 더 있는 반면에 다소 엷은 감이 있다.

5도 마늘모

흑1의 마늘모는 취향의 한 수라고 할 수 있을 것이다.

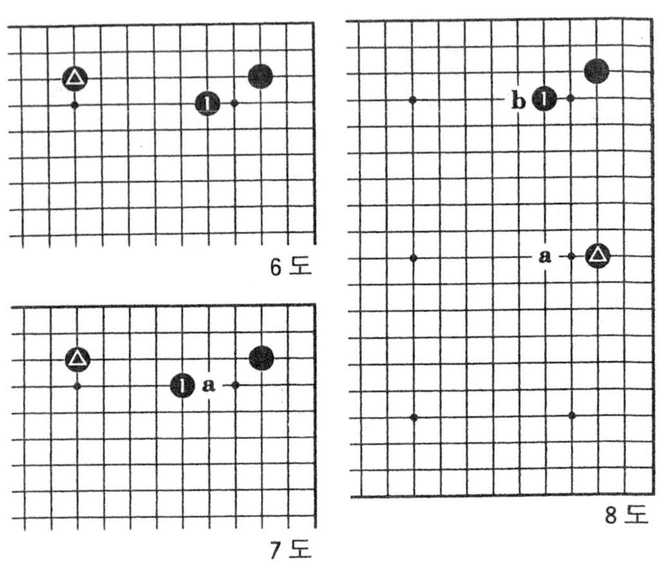

6 도

7 도

8 도

6 도 이상형

흑1의 날일자라면 이상형이다. 흑▲가 있는 한에서이다. 유력하다.

7 도 눈목자

이 눈목자도 같다. 포석의 순서에서 3·3의 기점부터 생각하여 흑▲가 벌려 있는 곳이면 가능한 곳이 아닐 수 없다.

8 도 큰 구상

흑▲가 반대쪽에 벌려 있다면 1로 두는 것은 포석의 취향이다.

흑1로는 b의 눈목자도 같다. 결국 3·3은 변의 발전이 중요한 의미를 갖는다.

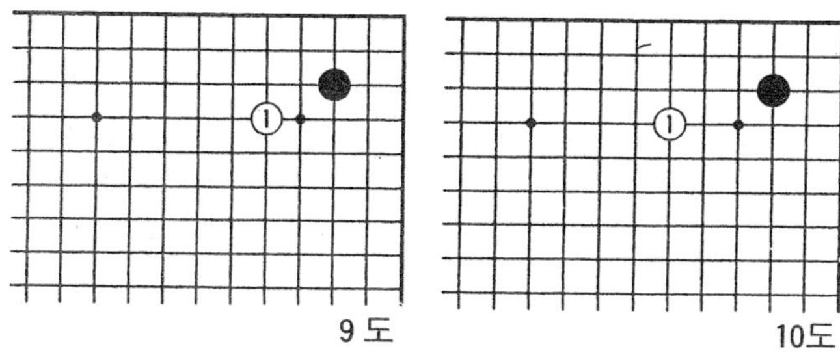

9 도　　10도

백의 걸침　9도 날일자 걸침

3·3에 대한 걸침은 화점과 소목에 대한 걸침과 상당한 차이가 있다.

10도 눈목자 걸침

전도의 날일자 걸침과 본도의 눈목자 걸침은 백의 배치관계에 따르는 수이다.

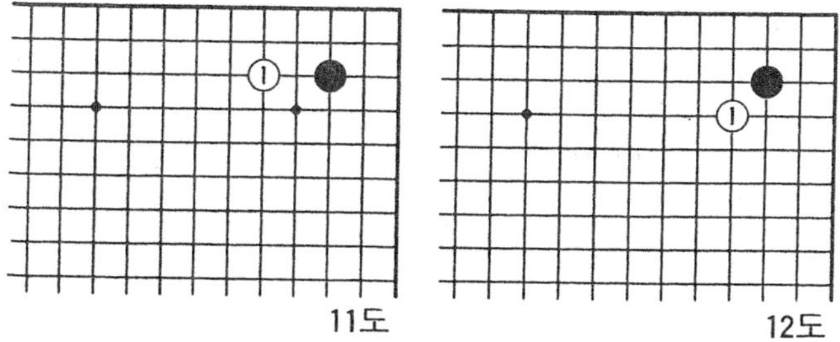

11도　　12도

11도 1칸 걸침

백 1로 한칸 걸치는 수는 손해이다. 이것은 특수한 경우에 사용한다.

12도 정석

백 1의 씌움이 보통의 응수이다.

실제로 강하게, 약한 3·3에 두는 급소의 곳이다.

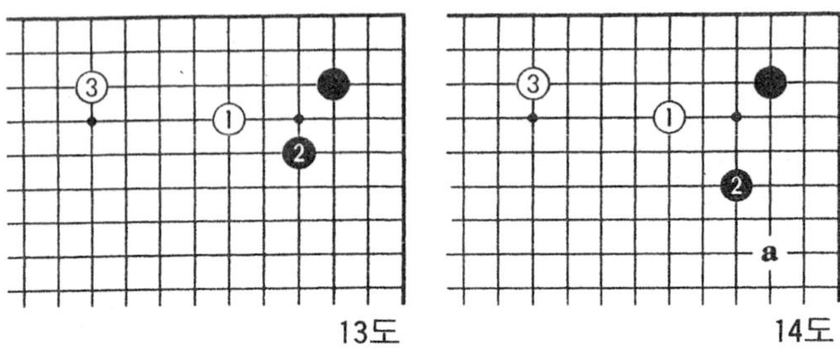

13도 14도

13도 정석

백 1 의 눈목자에는 흑 2 가 견실한 수이다. 백 3 다음에 흑은 우변에 전개하여 일단락이다.

14도 정석

흑 2 의 눈목자 받음도 정석이다. 백 3 다음에 백 a 의 다가섬이 있다. 백의 벌림도 보통의 곳이다.

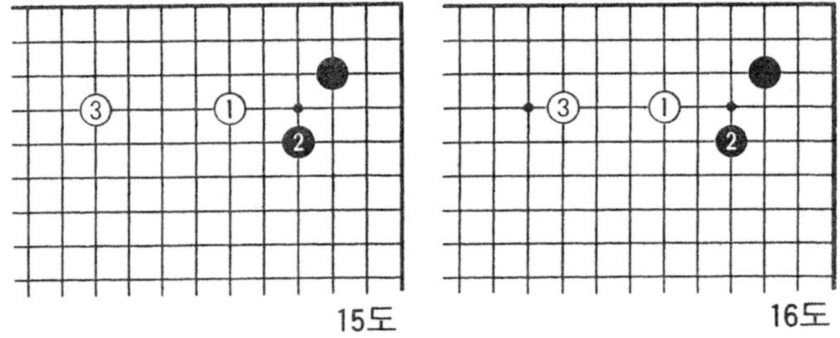

15도 16도

15도 높게 받음

백 3 의 높게 두는 것은 상변의 좌측에 대한 조건이 있다. 13도와는 한 길의 차이가 있다.

16도 백, 견실

백 3 도 좌측 모양에 따른 배치에서 두는 수이다.

15도 보다는 훨씬 견실한 수이다.

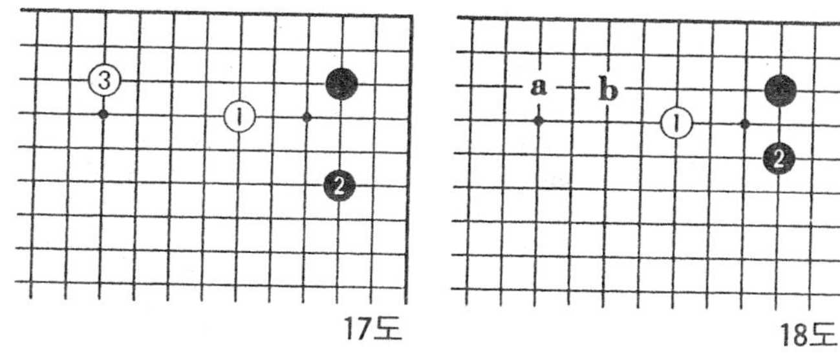

17도　　18도

17도 두 칸

흑 2 의 2 칸 벌림으로 받는 것은 선수의 의미가 있는 곳이다.

18도 좋은 수

흑 2 는 견실한 좋은 수이다 백 a 의 벌림이 없다면 흑 b 의 협공이 날카롭다.

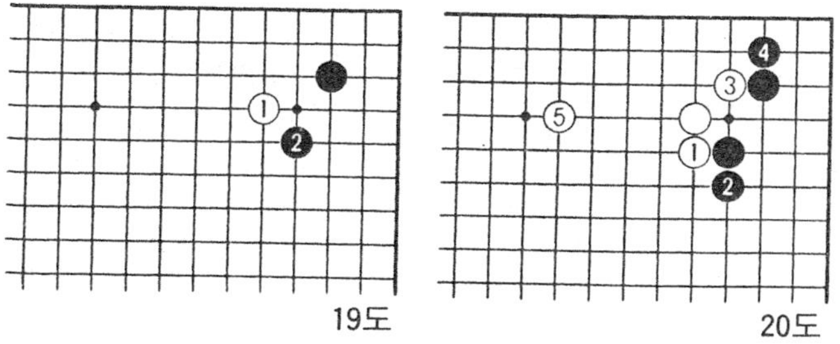

19도　　20도

19도 모양

백 1 로 다가서는 한 수도 있다. 이것은 흑 2 로 받음이 보통의 모양이다.

20도 갈림

백 1 이하 5 까지의 모양이다. 흑에서는 1 의 점을 누를 수 없다. 흑에게 실리를 많이 내주어서 불만이다.

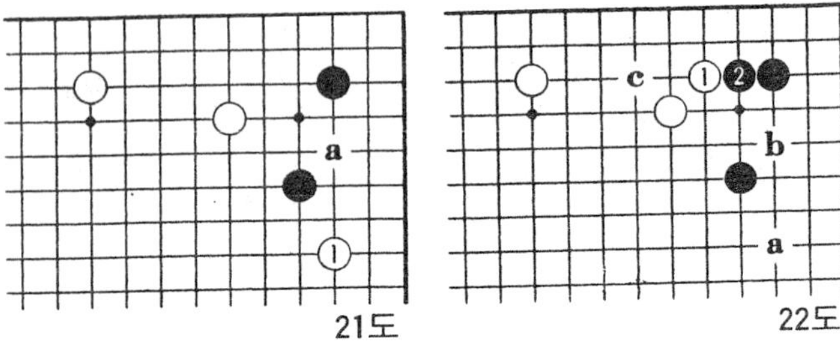

21도　　22도

21도 겨냥(목표)

14도의 다음, 흑이 우변으로 발전하게 하고 있다. 이에 대해 백은 1을 두어 흑의 발전을 저지하고자 하였다. 흑은 백 a의 약점을 의식하지 않을 수 없다.

22도 지킴

백 1은 실리의 지킴이다. 백은 a에서 b를 노리고 있다. 흑 2는 백을 견제하는 수. 흑 c가 남아 있다.

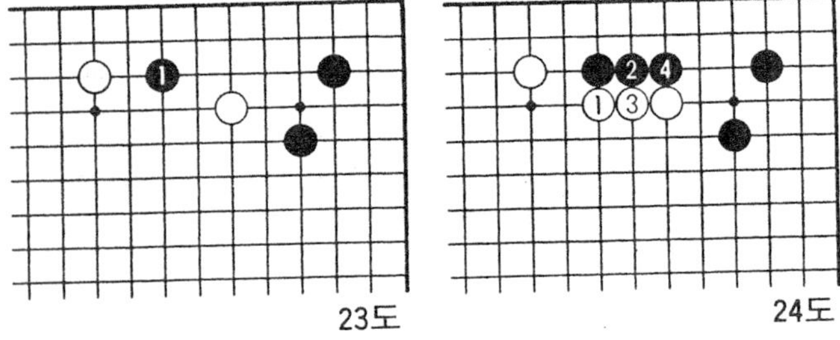

23도　　24도

23도 뛰어듦

백의 날일자 붙임(13도)은, 흑 1의 뛰어듦을 가능하게 한다. 여기에서 흑 1의 뛰어듦은 유력한 수단이 된다.

24도 근거를 뺏는다

백 1의 걸침은 흑 2, 4를 유발시켜 백의 근거를 없앤다. 흑은 2, 4로 귀의 세력과 연결해 버리고 만다.

부록 【1】

초보자를 의한
이맥(利筋)의 활용사전

＊1도 흑선

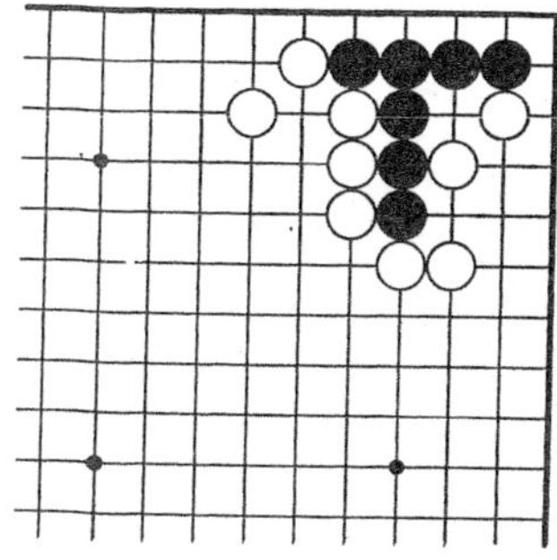

＊2도 흑선

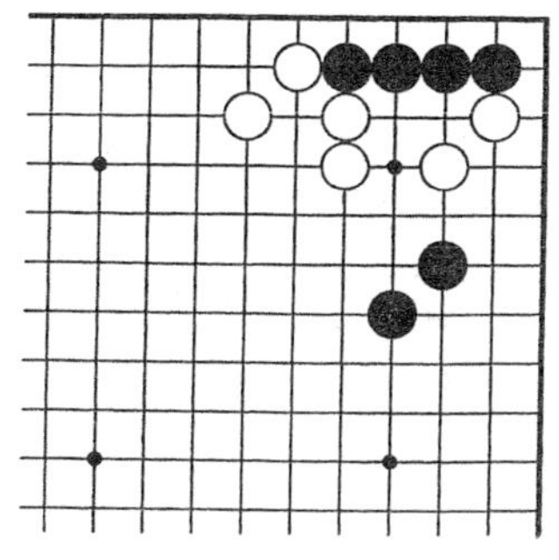

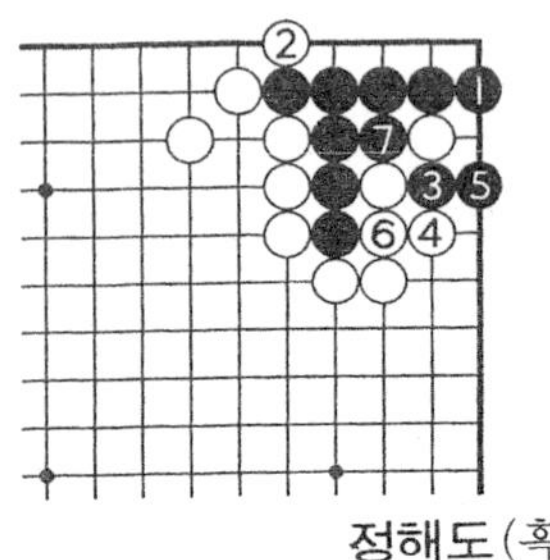

정해도(흑활)

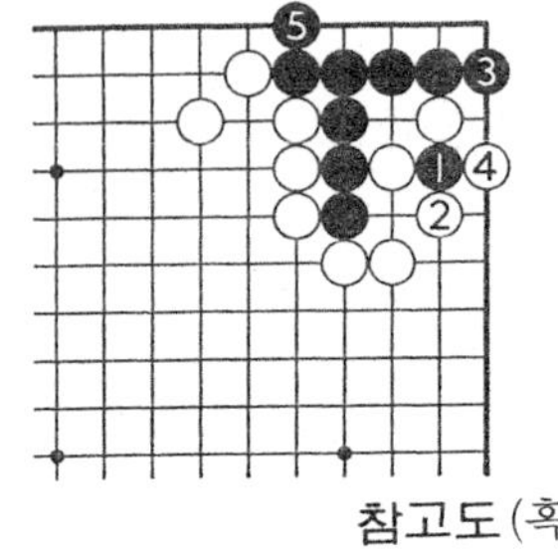

참고도(흑활)

〈이맥 1 도〉 정해도 흑 1 이 이로운 형. 백 2 다음 흑 3 이 급소. 백 한 점을 손에 넣는다.

참고도 흑 1 로 먼저 움직이는 것은 손해.

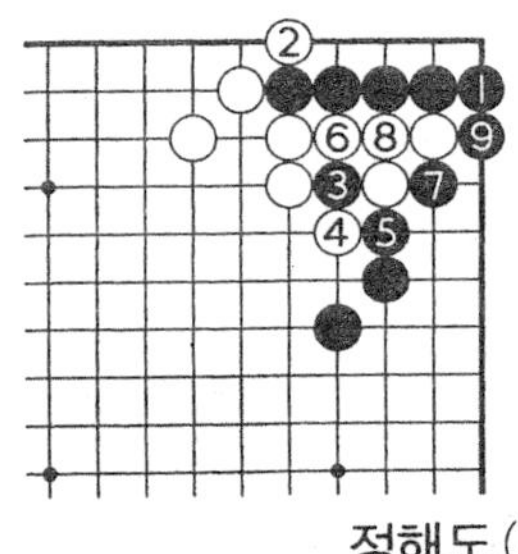

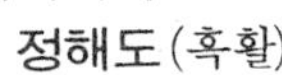

정해도(흑활)

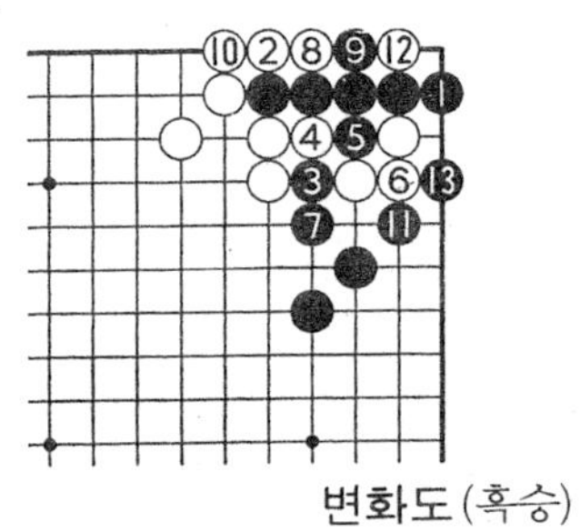

변화도(흑승)

〈이맥 2 도〉 정해도 흑 1 이 요착. 백 2 에는 3 에서 9 까지 일련의 수순으로 연락.

변화도 백 6 이하로 공격하면 흑이 이긴다.

* 3 도 흑선

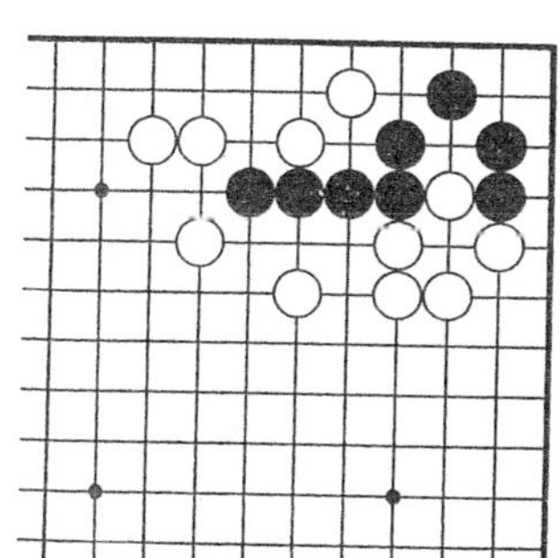

4 도 흑선

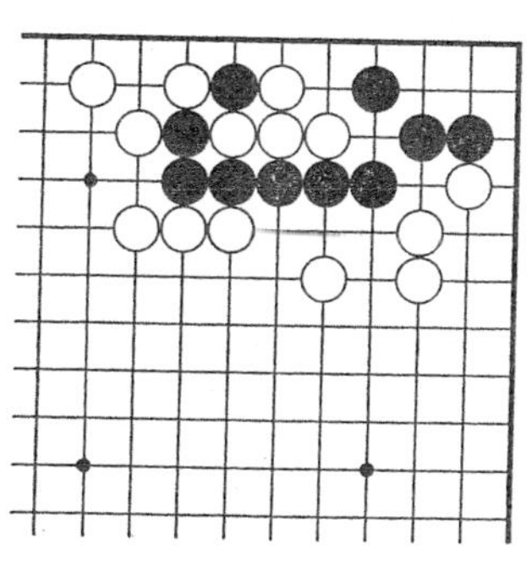

5 도 흑선

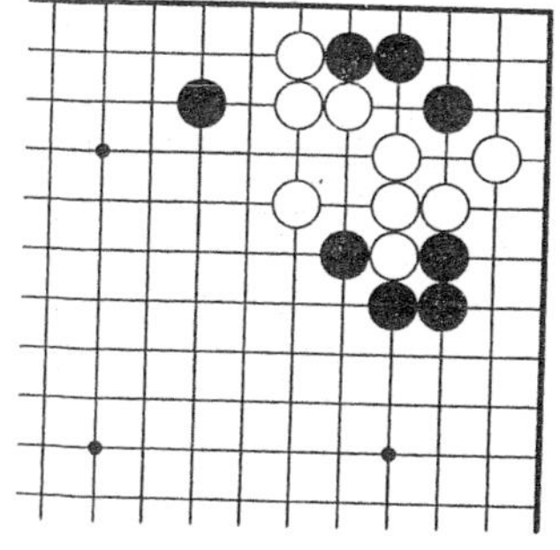

6 도 흑선

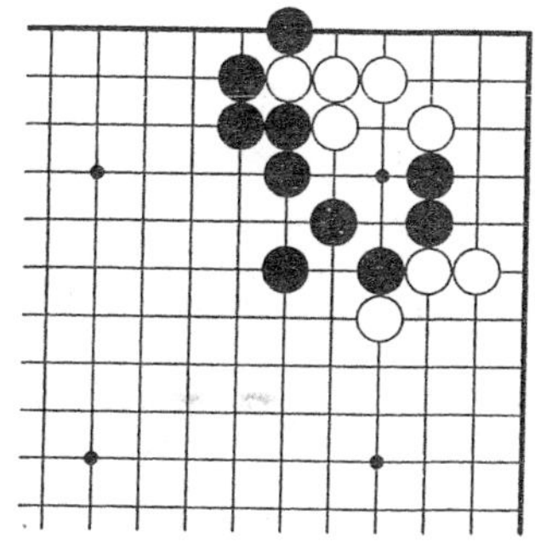

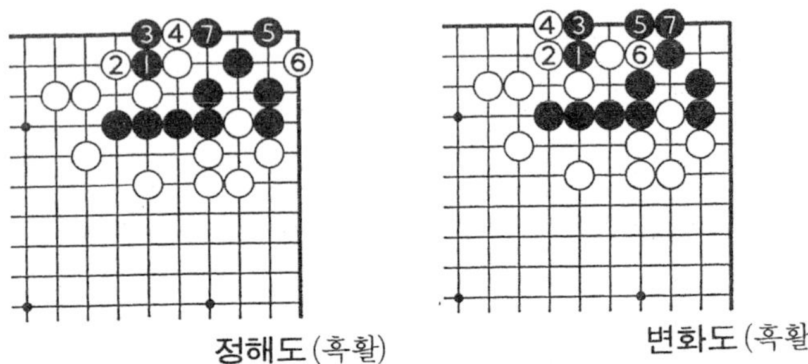

정해도(흑활) 변화도(흑활)

〈이맥 3 도〉 정해도 흑1, 3이 교묘. 백 6 에 흑 7 로 전환을 하여 두 눈으로 산다.

변화도 흑 3 에 백 4 는 흑5, 7로 산다.

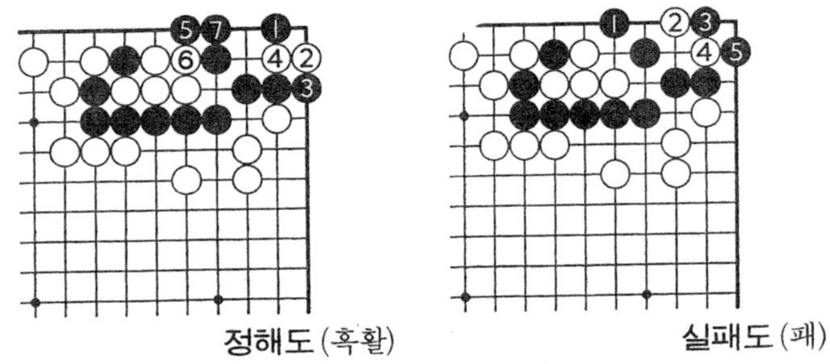

정해도(흑활) 실패도(패)

〈이맥 4 도〉 정해도 흑 1 이 요착. 백2, 4에는 흑5, 7로 대항한다.

실패도 흑 1 은 수순이 나쁘다. 백2, 4로 패.

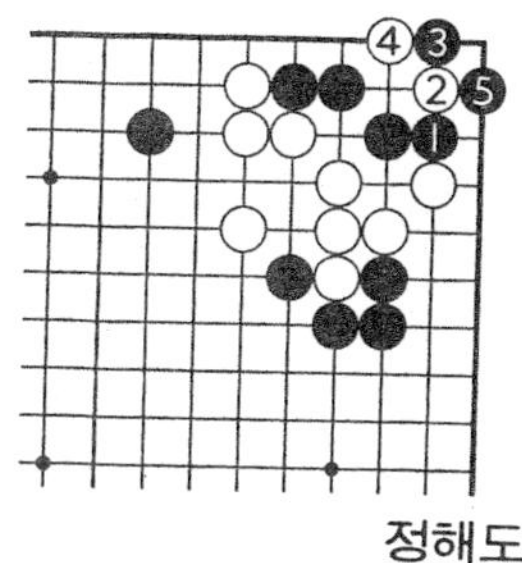

정해도(패)

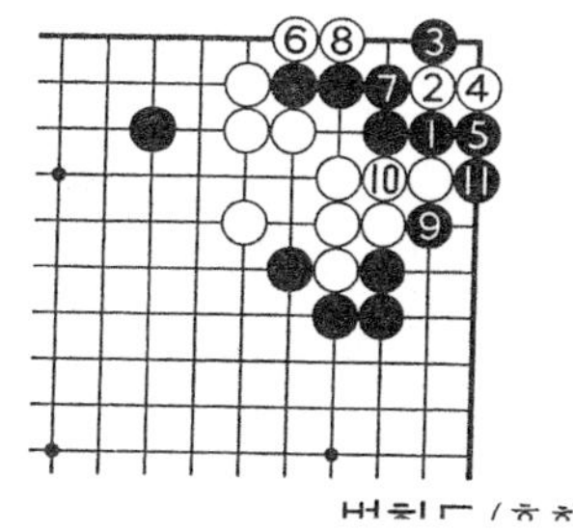

변화도(흑 활)

〈이맥 5 도〉 정해도 흑 1 에서 5 까지 패가 난다. 흑 1 로 2 는 백 1 이하 흑사.

변화도 흑 3 에 백 4 는 흑 5 에서 11까지 연락.

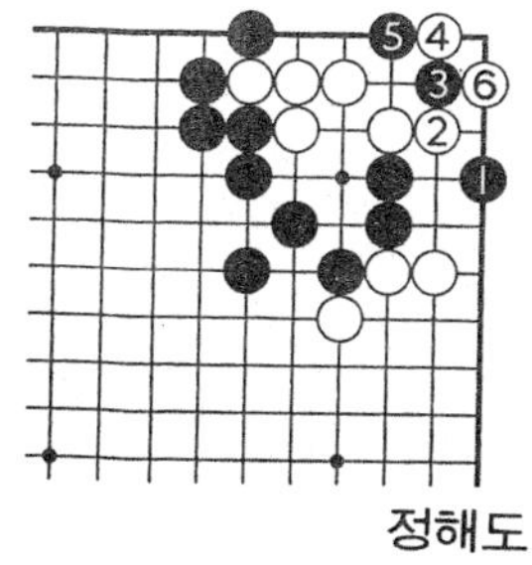

정해도(패)

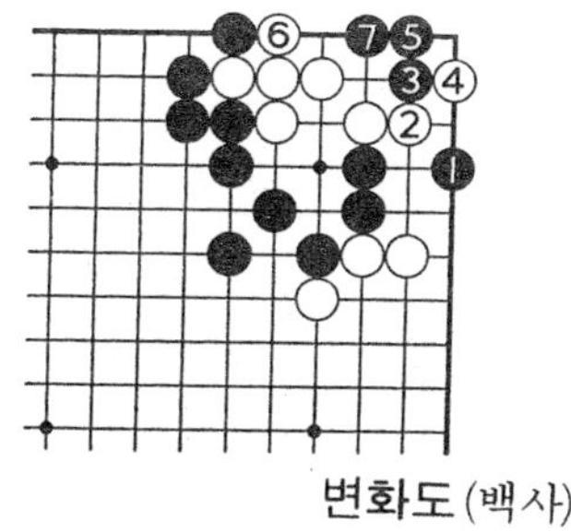

변화도(백사)

〈이맥 6 도〉 정해도 흑 1 과 백 2 의 교환은 흑 3 이 급소. 백은 패로 응수하는 것이 나쁘지 않다

변화도 흑 3 에 4 는 흑5, 7로 백사.

7 도 흑선

8 도 흑선

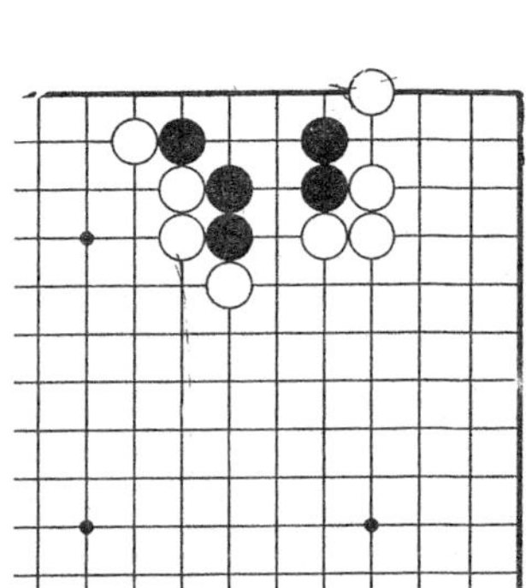

9 도 흑선

10도 흑선

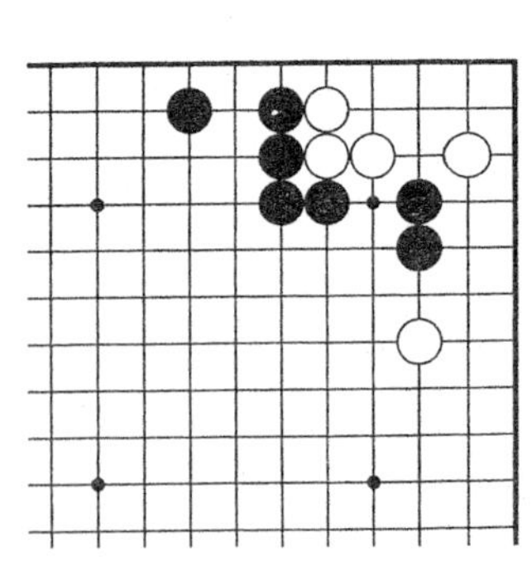

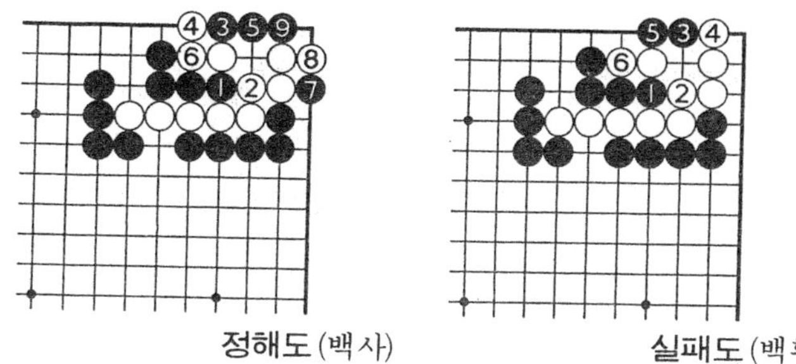

정해도(백사) 실패도(백활)

〈이맥 7 도〉 **정해도** 흑 1 로 움직이는 것이 공격의 호착. 흑 9 로 3점을 키운다.

실패도 흑 3 의 수는 본도에 적합치 않다.

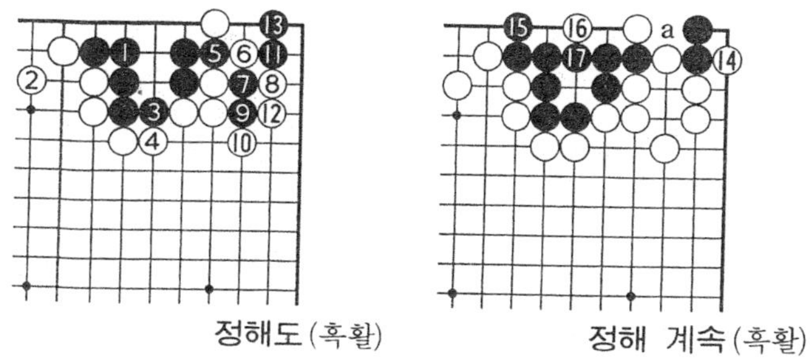

정해도(흑활) 정해 계속(흑활)

〈이맥 8 도〉 **정해도** 흑 7 에서 13의 수순이 절묘. 흑 9 로 11은 패의 변화가 발생한다.

정해 계속 백14로 15는 흑a 로 산다.

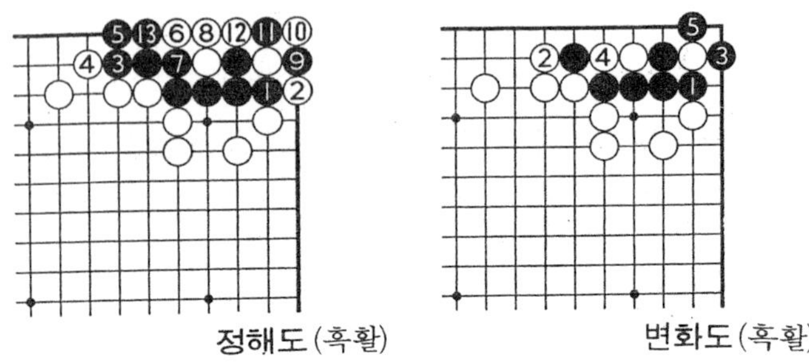

정해도(흑활) 변화도(흑활)

〈이맥 9 도〉 정해도 흑 5 가 요착. 이하 13까지 사는 모양. 변화도 흑 1 에 백 2 는 흑3, 5로 산다.

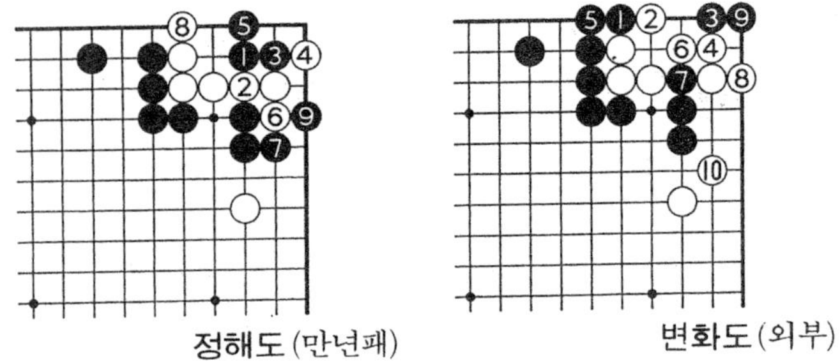

정해도(만년패) 변화도(외부)

〈이맥10도〉 정해도 흑 1 이 급소. 결과는 만년패. 참조=제17형 6 도, 제10형 9 도.

변화도 흑 9 까지 백을 한 눈으로 내려하는 것이 유력.

11도 흑선

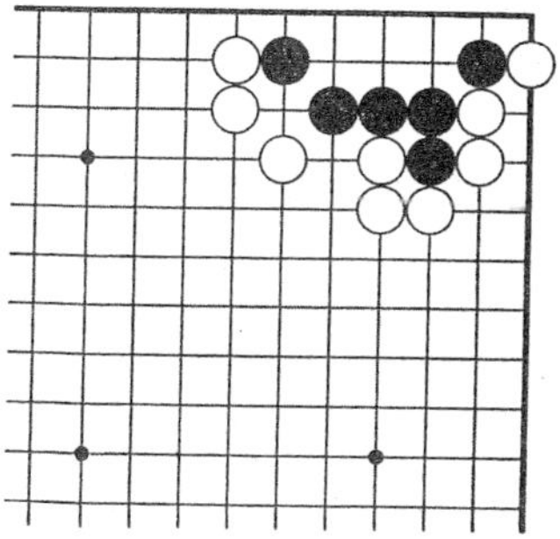

12도 흑선

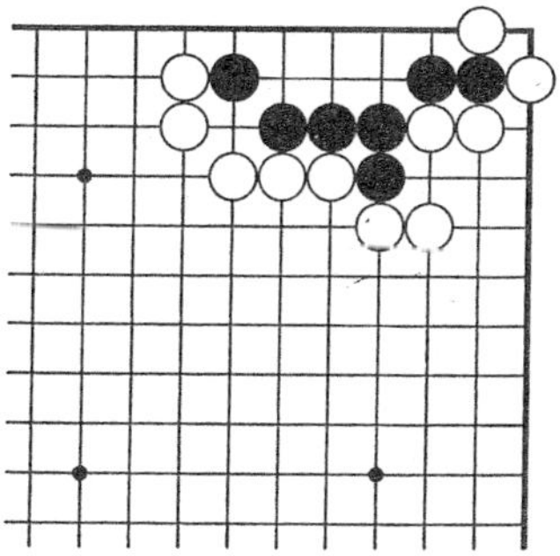

*13도 흑선

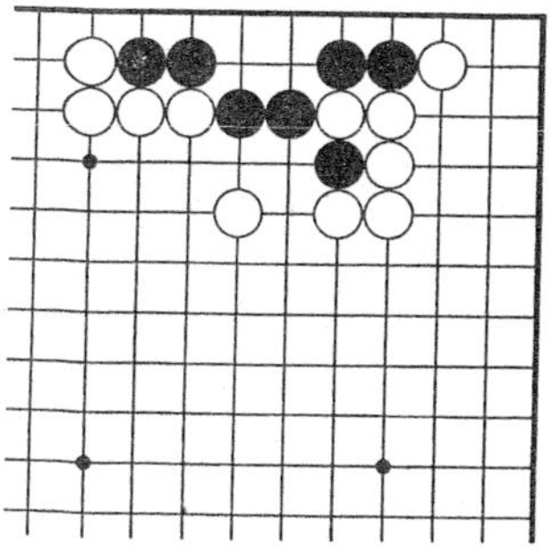

14도 흑선

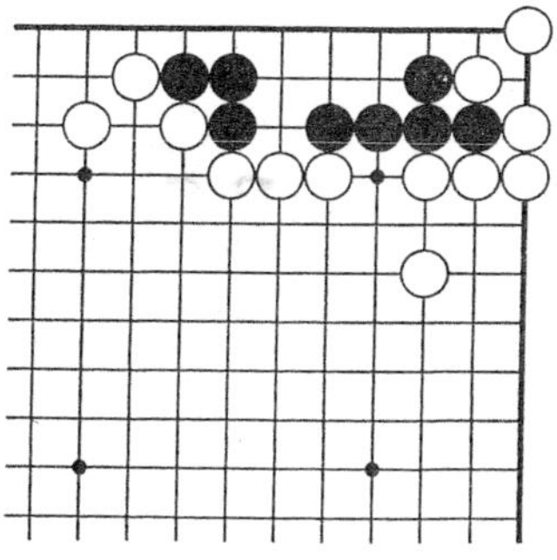

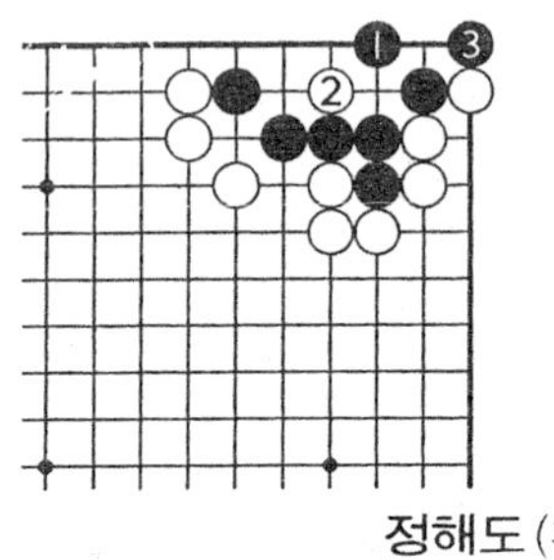

정해도(패)

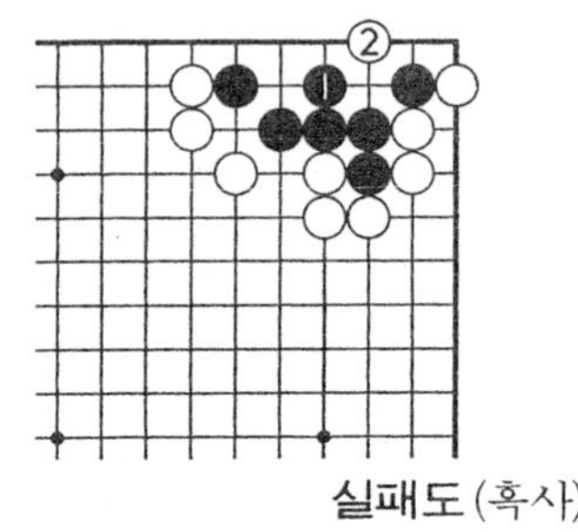

실패도(흑사)

〈이맥11도〉 정해도 흑1이 요착. 백2에는 흑3이 강수. 귀에서 패.

실패도 흑1은 백2로 죽는다. 참조=제33형 1도.

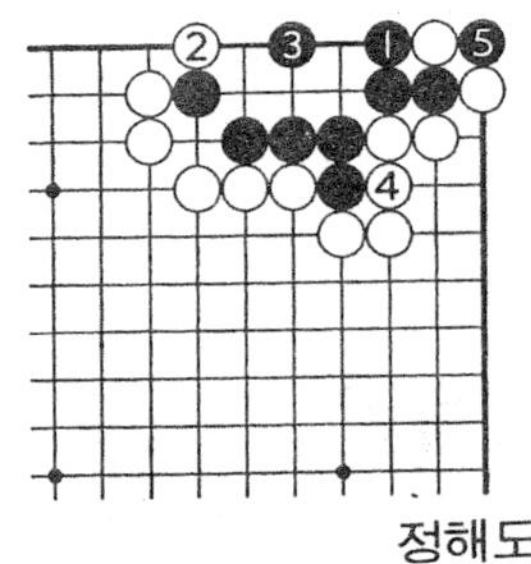

정해도(패)

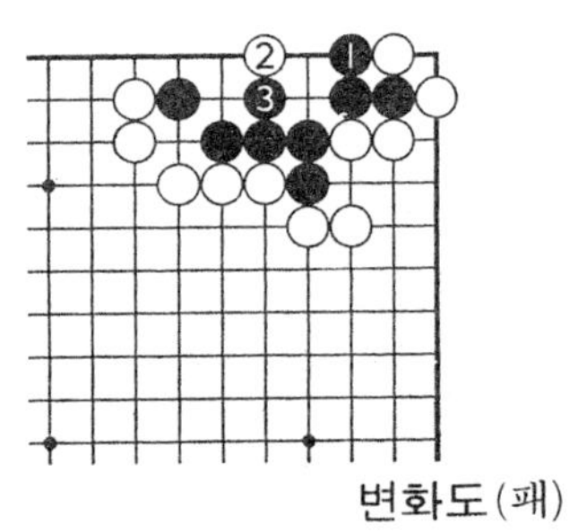

변화도(패)

〈이맥12도〉 정해도 흑1이 최강. 이하 흑5까지 귀에서 패가 난다.

변화도 흑1에 백2는 흑3으로 귀에서 패.

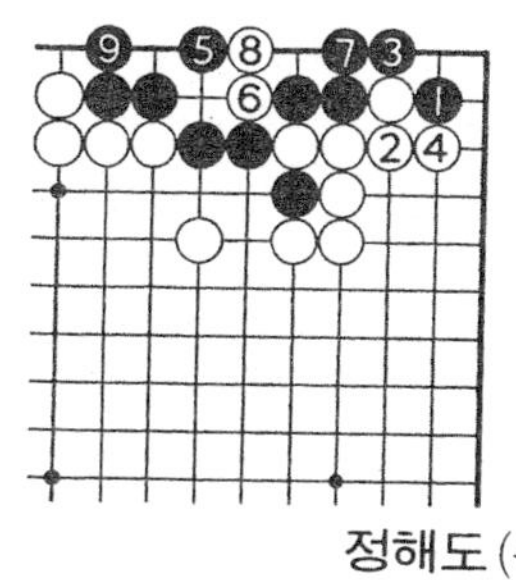

정해도(흑활)

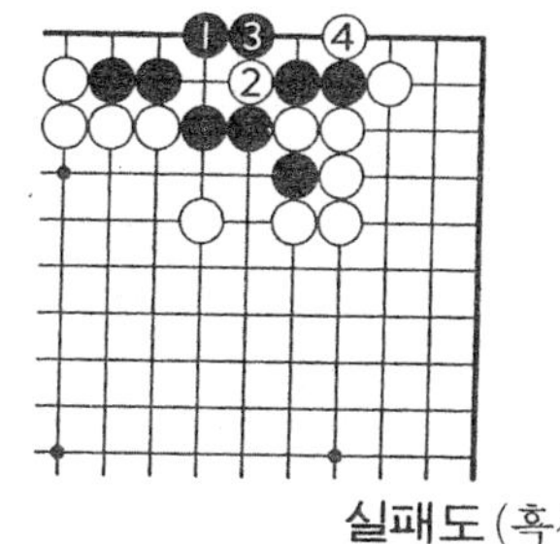

실패도(흑사)

〈이맥13도〉 정해도 흑1, 3의 수가 교묘하다. 두 눈을 확보한다. 참조=32형 1 도.

실패도 흑1은 주위의 호조건을 무시한 수.

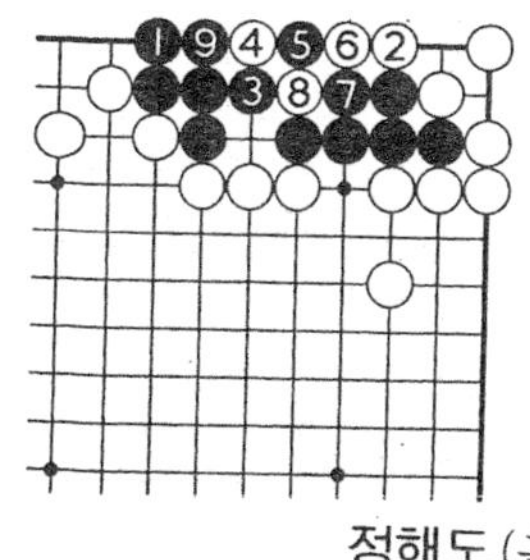

정해도(흑활)

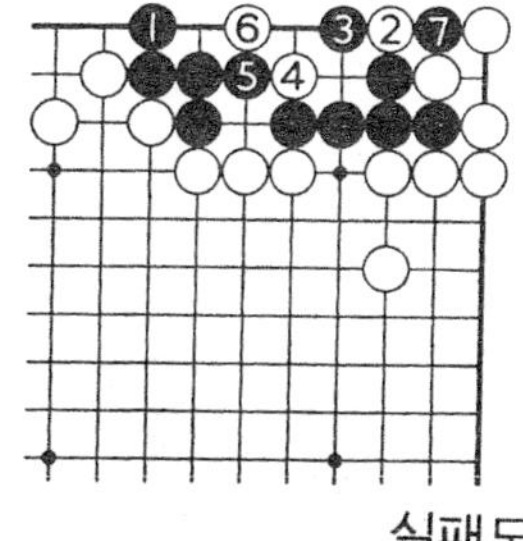

실패도(패)

〈이맥14도〉 정해도 흑1이 요착이어서 사는 모양. 참조=이맥9 도.

실패도 흑3은 악수. 백4 이하 흑7의 패.

15도 흑선

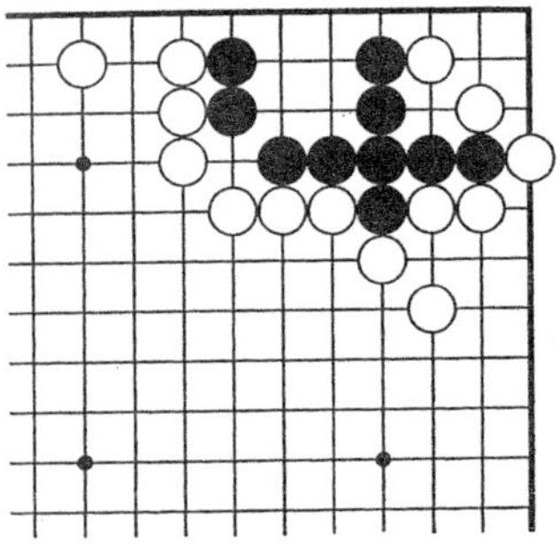

16도 흑선

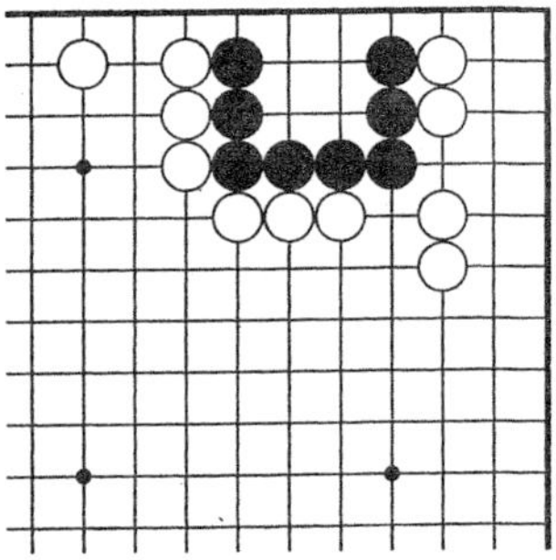

17도 흑선

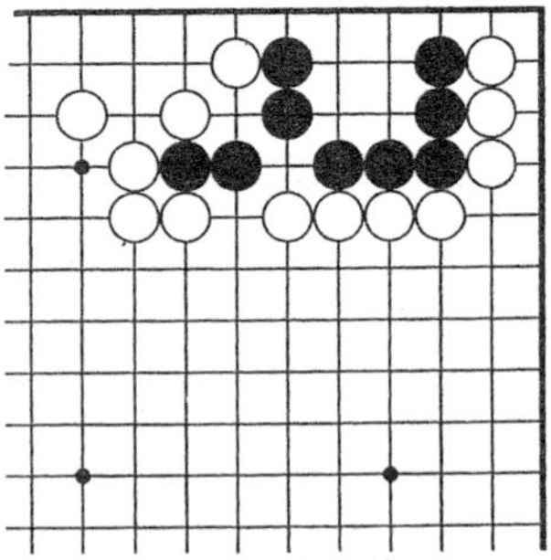

18도 흑선

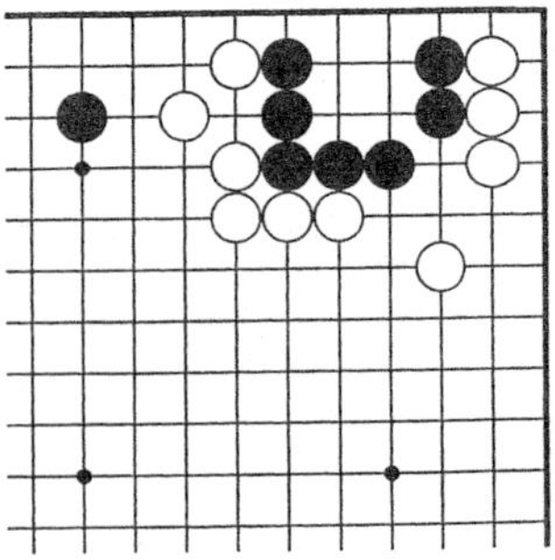

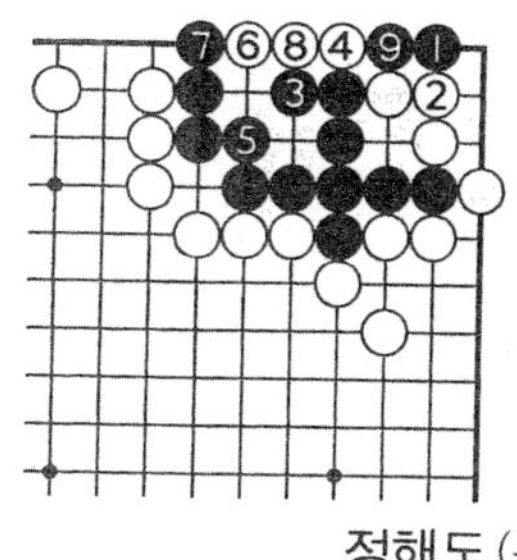
정해도 (흑활)

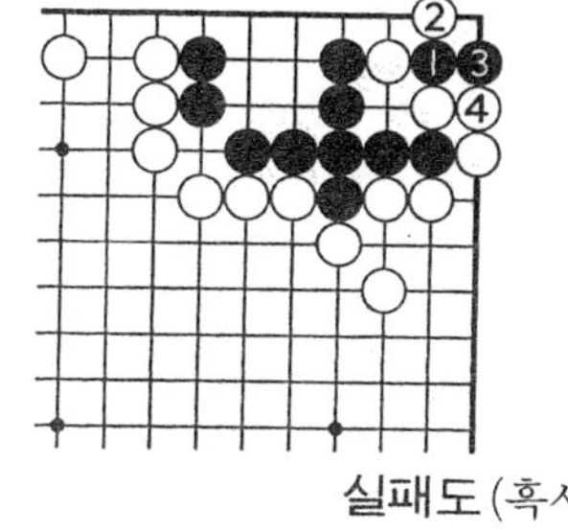
실패도 (흑사)

〈이맥15도〉 흑 1 이 교묘한 수. 백 2 에는 흑 3 이하 9 까지 사는 모양. 참조=제39형 3 도. 4 도.

실패도 흑 1 의 맥은 본도에서는 적합하지 않다.

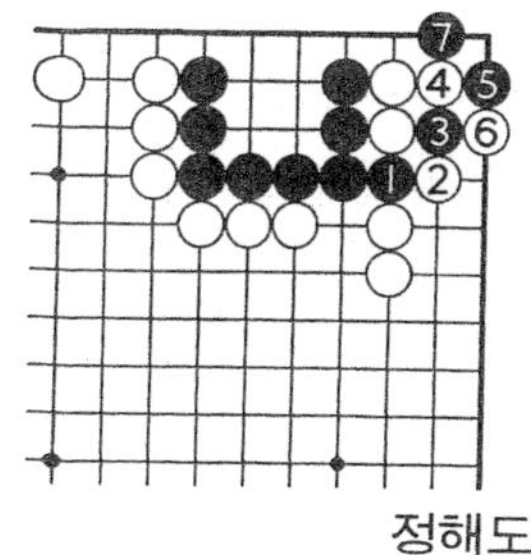
정해도 (패)

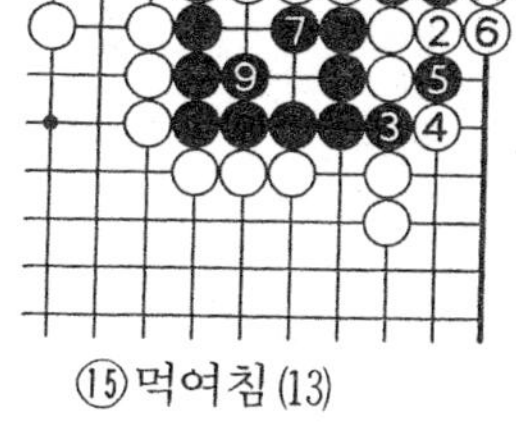
⑮ 먹여침 (13)

변화도 (흑활)

〈이맥16도〉 정해도 흑 1 에서 7 까지 일련의 수순으로 귀에서 패. 흑 1 로 7 도 가능.

변화도 백 6 은 무리. 흑 7 이하 15로 산다.

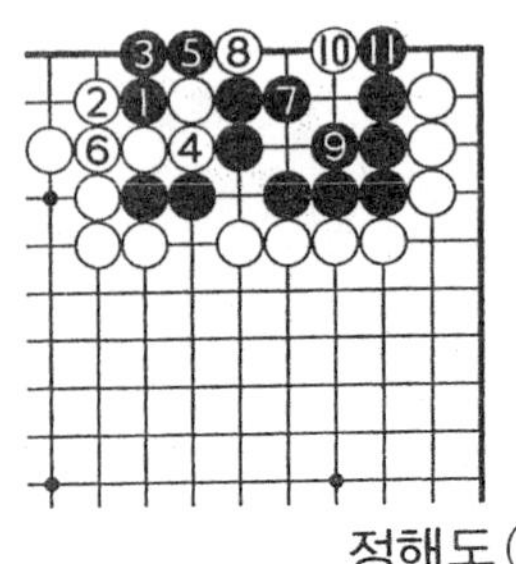
정해도(흑활)

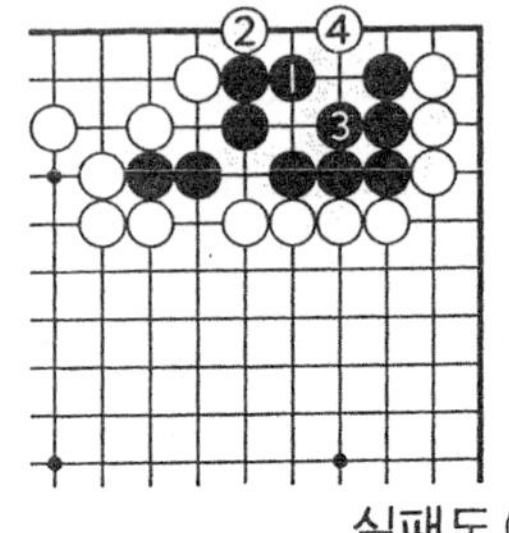
실패도(흑사)

〈이맥17도〉 정해도 흑 1 에서 5 까지가 중요. 참조=제39형 3 도. 4 도.

실패도 흑의 모양은 내부에서는 활로가 없다.

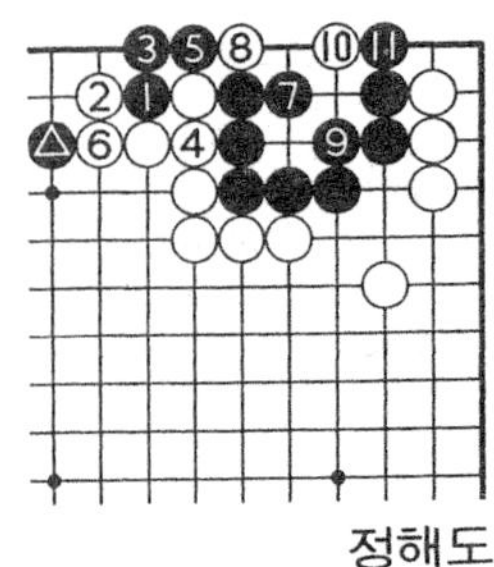
정해도(흑활)

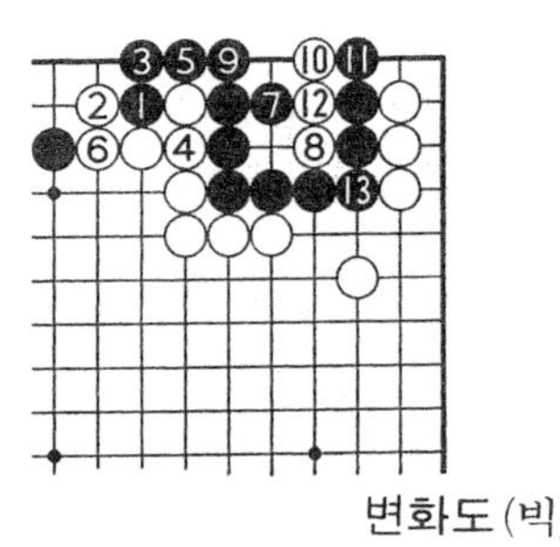
변화도(빅)

〈이맥18도〉 정해도 외부의 ▲ 한 점이 흑 1 로부터 5 까지 이용한다. 선수가 중요하다.

변화도 흑 7 에 백 8 은 흑 9 이하의 빅.

부록【2】

초보자를 위한
맥(手筋)의 활용사전

＊1도 흑선

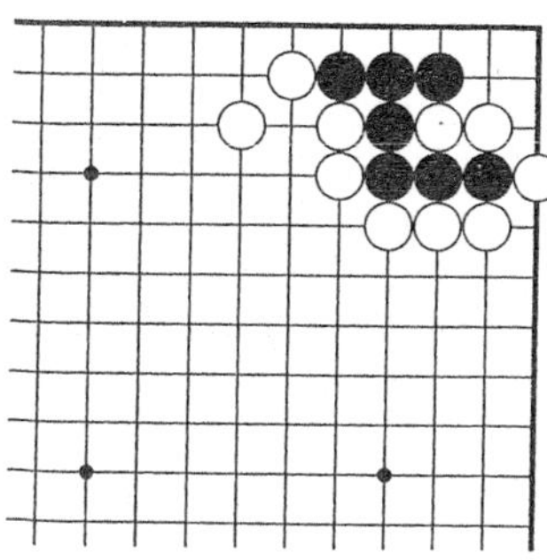

＊2도 흑선

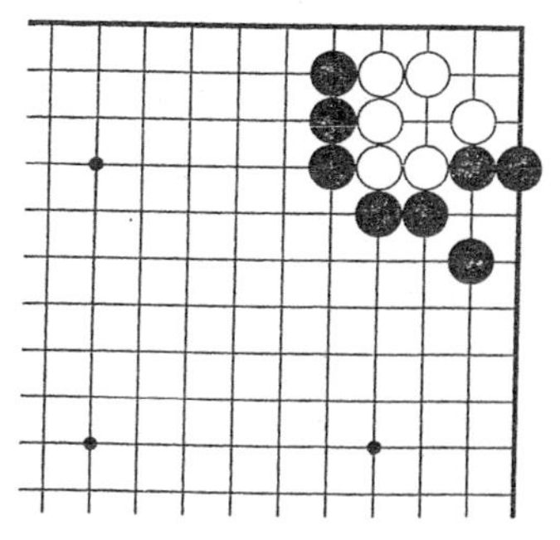

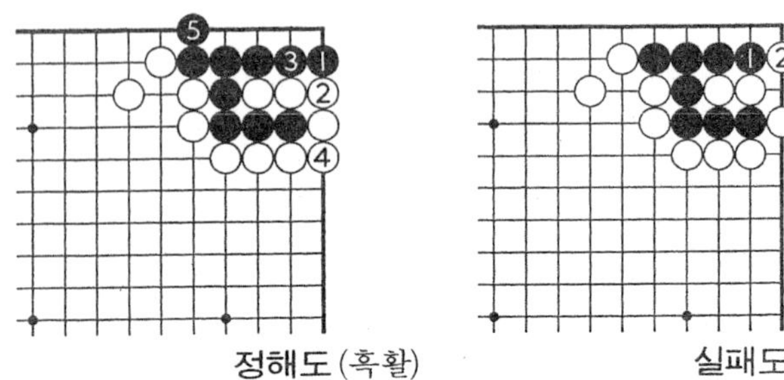

정해도(흑활)　　　　실패도(흑사)

〈맥점 1 도〉 **정해도** 흑 1 이 좋은 맥점. 백의 저항수단을 봉쇄.

실패도 흑 1 은 악수. 백 2 로 흑사.

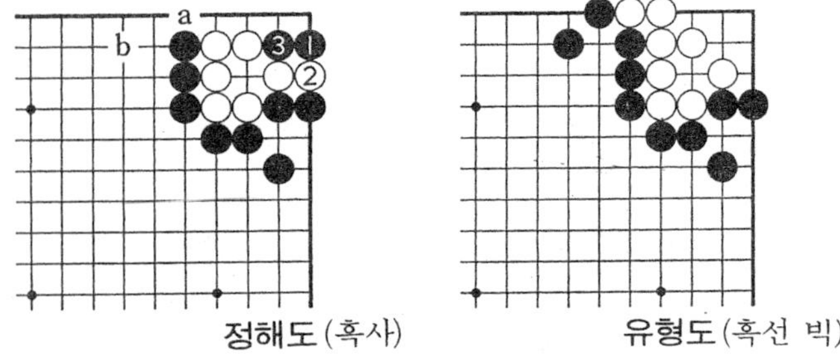

정해도(흑사)　　　　유형도(흑선 빅)

〈맥점 2 도〉 **정해도** 흑 1 이 급소. 백 2 에는 흑 3 으로 눈을 빼앗는다. 수순중 백a 는 흑b.

유형도 백의 불안이 남아있는 형. 빅으로 산다.

3 도 흑선

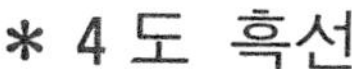

＊4 도 흑선

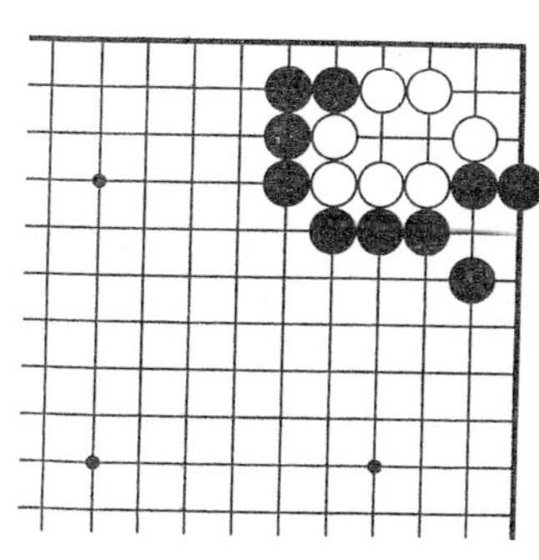

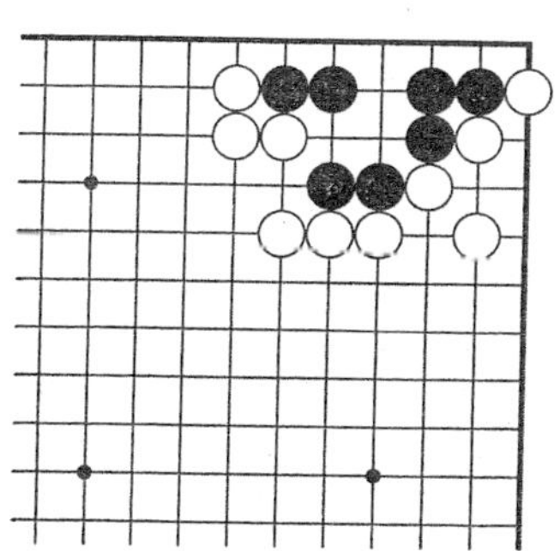

＊5 도 흑선

6 도 흑선

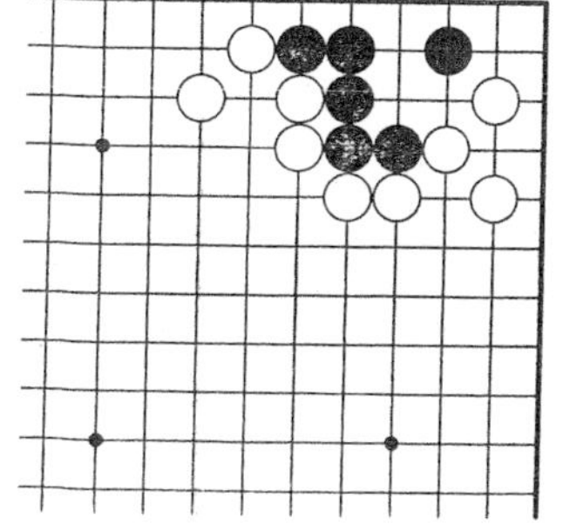

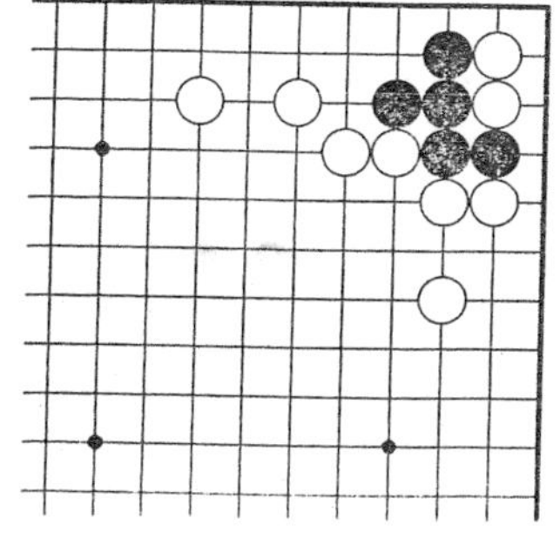

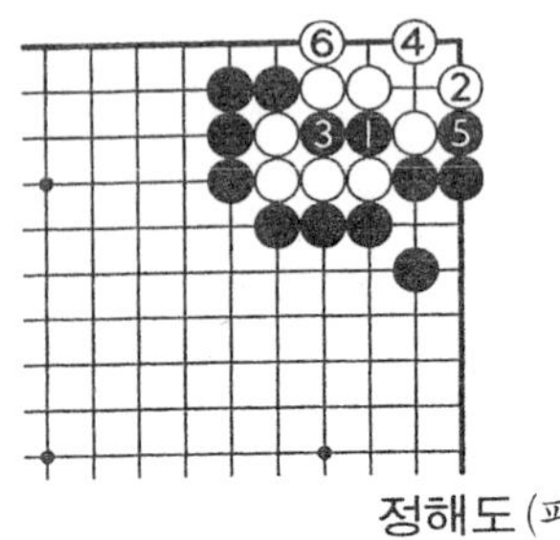
정해도(패)

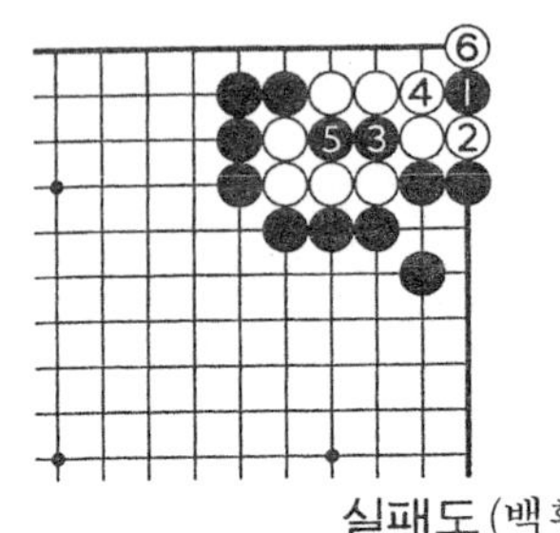
실패도(백활)

〈맥점 3 도〉 정해도 흑 1 이 호수. 백 2 는 최선의 응수. 결과는 백 6 까지 패.

실패도 흑 1 은 수순착오. 귀에서 삶을 허락한다.

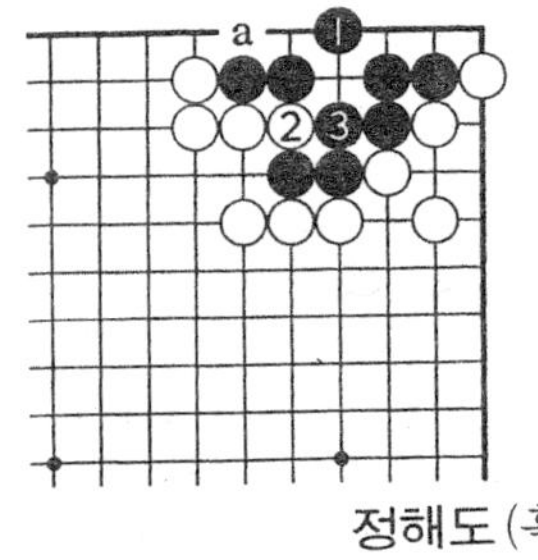
정해도(흑활)

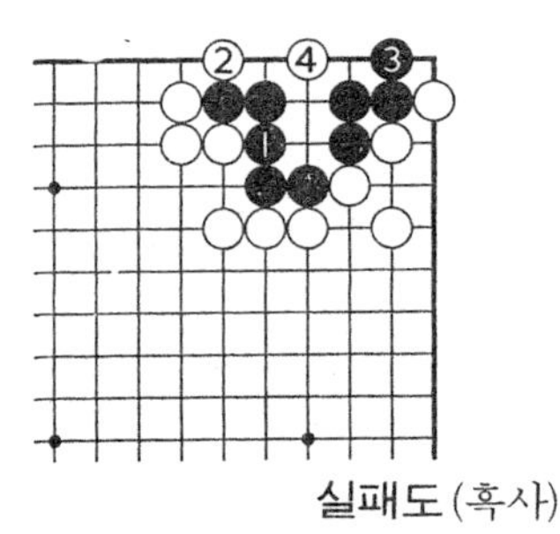
실패도(흑사)

〈맥점 4 도〉 정해도 흑 1 이 요착. 두 눈을 확보한다. 흑 1 로 a 는 백 1 로 흑사.

실패도 흑 1 은 무리. 백 2 로 3 은 흑 2 로 산다.

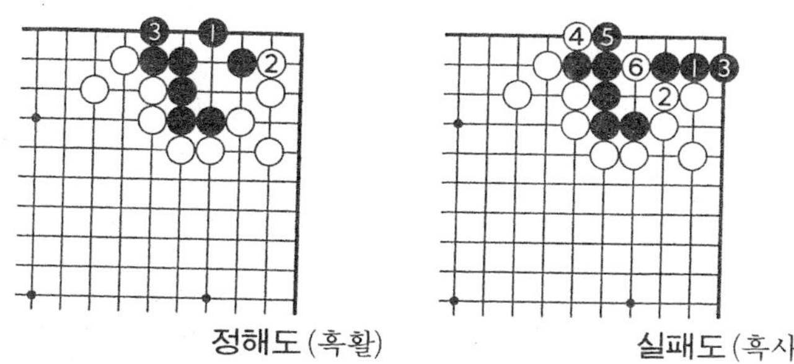

정해도 (흑활)　　　　실패도 (흑사)

〈맥점 5 도〉 정해도 흑1, 3의 최소한의 삶을 보장. 흑 1 로 3 은 백 1 로 흑사.

실패도 흑 1 은 무리. 백 6 의 대항수가 있다.

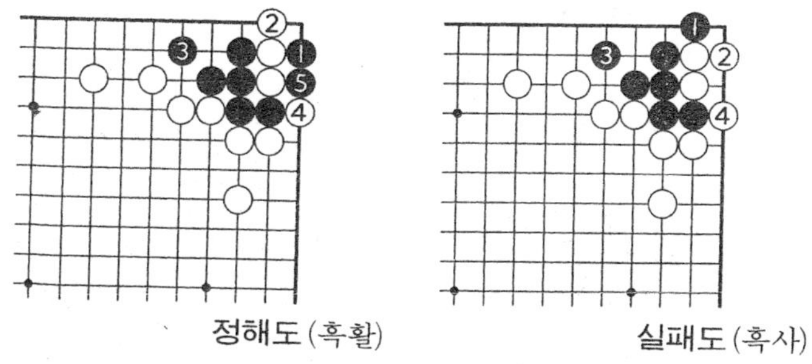

정해도 (흑활)　　　　실패도 (흑사)

〈맥점 6 도〉 정해도 흑 1 이 묘수. 백 2 에는 흑 3 으로 전환하여 산다. 참조=제28형 2 도.

실패도 흑 1 은 백 2 가 호수여서 살 기회를 잃음.

7 도 흑선

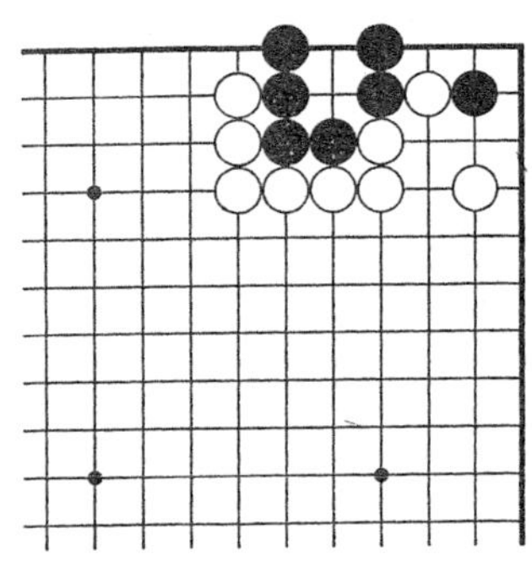

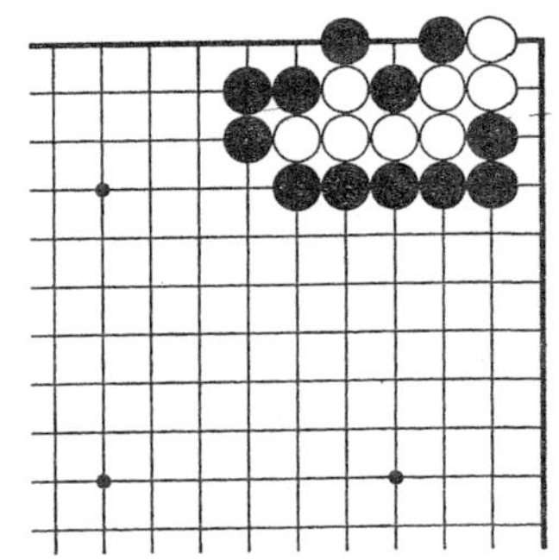

* 9 도 흑선

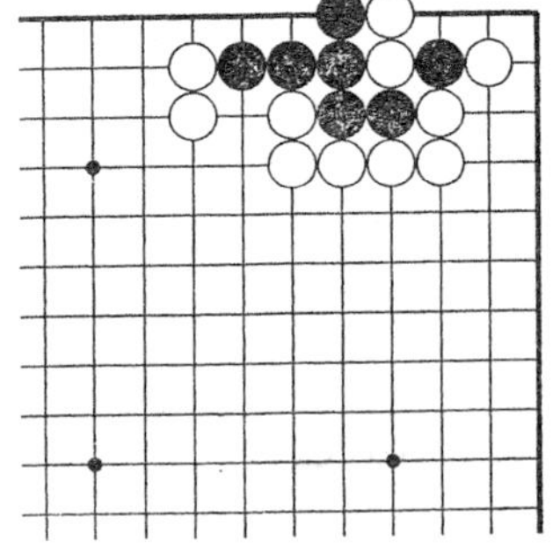

*10도 흑선

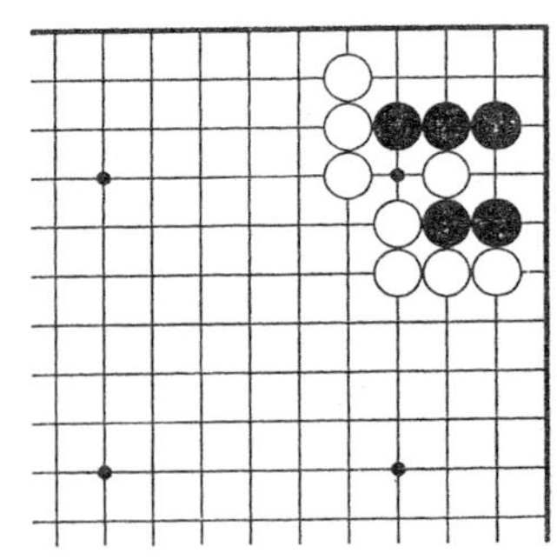

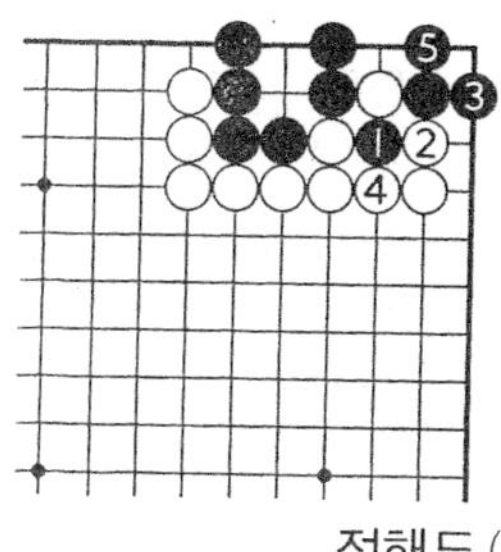

정해도(흑활)

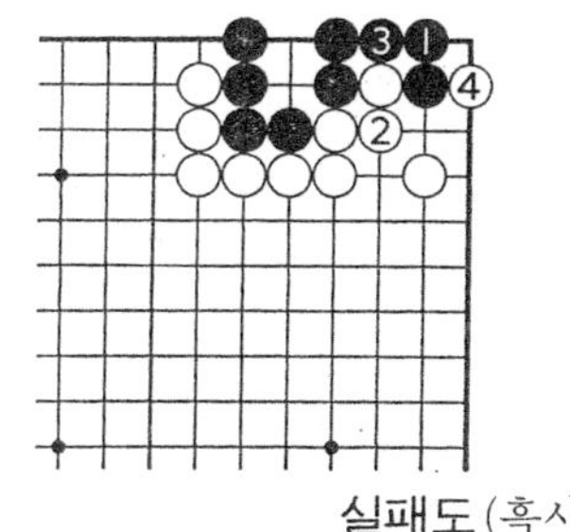

실패도(흑사)

〈맥점 7 도〉 정해도 흑1, 3, 5가 호수순. 귀에서 한 눈을 확보한다.

실패도 흑 1 은 악수. 백 4 로 눈을 빼앗긴다.

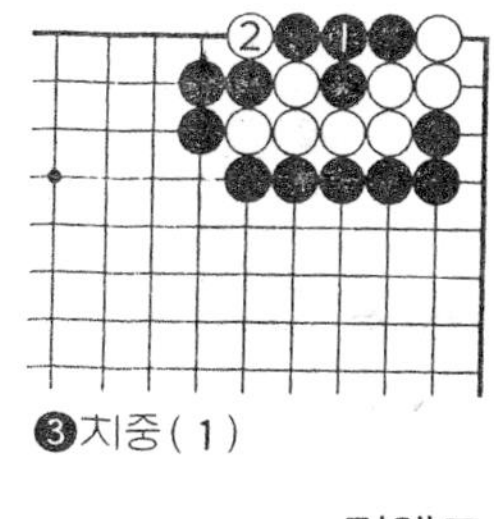

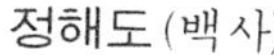

❸치중(1)

정해도(백사)

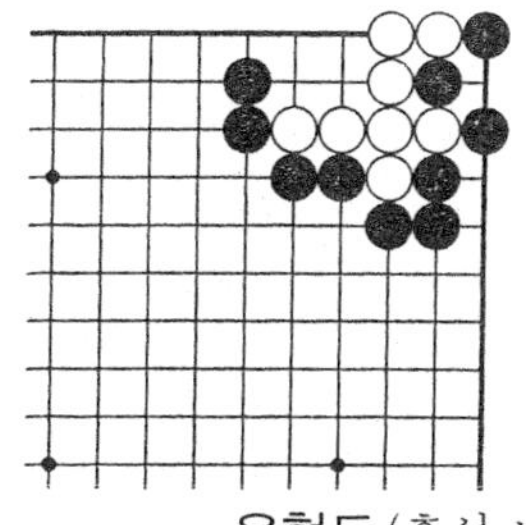

유형도(흑선 백사)

〈맥점 8 도〉 정해도 흑 1 이 호착. 사석으로 크게 이용한다. 흑 3 이 좋은 수.

유형도 같은 형을 나타냄.

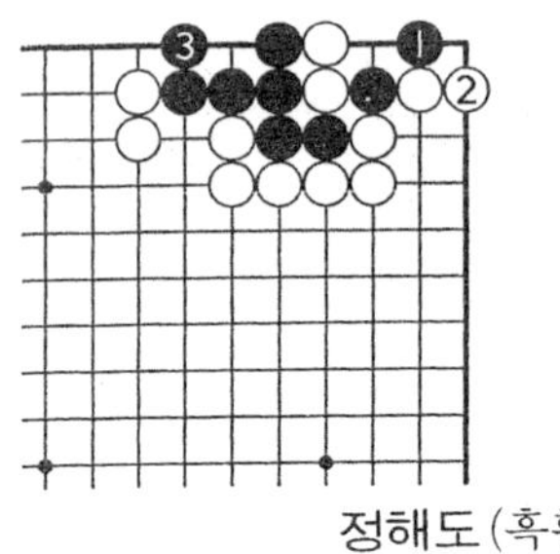

정해도(흑활)

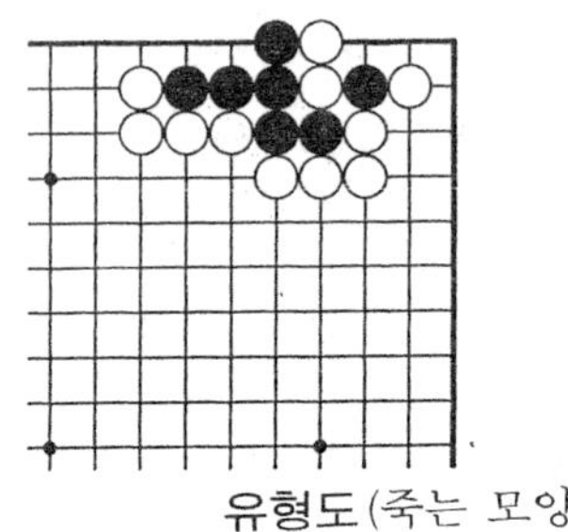

유형도(죽는 모양)

〈맥점 9 도〉 정해도 흑 1 이 수순. 선수로 백 2 점을 손에 넣는다. 참조=제 8 형 5 도.

유형도 공배한 수의 차이. 흑은 사는 수 없다.

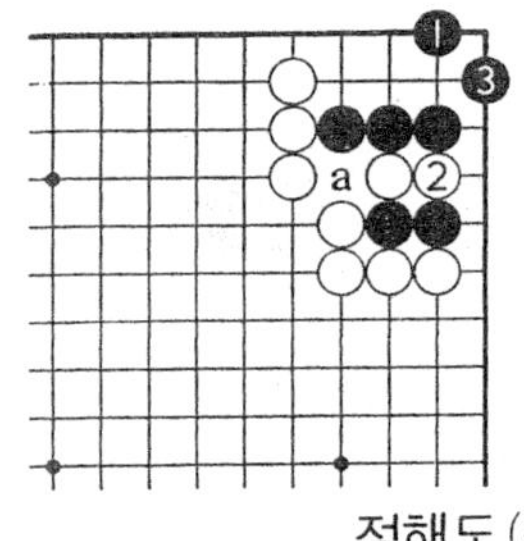

정해도(흑활)

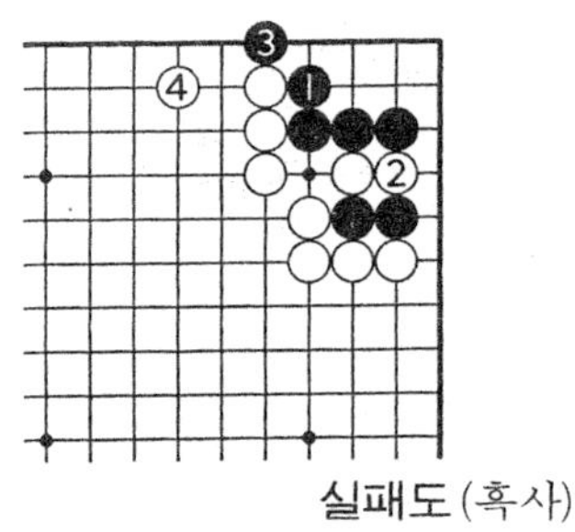

실패도(흑사)

〈맥점10도〉 정해도 흑 1 이 교묘한 수. 백 2 에는 흑 3 으로 최소한의 삶. 흑 1 로 a 는 백 1 로 흑사.

실패도 흑 1 은 악수. 백 2 로 그만.

11도 흑선

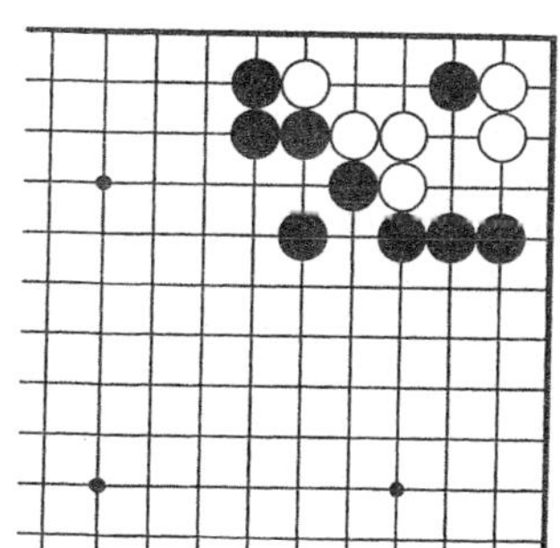

*12도 흑선

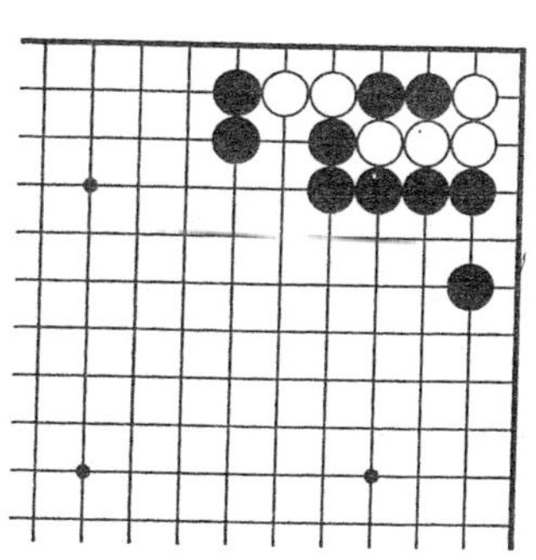

13도 흑선

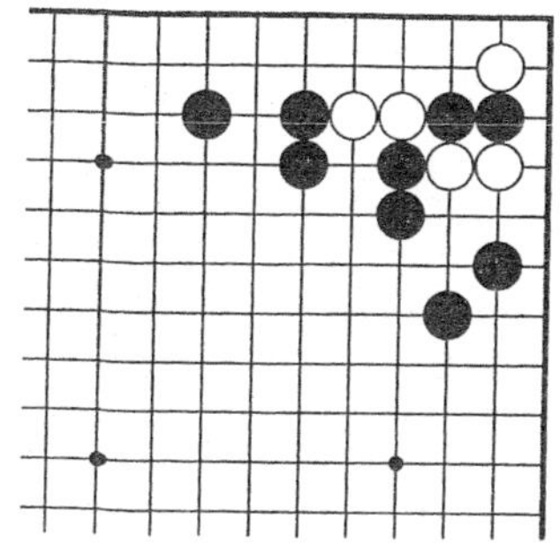

14도 흑선

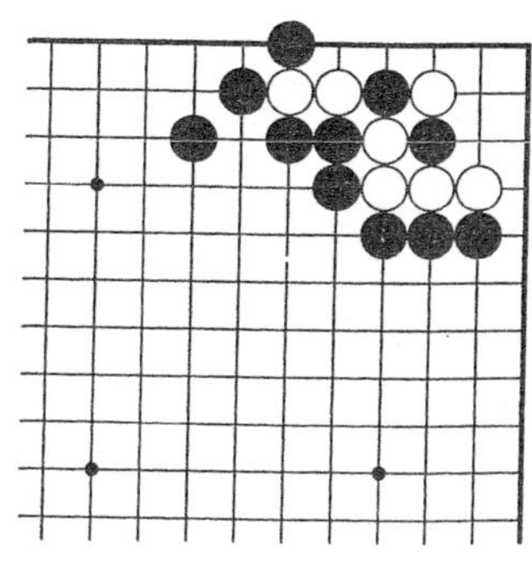

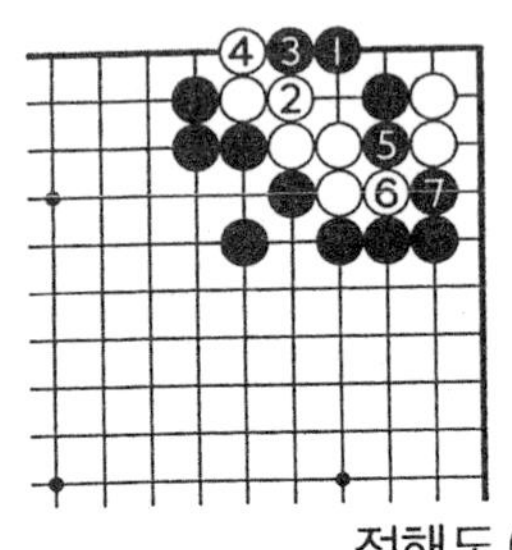
정해도 (백사)

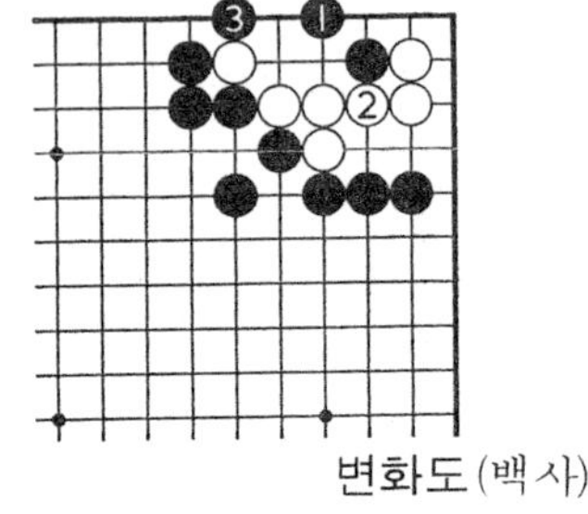
변화도 (백사)

〈맥점11도〉 정해도 흑 1 이 급소. 백 2 에는 흑 3 에서 7 까지 백을 자충으로 유도.

변화도 흑 1 에 백 2 는 흑 3 으로 연락.

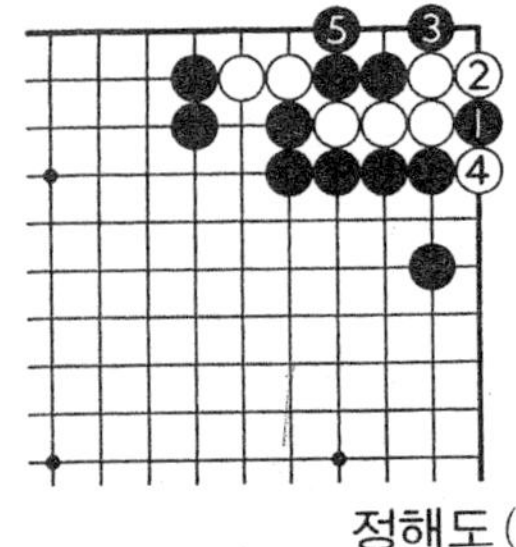
정해도 (백사)

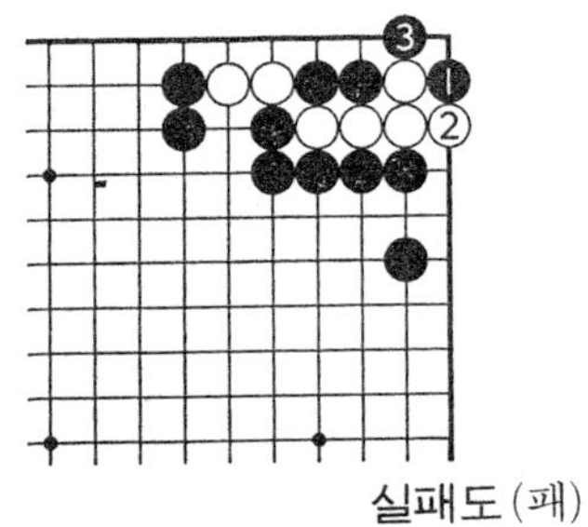
실패도 (패)

〈맥점12도〉 정해도 흑 1 에서 5 까지. 필연의 수순으로 5 궁도화.

실패도 흑 1 의 맥은 본도에는 적합치가 않다.

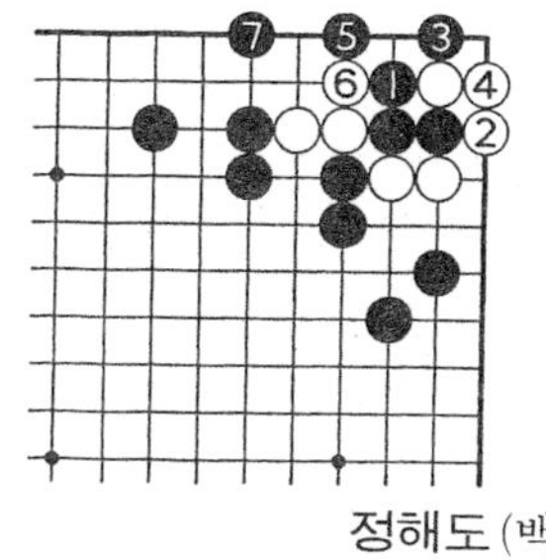

정해도(백사)

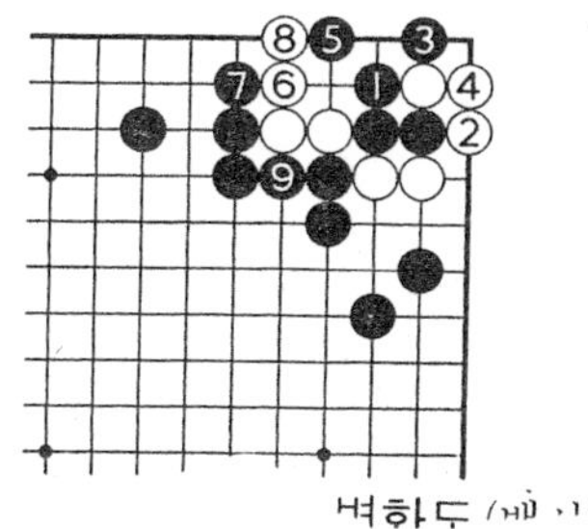

변화도(백사)

〈맥점13도〉 정해도 흑1에서 7까지 일련의 호수순으로 건너감. 흑5로 7은 백5로 산다.

변화도 백6의 저항은 흑7, 9로 자충.

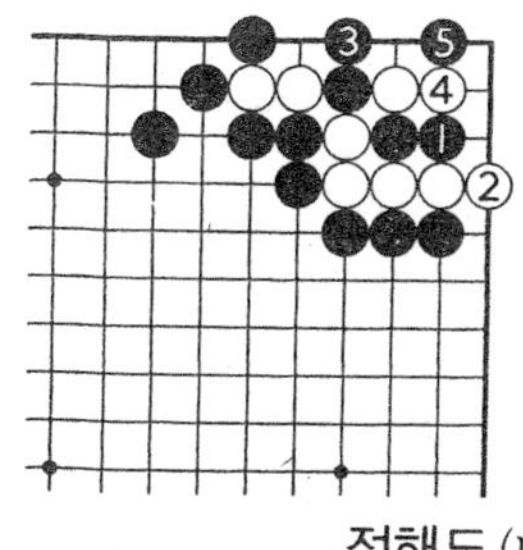

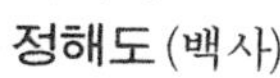

정해도(백사)

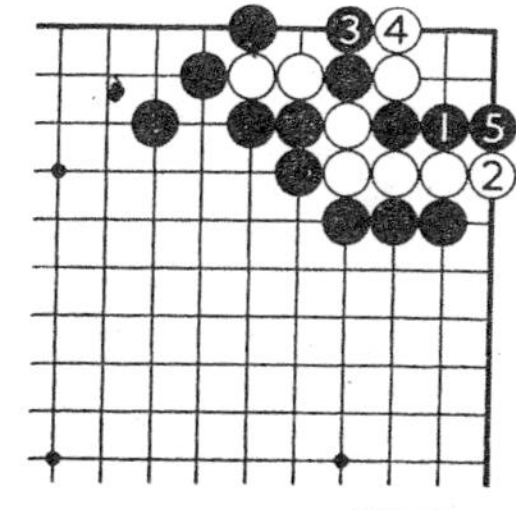

변화도(백사)

〈맥점14도〉 정해도 흑1, 3, 5의 연속타로 활로를 차단.

변화도 흑3에 백4는 흑5로 백사.

15도 흑선

16도 흑선

＊17도 흑선

＊18도 흑선

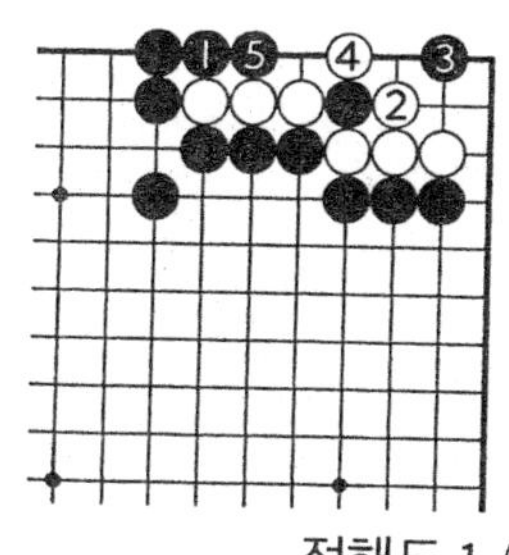

정해도 1 (백사)

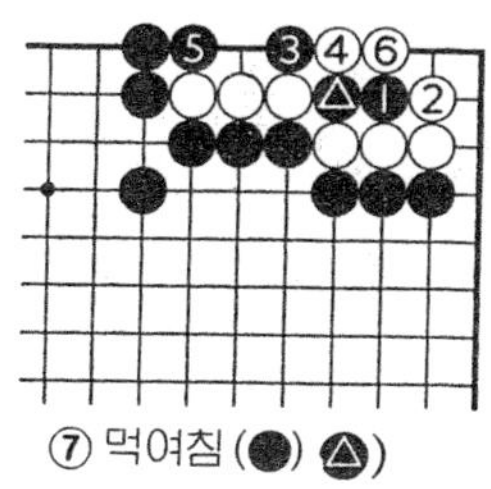

정해

〈맥점15도〉정해도 1 흑 1 에 5 까지 상용의 맥으로 눈을 없앰.

정해도 2 흑 1 이하 7 의 수순이 성립.

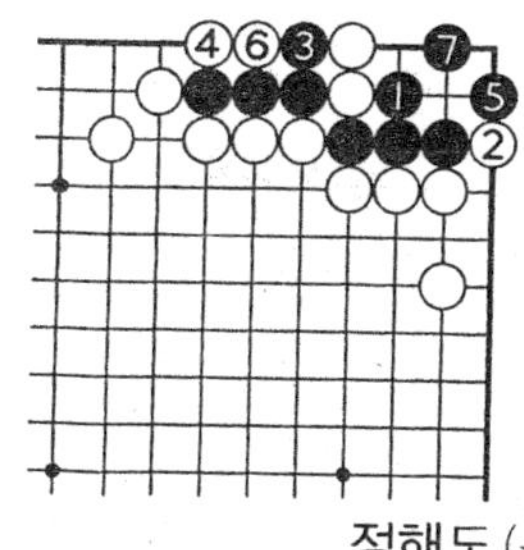

정해도 (흑활)

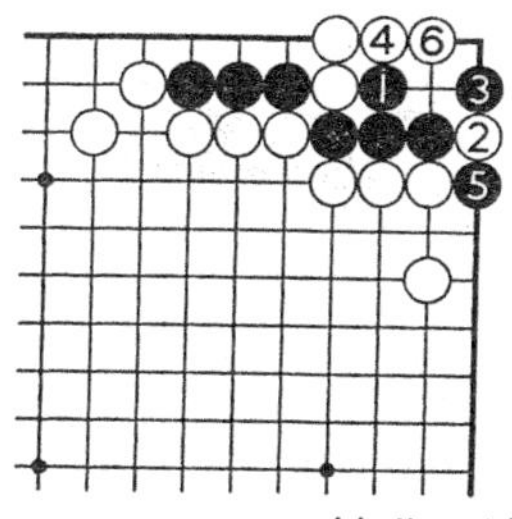

실패도 (흑사)

〈맥점16도〉 정해도 흑3, 5의 수순이 교묘. 좌측의 3 점을 사석으로 이용. 두 눈을 확보한다.

실패도 흑 3 은 수순이 나쁘다. 백4, 6으로 흑사.

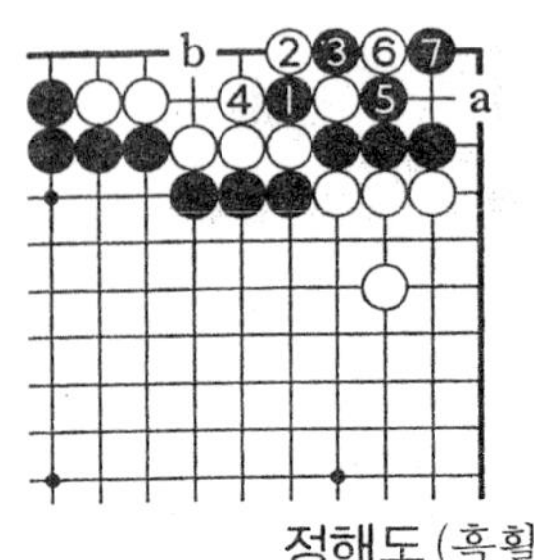

정해도(흑활.패)

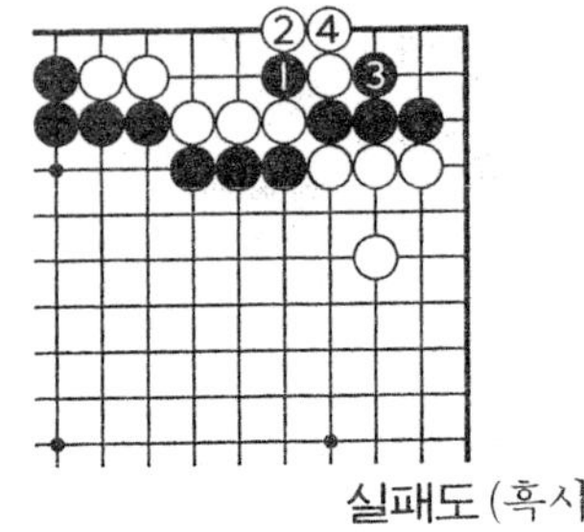

실패도(흑사)

〈맥점17도〉 정해도 흑1에서 7까지 일단의 수순. 계속하여 백a, 흑b로 패.

실패도 흑3은 악수.

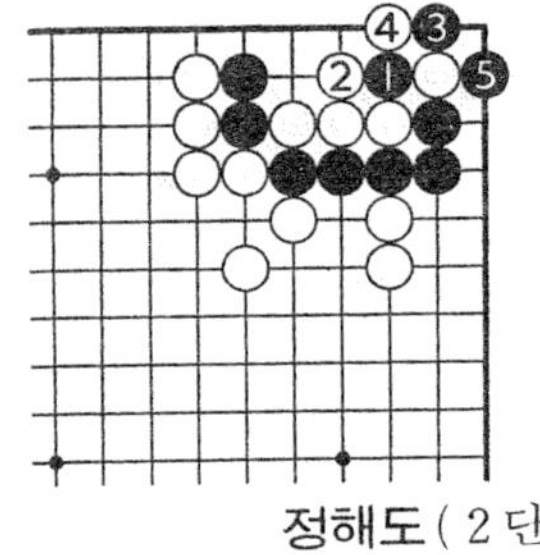

정해도(2단 패)

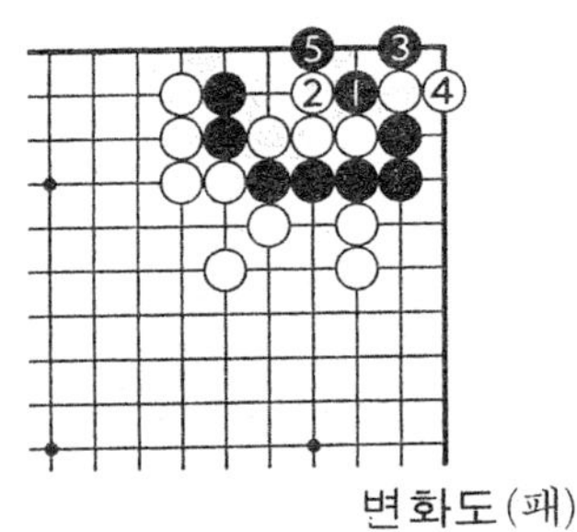

변화도(패)

〈맥점18도〉 정해도 흑1,3,5의 연속타로 2단 패가 난다. 흑1로 3은 백1로 불가.

변화도 백4는 무리. 본패가 난다.

*19도 흑선

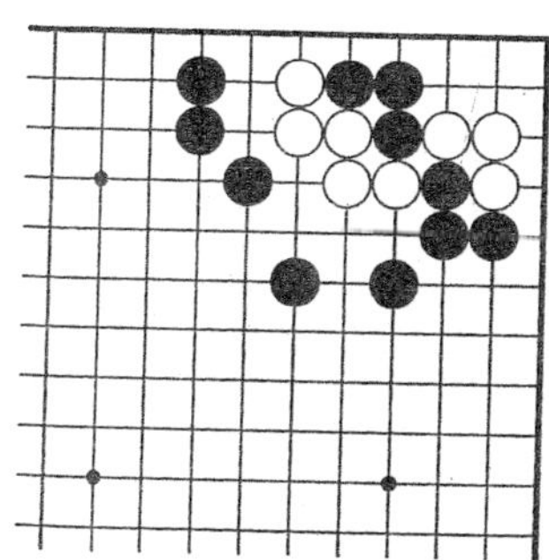

*20도 흑선

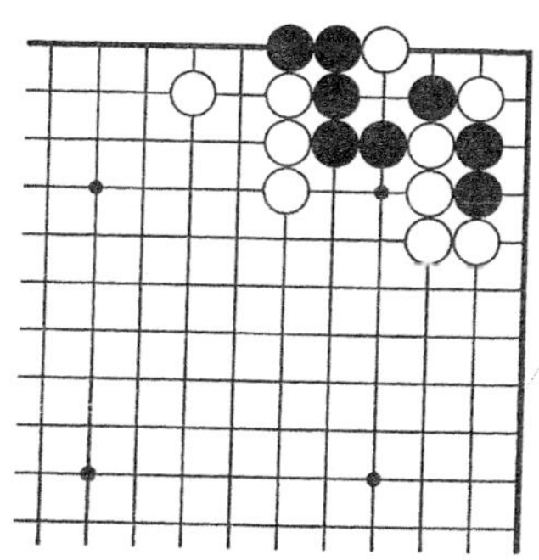

21도 흑선

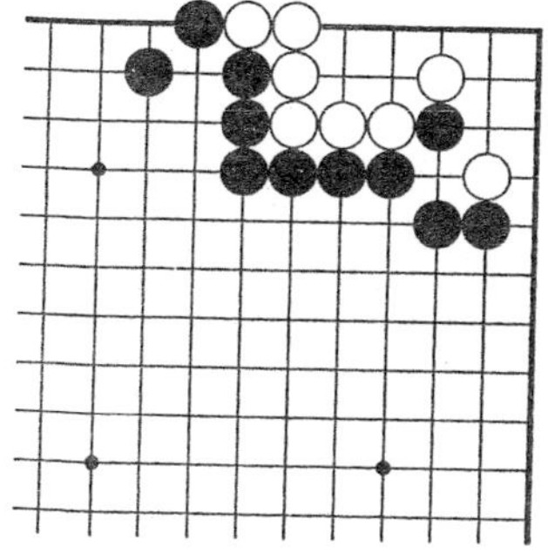

*22도 흑선

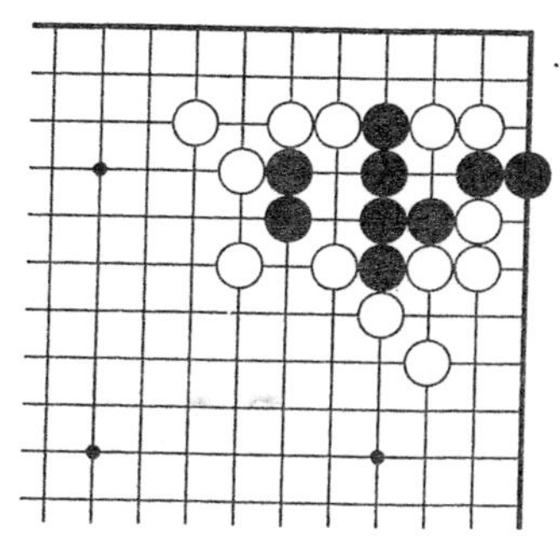

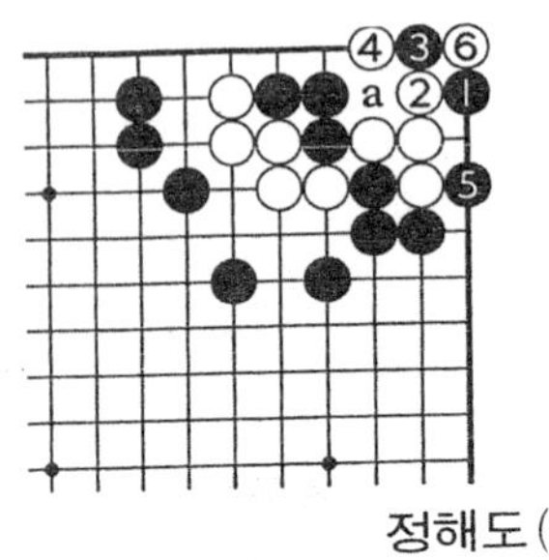
정해도(패)

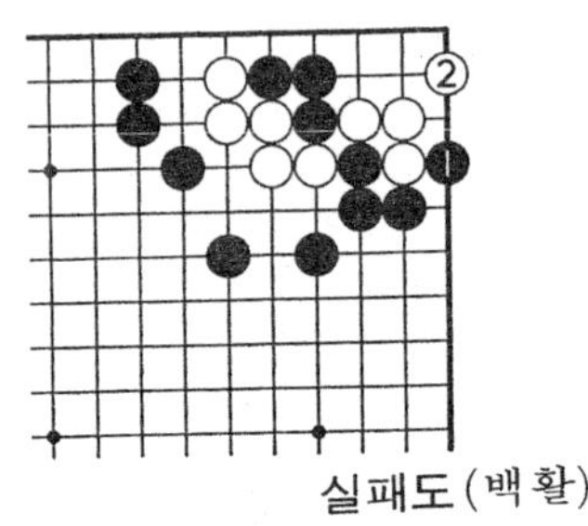
실패도(백활)

〈맥점19도〉 **정해도** 흑 1 이 급소, 백 2 에는 흑 3 에서 5 까지 귀에서 패. 백 2 로 a 는 흑 5 로 죽는다.

실패도 흑 1 에서 수순착오. 백 2 의 요점을 허락한다.

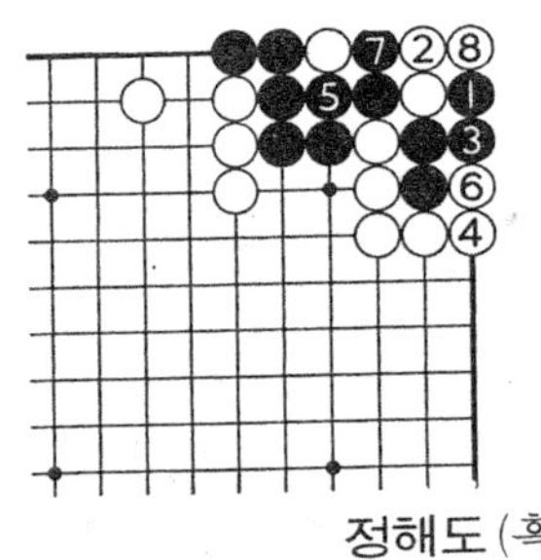
정해도(흑활)

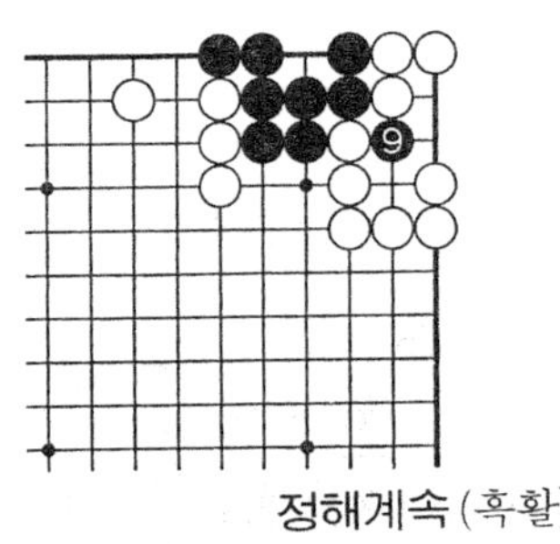
정해계속(흑활)

〈맥점20도〉 **정해도** 흑 3 이 묘착. 이하 필연의 응접. 후절수로 삶.

정해계속 본도는 동형을 나타냄.

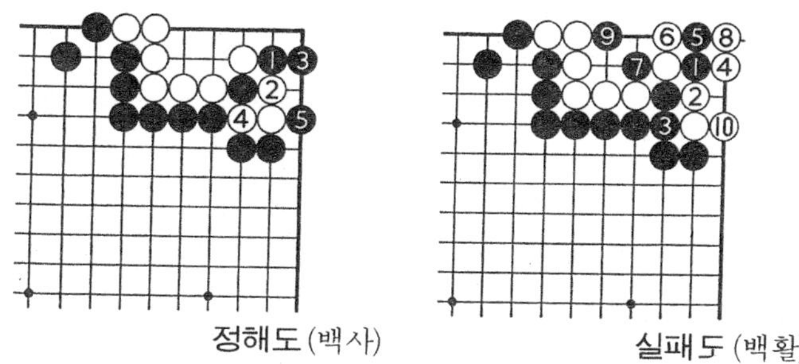
정해도(백사) 실패도(백활)

〈맥점21도〉 정해도 흑1,3에서 5까지 일련의 수순으로 연락. 흑1로 2는 백1로 삶.

실패도 흑3은 어리석은 수. 귀에서 삶을 허락함.

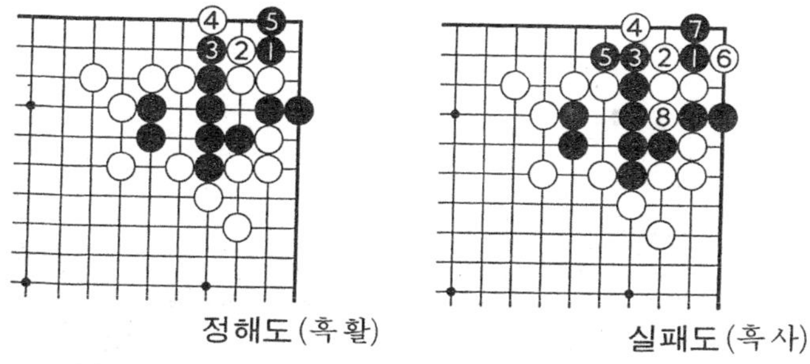
정해도(흑활) 실패도(흑사)

〈맥점22도〉 정해도 흑1이 맥점이다. 이하 5까지 흑이 삶을 얻는다.

실패도 수순이 잘못 되었다. 결과적으로 흑이 실패하게 된다.

23도 흑선

*24도 흑선

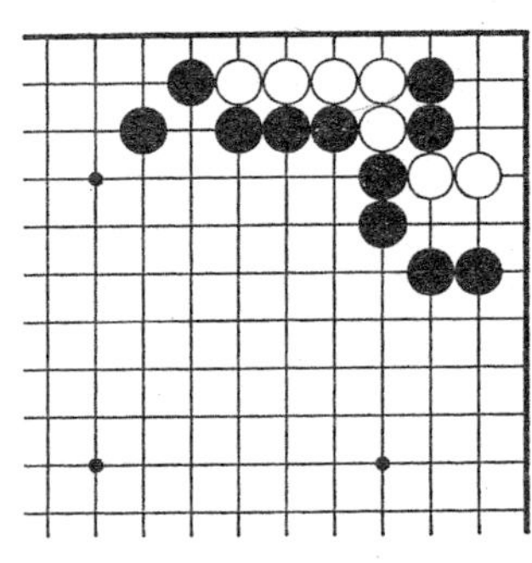

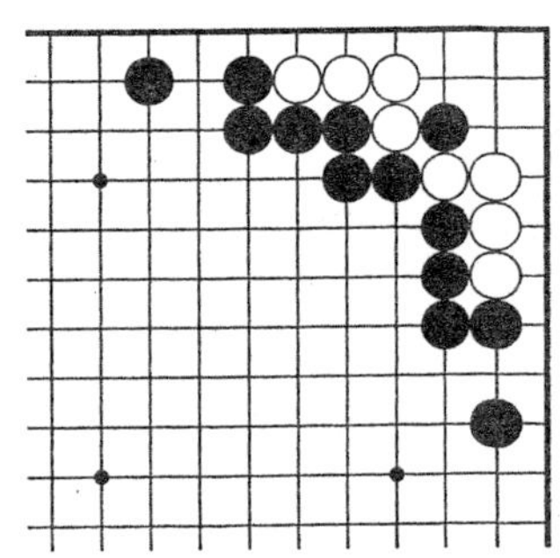

*25도 흑선

26도 흑선

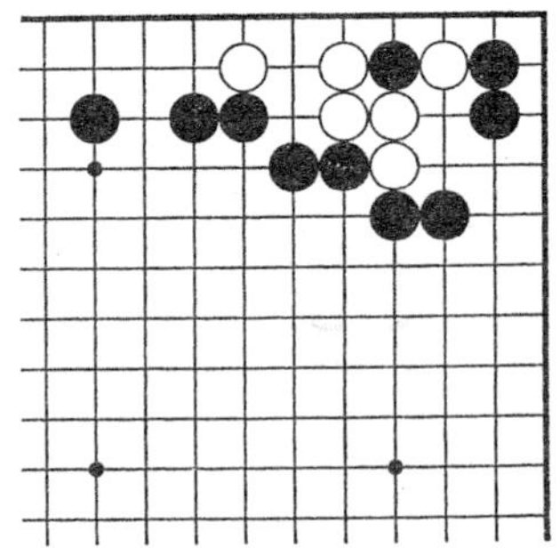

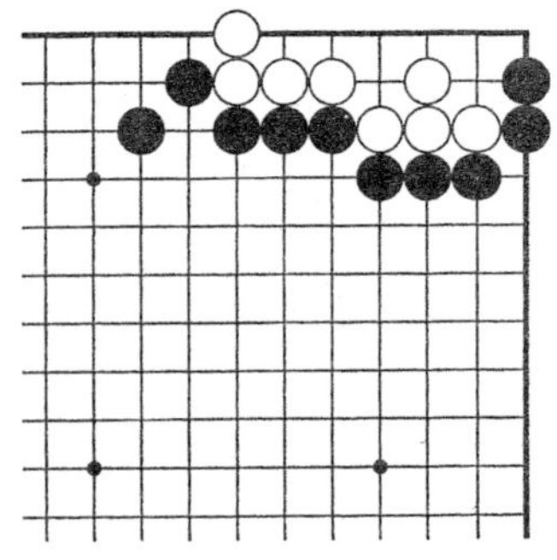

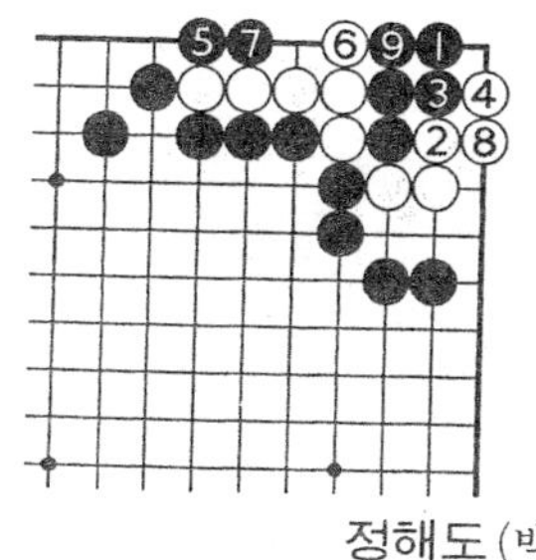
정해도(백사)

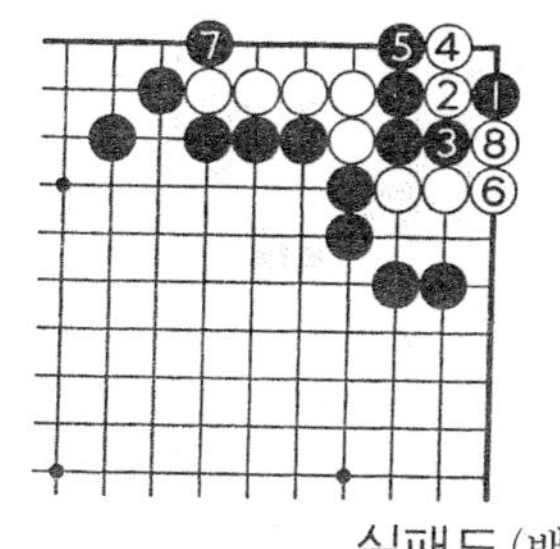
실패도(백활)

〈맥점23도〉 정해도 흑1이 급소. 백2에는 흑3에서 9까지. 5궁도화.

실패도 흑1은 악수. 백2에서 8까지 산다.

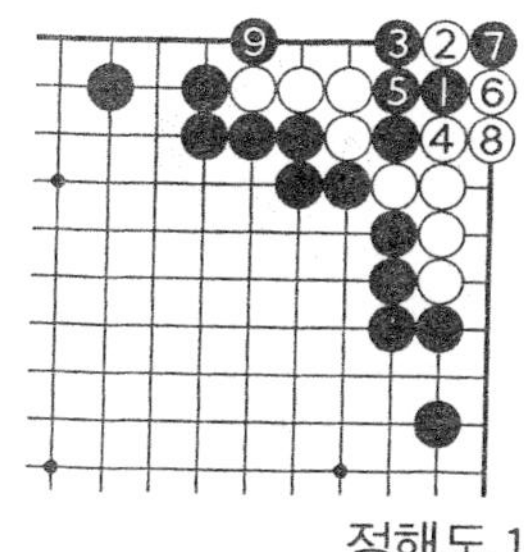
정해도1 (패)

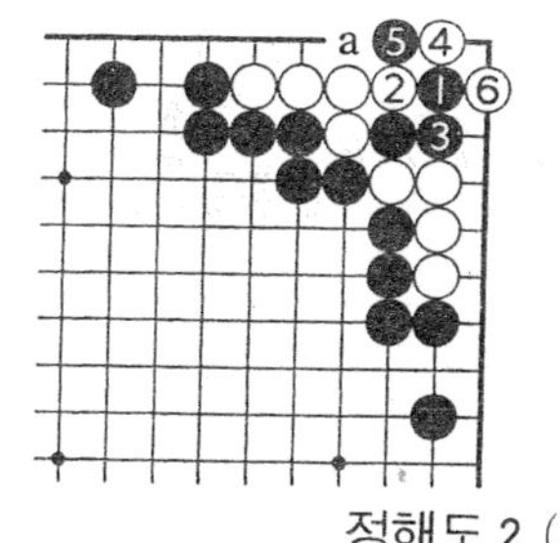
정해도2 (패)

〈맥점24도〉 정해도1 흑1이 급소. 백2로 5도 패. 흑3으로 4도 패.

정해도2 흑5를 a로 따내면 흑6으로 백사.

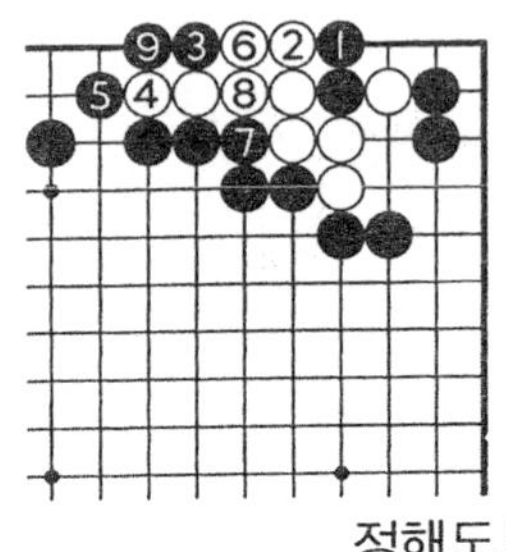

정해도 (백사)

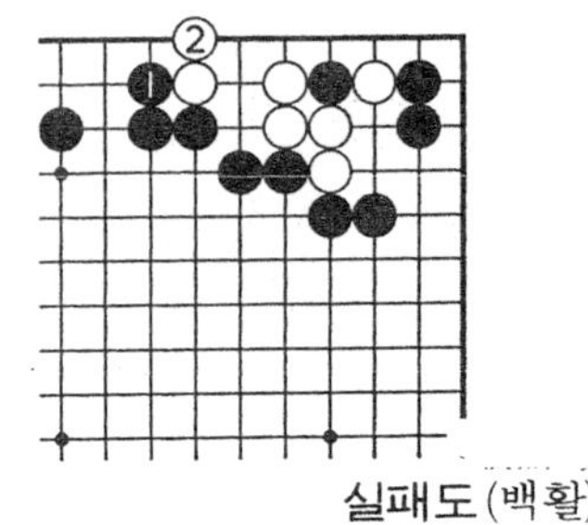

실패도 (백활)

〈맥점25도〉 정해도 흑 1 과 백 2 의 교환후 흑 3 이 묘수. 이하 9 까지. 백 6 으로 9 는 흑 8 로 죽는다.

실패도 흑 1 은 주위의 호조건을 무시한 완착.

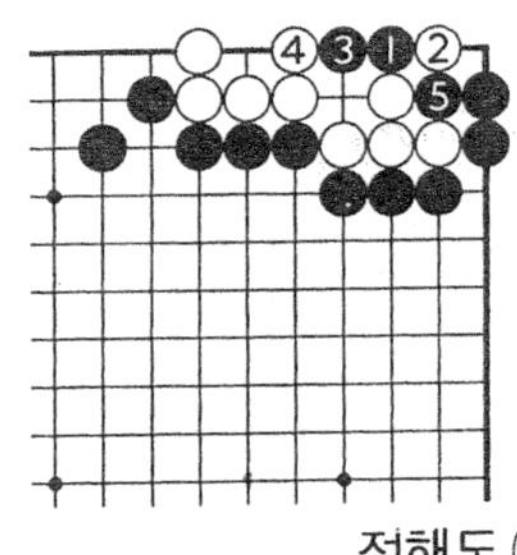

정해도 (백사)

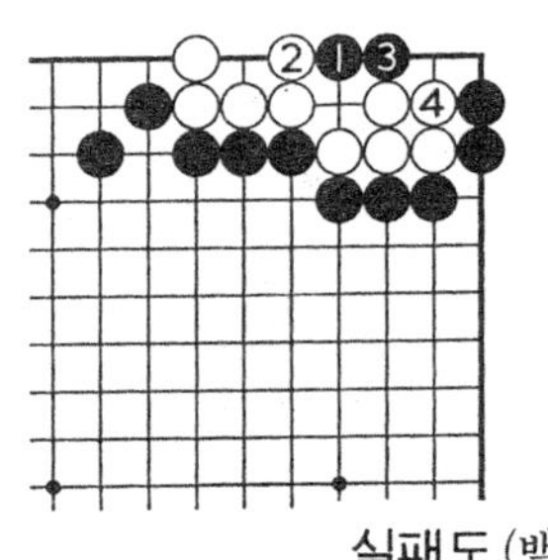

실패도 (백활)

〈맥점26도〉 정해도 흑 1 이 호착. 백 4 로 5 는 흑 4 로 백사.

실패도 흑 1 의 맥은 본도에는 적합하지 않다.

34. 초보자를 위한 알기쉬운 정석

2019년 7월 15일 인쇄
2019년 7월 30일 펴냄

옮긴이/ 프로바둑연구회
펴낸이/ 최 상 일
펴낸곳/ 태 을 출 판 사
서울특별시 중구 동화동 52-107 (동아빌딩내)
등록/1973년 1월 10일(제4-10호)

■주문 및 연락처

우편번호 100-456
서울특별시 중구 동화동 52-107 (동아빌딩내)
전화 / 2237-5577 팩스 / 2233-6166

ISBN 89-493-0350-7 13690